U0514391

高等院校经济管理类专业应用型系列教材

# 管理会计工具与应用

# Management accounting tools and applications

李秀丽　主　编

中国财经出版传媒集团
经济科学出版社
Economic Science Press
·北京·

**图书在版编目（CIP）数据**

管理会计工具与应用 / 李秀丽主编；马蓓丽等副主编. —北京：经济科学出版社，2024. 2
高等院校经济管理类专业应用型系列教材
ISBN 978 - 7 - 5218 - 5113 - 7

Ⅰ. ①管… Ⅱ. ①李… ②马… Ⅲ. ①企业管理-管理会计-高等学校-教材 Ⅳ. ①F275. 2

中国国家版本馆 CIP 数据核字（2023）第 172341 号

责任编辑：杜　鹏　武献杰　常家凤
责任校对：隗立娜　郑淑艳
责任印制：邱　天

**管理会计工具与应用**
李秀丽　主　编
经济科学出版社出版、发行　新华书店经销
社址：北京市海淀区阜成路甲 28 号　邮编：100142
编辑部电话：010-88191441　发行部电话：010-88191522
网址：www. esp. com. cn
电子邮箱：esp_bj@163. com
天猫网店：经济科学出版社旗舰店
网址：http：//jjkxcbs. tmall. com
固安华明印业有限公司印装
787×1092　16 开　17. 75 印张　380000 字
2024 年 2 月第 1 版　2024 年 2 月第 1 次印刷
ISBN 978 - 7 - 5218 - 5113 - 7　定价：46. 00 元
**（图书出现印装问题，本社负责调换。电话：010 - 88191545）**

# 前　言

随着全球产业竞争日趋激烈，企业要增强创新能力和竞争力，就要改善自身发展结构，优化内部资源配置，亟须大量高素质管理会计人才。当前，我国正处于推进“中国式现代化”的关键时期，数字化是其中的重要手段，数字经济对传统会计产生了重大影响，促使管理会计从传统会计中剥离，成为解析过去、控制现在、筹划未来的重要工具。在此背景下，会计学、财务管理等经管专业，企业中从事会计工作等的专业人员以及企业的经营者、管理者，都应系统地学习管理会计的相关知识，掌握相应的工具和方法，培养全面、动态的管理思维，以期更好地适应“中国式现代化”经济发展的要求。本教材作为管理会计的入门书籍，通过管理会计基本理论、分析技巧与工具方法的介绍及其在企业实务案例中的具体应用，使读者可以体会到管理会计在价值创造中的重要作用，建立管理学、经济学和会计学等多学科融合的思维方式，提高运用现代信息技术分析与解决问题的综合能力。

本教材在传统《管理会计》教材的基础上，从管理会计的基础知识入手，以管理会计工具的应用为主线，通过基本理论与具体企业案例相结合，介绍了战略地图、滚动预算、经营预测、本—量—利分析、平衡计分卡、作业成本管理、EVA 管理和风险管理等管理会计工具，帮助读者理解管理会计对经营决策管理的指导作用，能够运用管理会计思维分析和解决问题。

本教材具有以下特色：

**1. 教学理念新**。应用型本科教学要求打好基础，强化对基础知识的理解和运用。本教材考虑到应用型本科教学的特点和知识结构，突出学以致用的教学理念，注重对学生综合应用能力的培养。导入案例和案例分析能激发学生的学习兴趣，工具与方法的讲解能培养学生的基本理论素养，增强知识的系统性与专业知识系统思维的形成。

**2. 教学体系新**。本教材建立了教学流程与能力培养相结合的教学体系，实现三个方面的培养目标。基本目标：运用基本理论知识、工具方法，解决简单问题，提升专业基础能力；强化目标：通过运用信息技术和多种管理会计工具，解决一般问题，提升专业核心能力；创新目标：整合运用多种管理会计工具，解决复杂问题，提升专业综合决策能力和系统思维。

**3. 教学内容新**。本教材不仅包括本—量—利分析、经营预测分析、平衡计分卡、风险管理等管理会计的基本理论与工具方法，还包括管理会计最新的发展成果，如作业成本管理、战略地图、滚动预算、EVA管理。思政结合，创新模式，实现政治性与专业性相统一、价值体系与素质养成相统一。

本教材由校企合作共同编写，江苏理工学院李秀丽担任主编，马蓓丽、孙静、韩建清、卿笃炼、张泳担任副主编，贲友红、何薇参与编写，还邀请了常州工学院李芸达，徐工集团吴江龙、张策，常州中鸿联智税务师事务所马云霞，江苏徐矿能源股份有限公司崔恒文，天衡会计师事务所张雷参与教材的编写策划。在编写过程中参考了大量相关教材和著作，其中，绝大部分列于参考文献中。广师求益，去芜存菁，有些未列于参考文献中，编者深表歉意，教材中疏漏不妥之处，恳请各位同行和读者批评斧正。

编者

2024年1月

# 目录

# 第一章　管理会计思维

## 第一节　企业的概念及特征

### 素养目标

熟练掌握会计信息处理、成本费用统筹分析等职业技能，灵活运用最新会计专业知识和相关财经政策法规的专业能力，培养学生诚信守则、业务精湛、能力过硬、责任担当的职业认同感与使命感以及团队合作、自我管理、组织协调等综合职业素养。

### 知识目标

掌握管理会计的内涵、特征、职能，运用成本管理、本—量—利分析、战略管理、绩效管理、风险管理、预算管理等多种管理会计工具或组合运用多工具整合的方法，建立管理学、经济学、会计学和信息技术等多学科融合的体系思维方式，提高发现问题、分析问题、解决问题的能力，提升运用专业体系思维和现代信息技术助力企业创造价值的综合能力。

### 情景导航

假设在以下情形中你是管理者，你应该如何决策？

1. 假如你是一家大型装备制造公司的首席工程师，正在为车床安装制定生产规范：目前有多种可行的组装方案，包括服务外包和自己组建安装团队。对于自己组建团队，还分为内部提拔组建和外聘专家组建，等等，那么究竟哪一种方案成本最低呢？

2. 假如你是一家化妆品公司的经理，正在为公司的一种新护肤品制定营销方案。市场调查显示，通过在诸多高校发放免费试用品可带来5%的年销售增长率，如何对试用品的生产成本、摆摊费用与销售额的增加带来的收入进行比较呢？

3. 某网络平台公司对缴纳100元人民币年费的会员，提供所有订单3日内包邮的服务。那么，年费和销售增长所带来的利润会超过邮寄的费用吗？

4. 一直以来，为了防止突发情况（如机器损坏等），企业的设备使用率是80%。最近，国外有一笔临时性订单，要求产品价格低于目前销售价格的30%。对此订单，是接受还是拒绝？

5. 近年来，随着行业竞争的不断加剧，如何提高管理的精细化程度成为摆在诸多管理者面前的一个主要问题。实施全面预算管理可能是一个比较好的办法。但是，预算管理涉及制度、流程、跟踪的措施、评价与反馈等，如何把预算管理作为一个系统，落实到企业经营的各个方面，显然是一项大工程。

为了回答上述各种问题，管理人员必须依赖于会计信息。正如美国管理会计师协会（Institute of Management Accountants，IMA）前任董事会主席拉里·怀特（Larry White）所言："管理会计，凭借高道德水准和专业能力，通过为企业活动提供关于制定决策（decision）、计划（planning）及控制（control）的信息来帮助企业组织完成战略目标。"

# 第二节　管理会计的内涵

## 一、会计的内涵

### （一）会计的定义

对会计定义的理解有两种观点：一种观点把会计的本质理解为是一个经济信息系统；另一观点认为会计的本质是一种经济管理活动，会计可以利用其信息优势，参与企业管理。在信息的生产和信息价值运用过程中，会计又可以分为财务会计和管理会计。

财务会计是一个收集并处理财务信息的过程，即按照公认会计准则和会计账务流程，通过分析与判断，形成财务报告，可以帮助外部投资者进行企业价值分析和判断。

管理会计则是主要利用其在财务报告与控制方面的专业技能，参与企业管理，帮助管理者制定并实施企业战略，使企业获得成功。

图 1－1 反映了企业信息价值链过程。可以看到，一方面企业存在经营活动；另一方面为了确保经营活动的发展，产生各种经营需要。此类活动过程和活动需要均集中表现为数据资源。

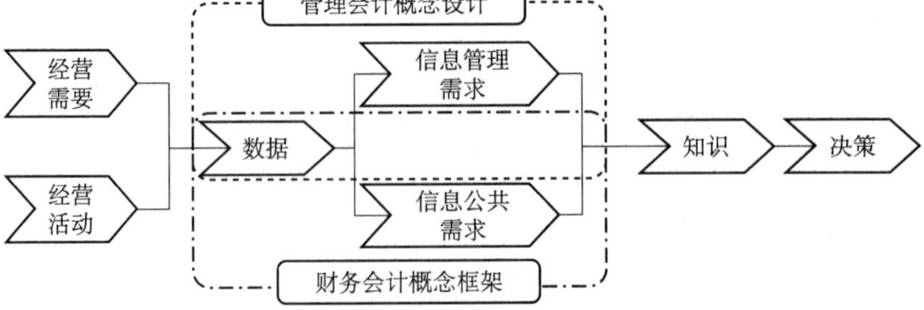


**图 1－1　企业信息价值链**

资料来源：作者自绘。

对于形成数据资源的使用，又可以分为两类：一类是满足企业管理需求；另一类是满足社会公共需求。满足企业管理需求的数据资源是管理会计概念设计的依据，满足社会公共需求的数据资源则是财务会计概念框架的要求。无论是满足管理需求的数据资源，还是满足公共需求的数据资源，最终均形成企业的知识和经验，有助于企业的判断和决策。

### （二）管理会计的定义

英国成本与管理会计师协会在 1982 年提出，管理会计是对管理当局提供所需信息的那一部分会计工作，使管理当局得以实现以下目标：制定方针政策；对企业的各项活动进行计划和控制；保护财产安全；向企业外部人员（股东等）反映财务状况；向职工反映财务状况；对各个行动的备选方案作出决策。

美国管理会计师协会（IMA）在其颁布的《管理会计公告（2008）》中把管理会计定义为：管理会计是一种深度参与管理决策、制定计划与绩效管理系统、提供财务报告与控制方面的专业知识以及帮助管理者制定并组织实施战略的职业。

我国财政部在《管理会计基本指引（2016）》中把管理会计的目标定义为：通过运用管理会计工具方法，参与单位规划、决策、控制、评价活动并为之提供有用信息，推动单位实现战略规划。

通过观察各国代表性协会组织或政府部门所给出的定义，可以发现：

（1）管理会计与企业目标、战略密切相关。目标是企业的基本战略。管理会计帮助企业实现战略。

（2）管理会计的主要任务是帮助管理者进行决策和控制。围绕“协调公司管理人员和股东的利益冲突，引导组织实现公司价值最大化”的要求，管理会计的主要工作是：为企业计划和经营决策提供必要的信息；有助于对企业的员工进行激励与监督；对企业管理层进行绩效评价。

## 二、管理会计的特征

1. 管理会计是企业的一项经济管理活动。这项经济管理活动的核心体现在侧重于对未来的预测、决策与规划和对现在的控制、考核与评价。

2. 管理会计主要为企业内部经营管理提供分析和判断，关键是加强流程管理、风险控制和资产安全。

3. 管理会计的方式方法灵活多样，包括数理统计的方法、会计计量的方法、组织行为分析等，不拘一格，灵活多样。

## 三、管理会计的职能

1. 准确无误地执行交易处理，这也体现在交易处理的信息化表达方面。

2. 负责企业绩效管理。

3. 管理流程的倡导者，即管理流程的设计和制定。

4. 分析财务数据，支持更佳决策，主要利用财务数据进行分析、判断和决策。

5. 通过预算和预测制定长期规划，即规划的制定和预算管理。

6. 管理流动资金和分析融资替代方案。

7. 评估资本投资和企业并购。

8. 风险识别和实施内部控制。

9. 推动符合职业道德的商业实践，即在企业从事商业活动中，遵循职业道德要求，包括胜任能力、保密、正直和诚信。

10. 担当战略商业伙伴的重要角色，战略商业合作伙伴是基于高度信任的，成员间共享竞争优势，是战略性协同发展的合作关系。

## 第三节　管理会计思维

### 一、思维

思维是人脑借助于语言对客观事物的概况间接反应的过程，是人们接收信息、存贮信息、加工信息及输出信息的过程，是概括反映客观现实的过程。

#### （一）思维过程

一个典型的思维过程由准备、立题、搜索、捕获、解释五个阶段构成。

1. 准备即信息积累阶段，为准备解决某具体问题而有针对性地积累信息。

2. 立题即思维的新阶段，是思维主体对已经接收信息的一个总括的反映和深化的表现形式。

3. 搜索即为解决问题，需要继续在原有思维阶段进行新的思维，搜索是明确目标下的思维，是围绕目标进行的有针对性的全方位的思维。

4. 捕获即搜索的结果，是解决问题的一种跃升，一次捕获就是上一个台阶。

5. 解释又叫接通，解决问题的过程随着搜索、捕获而逐渐升级，逐渐明朗化，经适当步骤后，再实行一次对全过程的综合整合就是接通。

#### （二）会计思维

会计思维是指运用会计理论、知识和方法应用于实践过程的一种心智活动。可以简单归纳为“能看懂、能运用、能创造”三个层次，即能看懂会计数字，能运用会计数字量化工作效率、管理团队与项目，帮助公司创造更大的价值。

### （三）管理会计思维

建立管理会计的思维，就是企业围绕发展目标和战略执行，在配置资源、权衡得失和趋利避害的过程中，为决策、判断与控制提供会计数据支持。

**文献阅读**

#### 什么是管理会计思维?

**一、跳出会计看会计，从业务的角度看会计**

财务与业务是什么关系呢？一方面，财务是对业务结果的记录与反映，这属于传统会计的范畴，随着业务的推进，也需财务不断改进、完善流程与内控；另一方面，财务可通过参与业务，促进业务改进，反过来让财务结果有更好的呈现，这属于管理会计的范畴。

如何理解会计人员要融入业务？会计人员分为传统会计和管理会计两种。传统会计以从事会计核算为主，没有融入业务的迫切需求。管理会计需要参与公司的经营管理，要求会计人员要懂业务。因此，管理会计人员需要融入业务，了解业务从发生至结果的全过程，主动做到专业与业务之间的换位思考，把自己锻炼成综合性的管理人才。

**二、关注经济利润，而不是账面利润**

会计利润具有极大的欺骗性。一方面，会计利润是基于权责发生制核算出来的，有利润不见得有现金流，说直白点，会计利润只是账面利润；另一方面，计算会计利润时没有考虑机会成本，没有考虑货币的时间价值，不尽客观。一般而言，会计利润不适用于做投资决策，会计人应跳出会计利润思维，多考量经济利润。

**三、着眼于事前的控制，事前控制优于事后分析**

会计工作不要总是专注于事后解决问题。即便做得再好，也只是给人以亡羊补牢的感觉。如果能设法避免羊丢失，不是更好吗？通过事前的有效预防，避免问题发生，代价会远低于事后解决问题。借助内控与制度流程建设，通过事先的筹划与预测，别让问题冒头，这是成本最小的管理方式，也是管理会计的精髓所在。

## 二、企业战略与管理会计

### （一）企业战略

1962 年，美国学者钱德勒（Chandler A. D.）在其《战略与结构》一书中，将战略定义为“确定企业长期目标、选择行动途径和为实现这些目标进行资源分配”。美国哈佛大学波特（Porter M.）教授认为战略是“公司为之奋斗的终点与公司为达到它们而寻求的途径的结合物”。事实上，大部分公司战略是事先计划和突发应变的组合。战略既是预先性的（预谋战略），又是反应性的（适应性战略）。即“战略制定的任务包括制定一个策略计划，即预谋战略，然后随着事情进展不断对它进行调整。一个实际的战略是管理者在公司内外各种情况不断暴露的过程中不断规划和再规划的结果”。（Tomson S.，1998）

一般而言，战略分为三个层次：总体战略（corporate strategy）、业务单位战略或竞争战略（business or competitive strategy）和职能战略（operational strategy）。公司的战略管理包含三个关键要素：（1）战略分析。了解组织所处的环境和相对竞争地位。（2）战略选择。战略制定、评价和选择。（3）战略实施。采取措施使战略发挥作用。

### （二）管理会计在战略管理中的作用

管理会计是支持战略管理落地、量化战略管理的有效途径。通过利用预算、成本、绩效等管理会计工具和方法，企业可以对战略管理进行量化分析，让战略管理变得更科学、更可靠、更有据可依。管理会计对战略管理的支撑作用具体体现在以下方面。

1. 战略分析环节，需要量化的数据支撑。随着精益化管理时代的来临，传统模式下使用的PEST、SWOT等定性分析模型日渐暴露出原有分析方法的模糊性和不确定性。然而，以量化管理为核心的管理会计可以借助“模型分析法”对内外部环境进行多维度的、可量化的分析，这正好弥补了原有分析方法的不足，让战略分析更“接地气”。

2. 战略制定环节，需要预测、决策。

（1）利用管理会计工具方法，可以对企业的未来进行科学规划管理。管理会计的核心价值之一就是预测。在企业长远目标与经营方针的基础上，管理会计利用合理的量化模型，有目的地对企业未来的收入、成本、利润甚至企业资金的变动趋势作出预测，从而帮助企业管理者进行经营决策，辅助战略制定。

（2）利用管理会计工具方法对企业的经济资源进行合理配置。预算管理就是对企业的人、财、物等经济资源进行合理分配，同时通过绩效管理对战略进行分析评价，帮助管理者随时调整资源配置，提高经济效益。战略管理让管理会计目标感更强，方向更清晰。一方面，管理会计通过参与战略管理更了解管理者所思所想，更了解企业全局的、长远谋划，从而使预算目标的制定清晰有依据，使财务管理的工作方向更清晰，从而提升财务人员的价值创造能力。另一方面，通过预算管理，把公司战略真正落地。首先，预算能发挥战略支持作用，将战略思考转化为具体行动，减少“战略”的空洞感；其次，预算能发挥资源配置作用，对资源进行合理配置，辅助战略目标的落地执行。

3. 战略实施环节，需要计量与控制。战略实施涉及组织结构与调整、企业文化、战略控制、权力安排与分配、数字化技术与使用等多方面内容。战略实施需要通过战略控制，监督战略实施进程，及时纠正偏差，确保战略有效实施，符合预期目标。战略控制的方法除了上述的预算与预算控制外，还有财务与非财务业绩衡量、平衡计分卡等。通过这些方法，采用适当的计量工具和指标，一方面，可以使组织结构、企业文化与实施战略之间不断调整、匹配；另一方面，通过绩效考核，也有利于权力结构的调整，使投资者和经理人减少矛盾和冲突，使企业战略转型和发展处在正确的轨道。

总之，缺少了管理会计这一“量化管理”抓手，战略实施如同“空中楼阁”。反之，管理会计的参与让战略管理“如虎添翼”，让战略落地“水到渠成”。管理会计在价值链中的角色如图1－2所示。

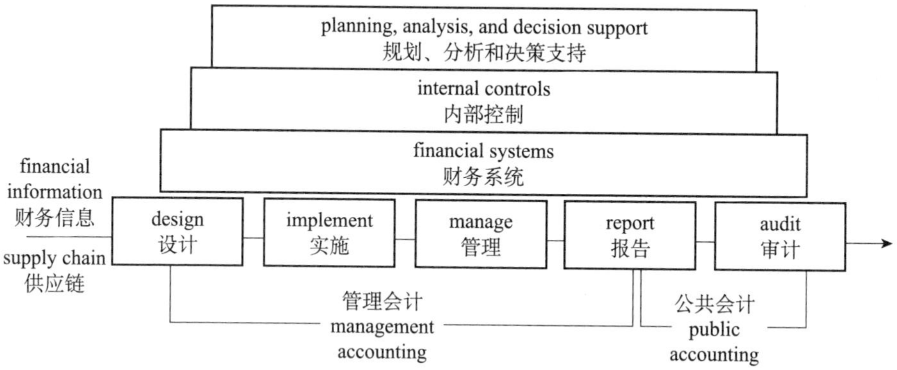


**图1－2 管理会计在价值链中的角色**

资料来源：作者自绘。

### （三）管理会计师与财务会计师的区别

会计师一般分为管理会计师与财务会计师。两者的区别主要表现在以下四个方面。

1. 时间线不同。财务会计师是“过去时”，主要强调对已经发生的业务进行计量和记录价值；而管理会计师是“将来时”，主要是为了创造价值。

2. 职能不同。财务会计师履行充分、准确反映与报告企业经营成果和财务状况的职能；而管理会计师主要管控未来，承当预测、决策、规划、控制和考核的职能。

3. 要求不同。财务会计师处理经济事务应遵守《企业会计准则》、税法、经济法等法律规范；管理会计师则无此限制，可以根据企业需要，灵活应用相关技术和方法。因此，在能力要求上，管理会计师要比财务会计师要求更高。

4. 岗位覆盖不同。财务会计师主要担任的岗位包括总会计师、会计主管、各种业务核算岗位、总账、对外财务会计报告编制岗位等。管理会计师担任的岗位众多，遍布企业的各个职能部门，上到总裁、首席财务官、董事会秘书、首席运营官、首席信息官，下到系统分析师、战略分析师、财务分析师、采购经理、人事经理、品牌策划甚至还有谈判专员和销售总监等。

## 三、管理会计师推动企业发展履行的职能

1. 参与企业战略的制定，将战略定义为企业在特定环境中所确定的核心目标与达成这些目标的关键路径的独特组合。

2. 为企业的非财务管理层提供财务分析的相关信息。

3. 为企业的项目经理从财务角度提供相关的参考建议。

4. 针对管理层的决策带来的财务影响提出合理意见并提供可行性方案。

5. 战略决策的制定和固定商业模式的制定，创造财富，为企业增值。战略决策是解决全局性、长远性的重大问题的决策，一般多由高层次决策者作出。战略决策是企业经营成败的关键，它关系到企业的生存和发展。决策正确可提高竞争力和适应环境的能力，取得良好的经济效益。

6. 监控企业支出，保持财务控制的有效性。

7. 成本管理和控制。成本管理一般包括成本预测、成本决策、成本计划、成本核算、成本控制、成本分析、成本考核等职能。成本控制，是企业根据一定时期预先建立的成本管理目标，由成本控制主体在其职权范围内，在生产耗费发生以前和成本控制过程中，对各种影响成本的因素和条件采取的一系列预防和调节措施，以保证成本管理目标实现的管理行为。

8. 对财务信息系统进行绩效评估。绩效评估，是指运用数理统计、运筹学原理和特定指标体系，对照统一的标准，按照一定的程序，通过定量定性对比分析，对项目一定经营期间的经营效益和经营者业绩作出客观、公正和准确的综合评判，以此提供有针对性的改善建议。

9. 管理内部审计业务，并为公司管理层定期提供财务信息报告。

10. 风险管理和控制。风险管理是内部控制的核心，也是内部控制的目标，内部控制是管理风险的一种手段。因此，在理解内部控制之前，要弄清楚企业有哪些风险，哪些是可以通过内部控制防范的，哪些是通过其他手段防范的，密切关注与企业相关的法律法规，同时还要分析竞争环境对企业的影响。因此，我们要加强法律法规筑基，强化底线思维和风险意识。

总之，通过价值分析一个主线，计量、估值两个视角，资源、作业、流程三个基本点，预算、控制、报告、考核四个环节，运用多种管理会计工具或组合运用多工具整合的方法，建立管理学、经济学、会计学、信息技术等多学科融合的体系和思维方式，提高发现问题、分析问题、解决问题的能力，提升运用专业体系思维和现代信息技术助力企业创造价值的综合能力。

# 第四节 管理会计工具

## 一、管理会计工具的含义

管理会计工具，是实现管理会计目标的具体手段和方法，具体包括战略地图、滚动预算管理、作业成本管理、本—量—利分析、平衡计分卡等模型、技术和流程。

## 二、管理会计工具的特征

管理会计工具方法具有开放性，随着实践发展不断丰富完善，吸收了其他学科的知识，如组织行为学、心理学、运筹学和数理统计学等，并呈现出定量化、精密化的特征。

## 三、管理会计工具的应用

具体有战略管理、预算管理、成本管理、营运管理、投融资管理、绩效管理、风险管理等。

### （一）战略管理

战略，是指企业从全局考虑作出的长远性谋划。战略管理，是指对企业全局的、长远的发展方向、目标、任务和政策以及资源配置作出决策和管理的过程。

战略管理领域应用的管理会计工具方法一般包括战略地图、价值链管理等。战略管理工具方法，可单独应用，也可综合应用，以加强战略管理的协同性。

### （二）预算管理

预算管理是指企业以战略目标为导向，通过对未来一定期间内的经营活动和相应的财务结果进行全面预测和筹划，科学、合理配置企业各项财务和非财务资源，并对执行过程进行监督和分析，对执行结果进行评价和反馈，指导经营活动的改善和调整，进而推动实现企业战略目标的管理活动。

预算管理领域应用的管理会计工具方法一般包括全面预算管理、滚动预算管理、作业预算管理、零基预算管理、弹性预算管理等。

### （三）成本管理

成本管理，是指企业在营运过程中实施成本预测、成本决策、成本计划、成本控制、成本核算、成本分析和成本考核等一系列管理活动的总称。

成本管理领域应用的管理会计工具方法一般包括目标成本法、标准成本法、变动成本法、作业成本法、生命周期成本管理等。企业应结合自身的成本管理目标和实际情况，在保证产品功能和质量的前提下，选择应用适合企业的成本管理工具方法或综合应用不同成本管理工具方法，以更好地实现成本管理的目标。

### （四）营运管理

营运管理是对企业运营过程的计划、组织、实施和控制，是与产品生产和服务创造密切相关的各项管理工作的总称。企业营运管理要控制的主要目标是质量、成本、时间和柔性（灵活性/弹性/敏捷性），它们是企业竞争力的根本源泉。因此，营运管理在企业经营中具有重要的作用。

营运管理领域应用的管理会计工具包括但不限于本—量—利分析、敏感性分析、边际分析、标杆管理等。

### （五）投融资管理

投融资管理包括投资管理和融资管理。投资管理，是指企业根据自身战略发展规划，以企业价值最大化为目标，对将资金投入营运进行的管理活动。融资管理，是指企业为实现既定的战略目标，在风险匹配的原则下，对通过一定的融资方式和渠道筹集资金进行的管理活动。企业融资的规模、期限、结构等应与经营活动和投资活动等的需要相匹配。这也是投融资管理会计主要考虑的内容。

投融资管理领域应用的管理会计工具方法一般包括贴现现金流法、项目管理、资本成本分析、情景分析、约束资源优化等。

### （六）绩效管理

绩效管理是指企业与所属单位（部门）、员工之间就绩效目标及如何实现绩效目标达成共识，并帮助和激励员工取得优异绩效，从而实现企业目标的管理过程。

绩效管理的核心是绩效评价和激励管理。其中，绩效评价是指企业运用系统的工具方法对一定时期内企业营运效率与效果进行综合评判的管理活动。绩效评价是企业实施激励管理的重要依据。激励管理是指企业运用系统的工具方法，调动企业员工的积极性、主动性和创造性，激发企业员工工作动力的管理活动。激励管理是促进企业绩效提升的重要手段。

绩效管理领域应用的管理会计工具方法一般包括关键绩效指标法、经济增加值法、平衡计分卡、股权激励等。

### （七）风险管理

风险管理是指企业围绕经营目标，通过在企业管理的各个环节和经营过程中执行风险管理的基本流程，采取各种措施和方法，减少风险事件发生的各种可能性，确保把风险控制在与公司总体目标相适应并可承受的范围内。

风险总是存在的，总会有些事情是不能控制的。作为管理者，应采取各种措施减小风险事件发生的可能性，或者把可能的损失控制在一定的范围内，以避免风险事件带来的难以承担的损失。

风险管理领域应用的管理会计工具一般包括风险管理框架、风险矩阵模型等。

不同企业的管理者应根据企业不同时期的不同战略目标、业务特点和管理需要，结合不同工具方法的特征及适用范围，选择恰当的适合企业发展的工具方法。例如，可以整合预算与战略管理领域的管理会计工具方法，强化预算对战略目标的承接分解；可以整合预算与成本管理、风险管理领域的管理会计工具方法，强化预算对战略执行的过程控制；可以整合预算与营运管理领域的管理会计工具方法，强化预算对生产经营的过程监控；可以整合预算与绩效管理领域的管理会计工具方法，强化预算对战略目标的标杆引导。

## 第五节　管理会计工作组织

### 一、管理会计发展的驱动力

管理会计发展的驱动力主要体现在价值量、信息化、智能化、全球化和新常态五个方面，不断推动着管理会计的发展。

1. 人们对价值的追求决定了价值量成为管理会计发展的原动力，因此，价值量也被视为管理会计发展的第一驱动力。

2. 信息技术的普及和应用加速了管理会计的发展，通过数字技术、网络技术和 IT 技术的广泛运用，实现会计信息与管理信息系统的无缝连接，促进物流、资金流、信息流和业务流的融合，进一步推动会计核算信息、会计经营管理、会计智能决策、战略财务等管理会计工具、方法和技术的应用和发展。由此可见，信息技术的兴起、发展和应用成为管理会计发展的第二驱动力。

3. 智能化解决了大量繁杂的标准化程序性的工作，将会计人员从其中解放出来，把精力投入到人工智能无法胜任的战略规划、经营决策、执行控制和绩效评价等工作中，进一步优化了人力架构，提升了工作效能，促进了企业精细化高效化发展。因此，智能化被称为管理会计发展的第三驱动力。

4. 在全球化背景下，企业面临的机遇和风险均呈现大幅度增加的态势，需要企业不断增强自身的适应能力和应变能力，不断优化经营和投资策略，将优质资源集中于回报更高、前景更好的细分市场、产品或渠道，从而在全球化的竞争中获得优势。因此，全球化扩展的是管理会计发展的空间，是推动管理会计发展的第四驱动力。

5. 在后疫情时代，中国经济呈现出新常态，从高速增长转向高质量增长。

中国的企业必须适应当下的经济新常态，必须直面精益管理和差异化竞争的战略转型，经营模式必须从之前的粗放式低成本转向精益管理低成本的轨道。管理会计的作业成本管理、价值链分析、平衡计分卡等工具和方法的应用，是企业实施策略转型的保障。因此，经济新常态会倒逼我国企业运用管理会计工具来完善经营和管理模式，是我国管理会计发展的第五驱动力。

## 二、管理会计机构的设置

《管理会计基本指引》第九条规定，单位应根据组织架构特点，建立健全能够满足管理会计活动所需的由财务、业务等相关人员组成的管理会计组织体系。有条件的单位可以设置管理会计机构，组织开展管理会计工作。

在执行预算管理时，企业可以根据实际情况和需要，设置预算管理委员会等专门机构组织，监督预算管理工作。当然，管理会计机构设置、职责权限和工作程序应与企业的组织架构和管理体制互相协调，保障预算管理各环节职能衔接，流程顺畅。

## 三、管理会计人员的配备

管理会计人员不仅涉及主要会计人员，还涉及各层级以及各层级内部门、岗位的负责人员和工作人员，因此，还应根据管理模式确定责任主体，明确各层级以及各层级内的部门、岗位之间的管理会计责任权限，制定管理会计实施方案，以落实管理会计责任。

## 四、工作保障

《管理会计基本指引》第十一条规定，单位应从人力、财力、物力等方面做好资源保障工作，加强资源整合，提高资源利用效率效果，确保管理会计工作顺利开展。

## 五、管理会计信息系统

《管理会计基本指引》第十二条规定，单位应将管理会计信息化需求纳入信息系统规划，通过信息系统整合、改造或新建等途径，及时、高效地提供和管理相关信息，推进管理会计实施。

## 六、管理会计未来趋势

1. 从关注结果到全程参与。企业创造价值是一个包含战略规划、经营决策、执行控制和绩效评价等多个方面的动态管理过程，传统会计关注的重点在执行控制和绩效评价等方面，更加注重利润、现金流、财务状况等结果，对战略规划、经营决策等方面基本不参与。而管理会计参与创造价值的全过程，战略地图、平衡计分卡等理论和工具，有助于企业制定科学的战略规划，预算管理、投融资管理、价值链等理论和工具，有助于企业进行合理的经营决策，作业成本管理、成本性态分析、风险管理和内部控制、有效约束理论等理论和工具，有助于企业作出有效的执行控制。

2. 从记录历史到构建未来。传统会计从真实记录历史发生的数据入手，无法实现财务数据与其他管理体系数据的融合，具有相对独立的特性。而管理会计将信息化融入企业管理信息系统，融合企业的信息流、资金流、业务流、实物流等会计数据，通过建立各种数据模型，进而分析归纳出未来的预测性信息，大力提升企业管理的能力和水平。因此，未来的管理会计将从传统的“记录历史”转向“构建未来”。

3. 从人工到智能。在智能高度发展的当下，企业将会更多地运用智能技术以在竞争中获取优势。传统的会计分工模式主要以人工为主，每个岗位各司其职相对独立。会计智能化在提高效率、控制成本、加强内控、信息共享、提升客户满意度以及资源管理等方面相对于传统会计具有极大的优势，会带来显著的成效。因此，未来的管理会计将必然从人工转向智能。

4. 从聚焦内部到统筹内外。企业全球化已成为潮流。在走出去的过程中，地缘战略、政治风险、汇率风险等因素成为企业的重要风险。经济新常态下，“三去一降一补”的去产能、去库存、去杠杆、降成本、补短板成为企业面临的严峻形势。全球化和新常态的大背景下，未来的管理会计从聚焦内部转为统筹内外。

5. 从单一到多元。财务会计注重合规，关注的重点是企业的一切经济活动必须以规范制度、合法合规为基础。管理会计则在注重合规的基础上，还需要运用信息技术手段，发现经济活动中的价值机遇及评估可能的经营风险，并采用价值链分析、精益管理等工具，解决经营战略执行和预估风险判定和规避等问题，以实现发现价值、创造价值的目标。因此，未来的管理会计模式必然从单一走向多元。

总之，管理会计的内涵在于管理是核心，会计是手段。通过沟通连接经营全链条，通过会计手段发挥影响力，通过会计工具梳理出有价值的信息，通过参与经营管理帮助企业创造价值。

## 课后作业

### 一、单项选择题

1. 在信息的生产和价值运用过程中，会计又可以分为财务会计和（　　）。

A. 管理会计　　B. 财务会计　　C. 成本会计　　D. 审计

2. 下列各项中不属于管理会计特征的是（　　）。

A. 管理会计是一项经济管理活动

B. 为企业内部经营管理提供分析和判断

C. 方式方法灵活多样

D. 为财务报告外部使用者提供信息

3. 管理会计在价值链中承担的角色不包括（　　）。

A. 管理　　B. 实施　　C. 设计　　D. 审计

4. 管理会计师在推动企业发展时履行的职能是（　　）。

A. 风险管理与控制　　B. 编制财务报表

C. 控制成本费用　　D. 直接制定公司战略

**二、多项选择题**

1. 管理会计的职能有（　　）。

A. 分析财务数据，支持更佳决策

B. 通过预算和预测制定长期规划

C. 评估资本投资和企业并购

D. 准确无误地执行交易处理

2. 管理会计的目标有（　　）。

A. 实现资源的优化配置　　B. 提高生产效率

C. 优化判断和决策　　D. 提高经济成果

**三、判断题**

1. 管理会计师是向后（过去）看，强调计量和记录价值；财务会计师是向前（将来）看，创造价值。（　　）

2. 管理会计吸收了组织行为学、心理学、运筹学和数理统计学等，并呈现定量化、精密化的特征。（　　）

3. 战略管理会计包括战略地图和价值链管理。（　　）

4. 资本是有成本的。（　　）

**四、论述题**

1. 简述如何成为一名出色的管理会计师。

2. 分析管理会计师在企业价值链中的角色。

# 第二章　战略地图

**素养目标**

培养学生动态辩证多角度思维、整体意识、全局意识。

**知识目标**

了解战略地图的含义，理解战略地图的分类，掌握战略地图管理会计工具。

**情景导航**

2023 年 9 月，张三注册成立了某创新研发企业，企业如何定位？什么是使命？有什么愿景？企业成长有什么战略？如何构建企业中长期战略目标？

什么是使命：企业永远存在的理由；企业打算永久做的事；从全社会角度来确定企业的经济身份或角色，在社会领域里，企业是做什么的，在哪些领域里为社会做贡献。

什么是愿景：希望企业发展成什么样子；未来 10 年企业将成为什么样子；企业长期的发展方向、目标、目的、社会责任和义务；对社会和利益相关者的承诺。

什么是战略：企业如何实现成长的总体谋划；如何实现愿景的总体谋划；企业在主要方面的总体定性计划。

什么是企业战略目标：企业 3 ~5 年或更长时间主要方面的定量计划；战略目标也可称中长期规划或中长期目标。

什么是战略地图呢？

## 第一节　战略地图概述

### 一、战略地图概念

战略地图由罗伯特·卡普兰（Robert S. Kaplan）和戴维·诺顿（David P. Norton）提出。他们是平衡计分卡的创始人，在对实行平衡计分卡的企业进行长期研究过程中，他们发现，企业由于无法全面地描述战略，管理者之间及管理者与员工之间无法沟通，对战略无法达成共识。“平衡计分卡”仅仅建立了一个战略框架，缺乏对战略进行具体而系统、全面的描述。2004 年 1 月，他们的著作《战略地图——化无形资产为有形成果》出版。

战略地图是以平衡计分卡的四个层面目标（财务层面、客户层面、内部业务流程层面、学习与成长层面）为核心，通过分析这四个层面的关系绘制的企业战略关系图。

## 二、战略地图的核心内容

战略地图的核心内容如图 2 – 1 所示，其核心内容包括：企业通过运用人力资本、信息资本和组织资本等无形资产（学习与成长），才能创新和建立战略优势与效率（内部业务流程），进而使公司把特定价值带给市场（客户），从而实现股东价值（财务）。

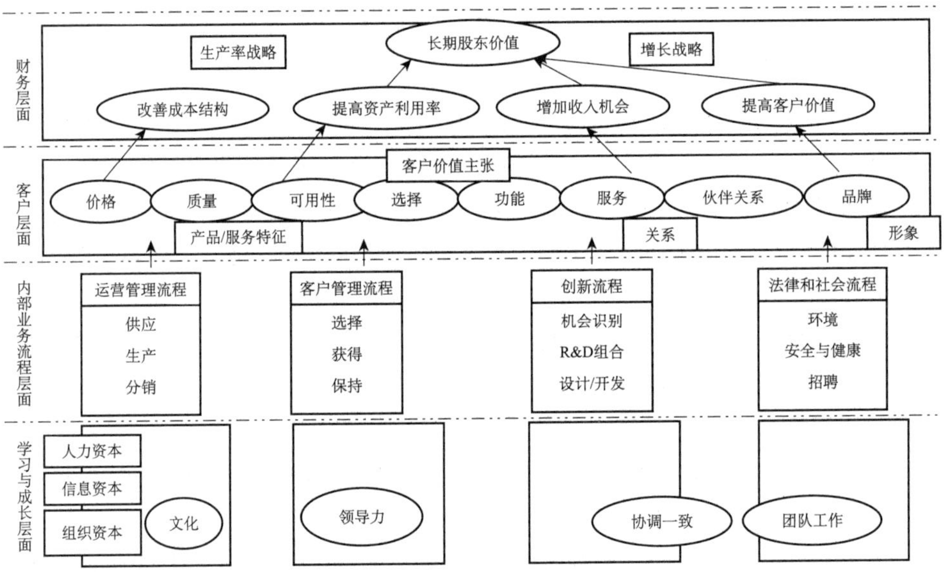


**图 2 – 1　战略地图的核心内容**

资料来源：作者自绘。

可以看出，财务角度共包含两个主题：增长和生产率，用以增加股东价值。

在客户角度的价值定位，明确强调客户价值主张对增长战略的重要性。

内部业务流程角度的四大流程：运营管理流程、客户管理流程、创新流程以及法律和社会流程。

学习与成长角度主要涉及人力资本、信息资本和组织资本等。

战略地图的四个层面可以作通俗的解释，如图 2 – 2 所示。

学习与成长层面是土壤：员工的能力、知识、系统、企业文化（肥沃的土壤才能生长出好庄稼）；

内部业务流程层面是树干：内部运营能力（树干输送营养）；

**图 2－2　战略地图层面模拟**

资料来源：作者自绘。

客户层面是枝繁叶茂：客户受益；

财务层面是结果子：财务结果。

经营活动的最终目的是“让客户买单”。从图 2－2 可以看出，只有把“内部能力”的根扎牢，才有“客户受益”的枝繁，才会最终获得“财务结果”的叶茂。通过人力资源投资（向员工提供知识技能培训、岗位调整与优化等）提升员工综合能力，选用适当的工具和工作流程提高内部运营效率，就能实现为客户提供优质的产品和服务的目的，客户满意度和服务满足感得到提高，则能实现理想的财务结果。

通过以上分析可以看出战略地图的特点。

归纳了企业发展的四个战略主题：开发新产品和市场、增加客户价值、达成优异运营、成为优秀的企业员工，管理者无须费神，可以开箱自取需要设定的主题。

将战略分解为四层：财务层面、客户层面、内部业务流程层面、学习与成长层面，强调管理者从四个层面全面思考对于战略主题的支撑，不用担心自己遗漏了哪些重点内容（尤其是学习与成长层面应该是很多管理者会疏忽的内容）。

各层之间的要素需有因果关系，可以展示战略主题实现过程中的逻辑关系，帮助团队成员对战略全局有直观、生动的理解，了解各自对于整体战略的贡献。

战略地图中各层要素向下分解过程中强调要做的事、衡量的指标以及指标值，便于形成行动计划追踪表。

典型的战略地图如图 2－3 所示。

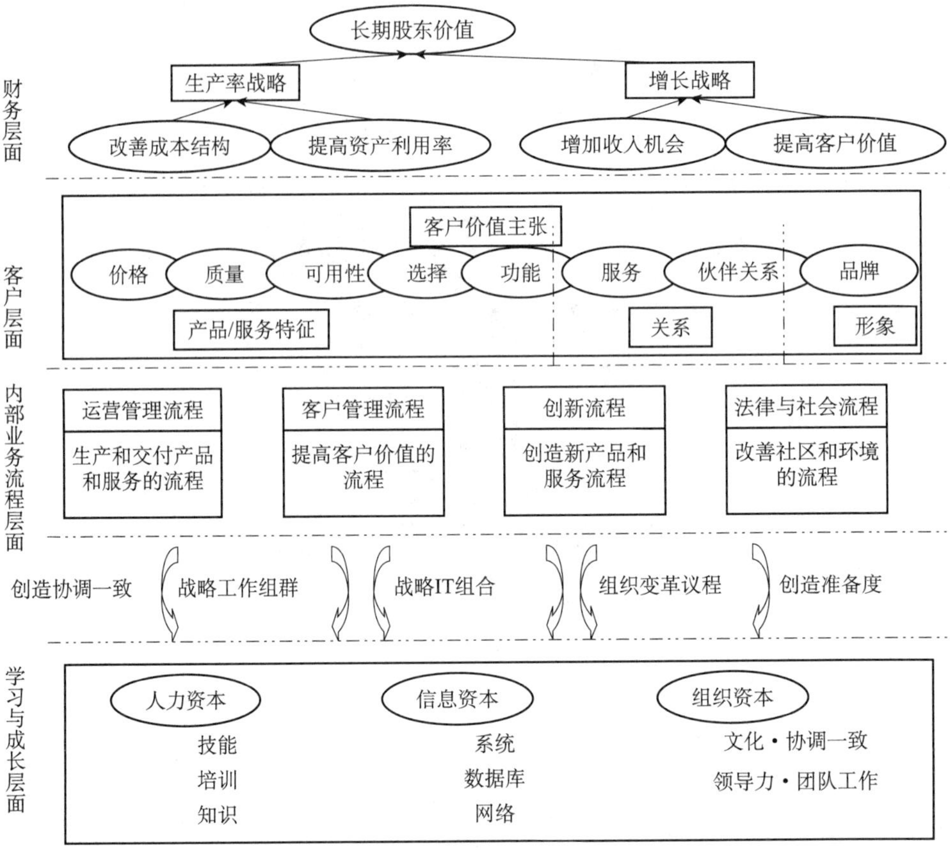


**图2-3 典型战略地图**

资料来源：作者自绘。

# 第二节 企业战略地图的绘制

## 一、建立战略地图的流程

建立起符合经营战略的财务指标和体现顾客价值主张的服务指标。在这两个维度，尽量多设置一些成长性的指标，少设置一些维持性的指标。

完成这两个维度的指标设置后，需要对每一个指标进行提问，问题很简单，那就是“如何实现这个指标”。通过问题的答案找出实现这些指标的方法、流程和内部核心内容。从平衡计分卡的内在逻辑关系来讲，内部视角的指标是为了有效支持、帮助财务和顾客指标的实现而存在的；成长性的财务指标和顾客指标，可以带动企业内部更大的变革与改进。在选择内部过程指标时，既要考虑与财务和客户价值的内在相关性，还要综合考虑长指标、短指标对财务和客户指标的支持程度。一般来讲，尽可能在内部多设置一些长指标，少设置一些短指标，只有这样，才能增强内部过程对财务和顾客视角的支持性与驱动程度。

完成内部过程的指标设置后，还需要设置员工学习与成长指标，这个维度的指标需要站在人力资源战略高度来考虑与设置。从根本的角度来看，这个维度的指标需要解决“如何提供战略所需要的新能力和核心能力”的问题。

要强调的是，四个维度的指标设置之后，要将战略与战略地图结合起来进行系统性检查，确保战略地图能有效和完整地体现战略的各项内容与思想。

## 二、战略地图的绘制步骤

战略地图是在平衡计分卡的基础上发展而来的，与平衡计分卡相比，它增加了两个层次的内容：一是颗粒层，每一个层面下都分解为若干个要素；二是增加了动态的层面，也就是说，战略地图是动态的，可以结合战略规划过程来绘制。战略地图是以平衡计分卡的四个层面目标（财务层面、客户层面、内部业务流程层面、学习与成长层面）为核心，通过分析这四个层面目标的相互关系而绘制的企业战略因果关系如图 2－4 所示。

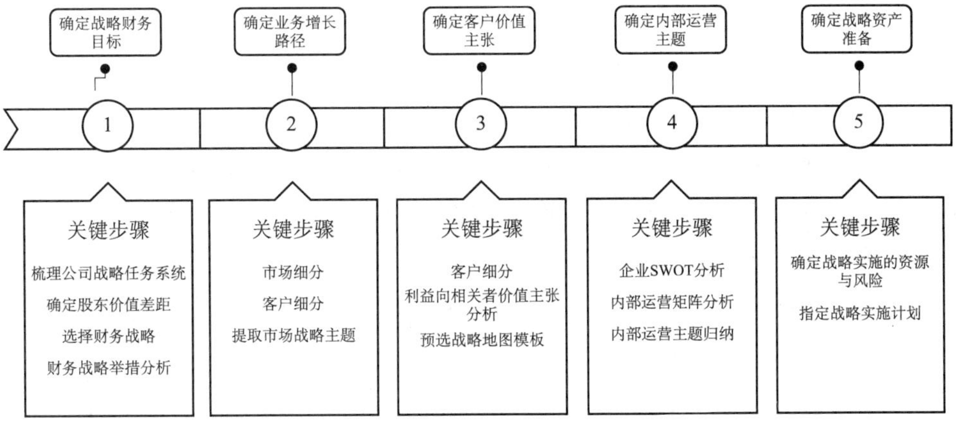


**图 2－4　战略地图的绘制**

资料来源：作者自绘。

### （一）确定战略财务目标

1. 确定战略财务目标时需要考虑如下几个问题。

长期股东价值是如何实现的？通过什么战略实施的？

如果采取生产率战略，是改善成本结构还是提高资产利用率的策略？

如果采取的是增长战略，是增加收入机会还是提高现有客户价值的策略？

如果采取以上策略，有哪些关键举措？

采取的策略和关键举措如何影响客户层面、内部业务流程层面决策？

具体如图2-5所示。

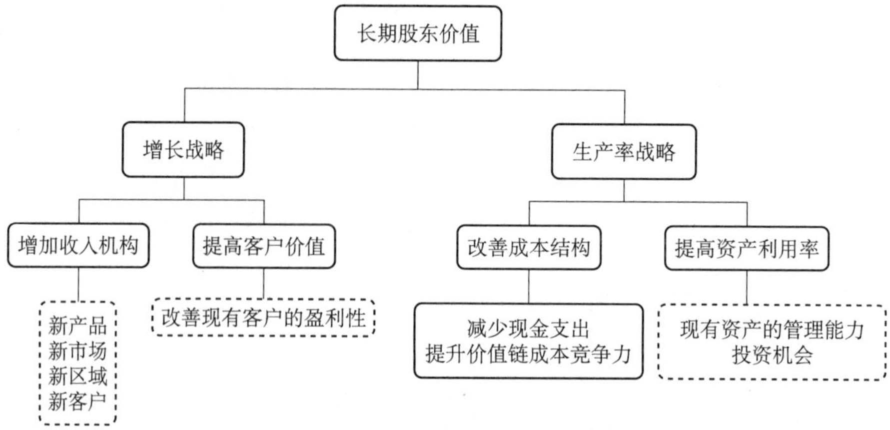


**图2-5 战略财务目标确定需要考虑的问题**

资料来源：作者自绘。

2. 确定战略财务目标，如投资回报率、净利润、EVA、销售收入以及股东价值差距；根据战略财务目标，将股东价值差距分配给增长战略和生产率战略；确定增长战略、生产率战略的实现方式。

## （二）确定业务增长路径

1. 从产品、服务组合分析（增长方式）。

产品，我们应该侧重于哪些产品？我们当前的产品结构是否合理？我们是否应该开发新的产品/服务地域？我们业务的地域分布是否合理？我们今后发展的重点在哪里？

客户，我们将如何细分目标客户群？向目标客户群提供服务的吸引力多大？分析考虑如图2-6所示。

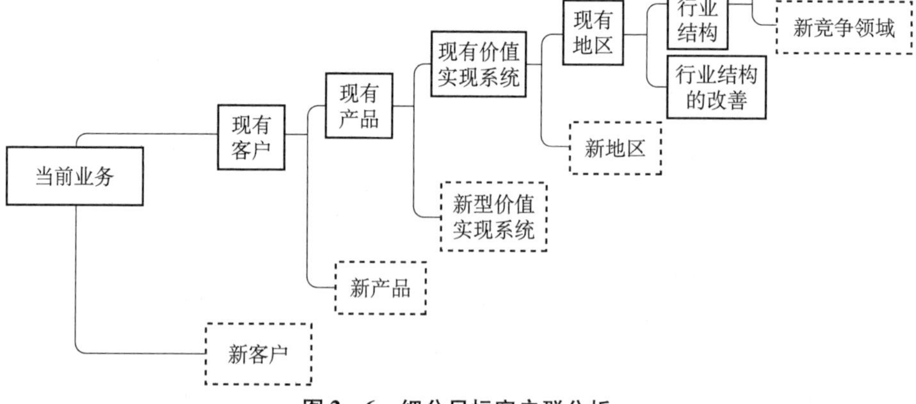


**图2-6 细分目标客户群分析**

资料来源：作者自绘。

2. 将市场划分成四个领域，每个领域实施不同的战略，具体战略如图 2－7 所示。

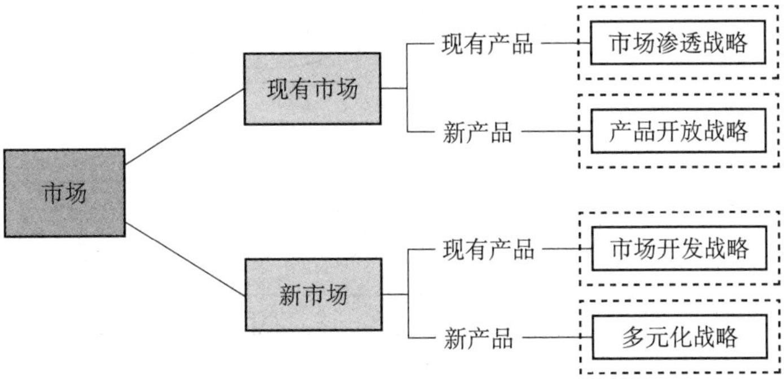


**图 2－7 不同市场战略分析**

资料来源：作者自绘。

### （三）确定客户价值主张

1. 确定客户价值主张、战略定位。根据客户价值主张，合理定位企业战略，如表 2－1 所示。

**表 2－1 客户群与战略模式选择**

| 客户群 | 客户群 1 | 客户群 2 | 客户群 3 | 客户群 4 | 客户细分 |
|---|---|---|---|---|---|
| 产品 | 汉堡等 | 手机 | 机器设备 | 计算机软件 | 价值定位 |
| 价值主张 | 价格<br>质量 | 潮流<br>领先上市 | 售后服务<br>全面服务 | 稳定<br>标准 | |
| 战略模式 | 总成本领先 | 产品领先 | 全面客户<br>解决方案 | 系统锁定 | 战略定位 |

2. 根据客户价值主张类型，预选战略地图模板。根据具体客户价值主张类型，可以选择的战略地图模板如图 2－8 所示。

3. 根据战略和财务目标，从产品/服务特征、与客户的关系定位以及要展现的形象来确定客户价值主张，如图 2－9 所示。

4. 根据财务目标和客户价值主张从流程的四个方面即运营管理流程、客户管理流程、创新管理流程以及法规与社会流程确定战略主题。具体流程如图 2－10 所示。

### （四）确定企业内部运营的主题

1. 企业 SWOT 分析，在不具备利用机会去避免威胁所需的技能时，识别必要资源，采取措施获得优势而减少劣势，形成战略匹配，根据 SWOT 分析，提取企业关键战略举措。

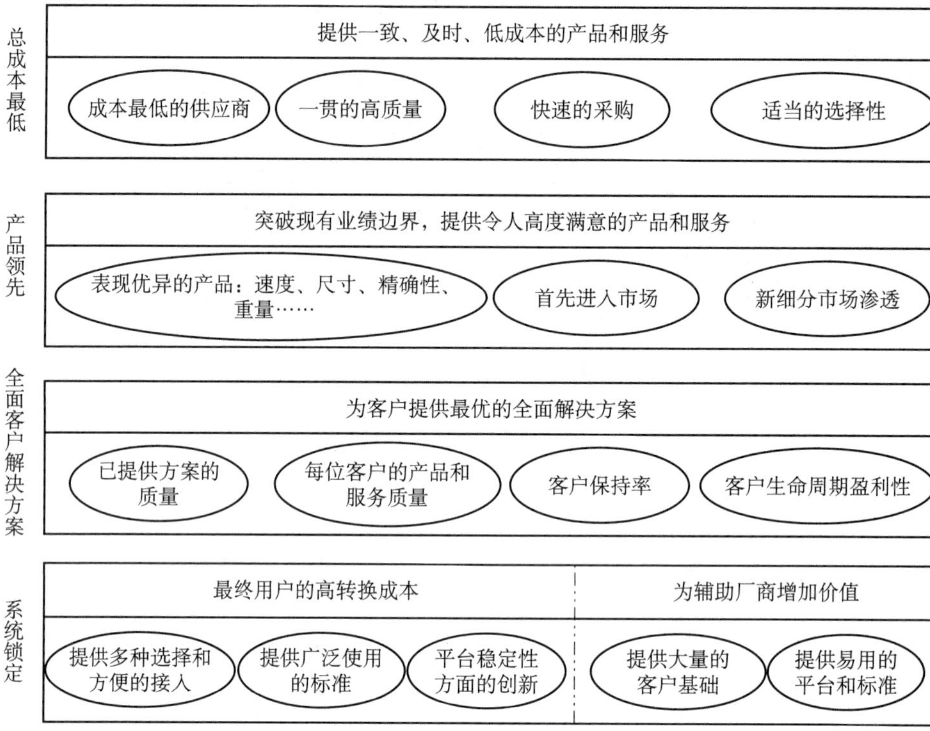


**图 2－8　战略地图模板**

资料来源：作者自绘。

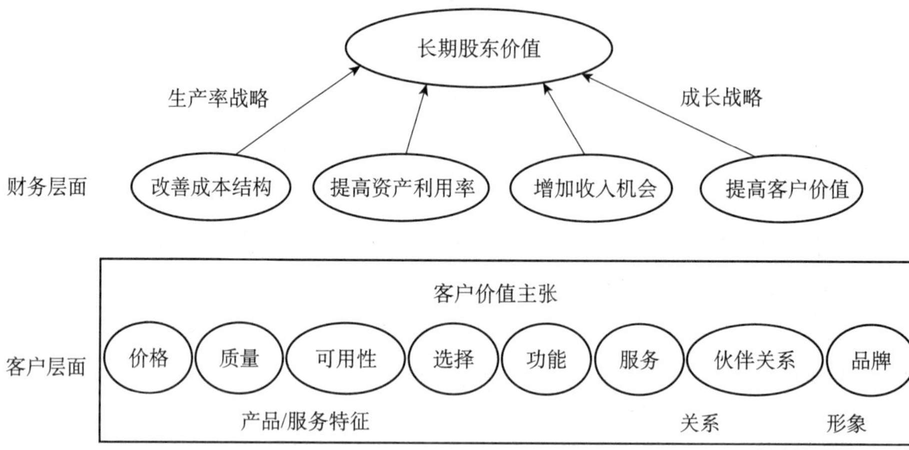


**图 2－9　客户价值主张**

资料来源：作者自绘。

2. 企业内部运营矩阵分析，梳理价值链、关键增值活动。
3. 参照战略地图模板。
4. 内部运营主题归纳。

以上结束后，进行确定战略实施的资源及风险，制定战略实施计划。

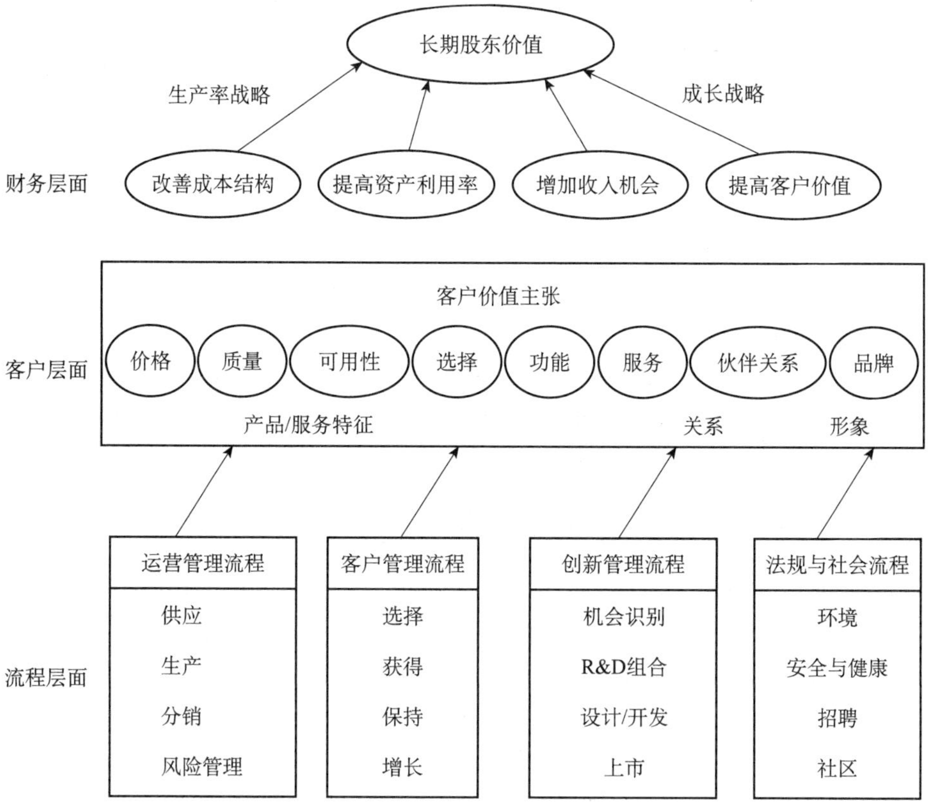


**图 2-10　具体流程**

资料来源：作者自绘。

# 第三节　战略地图的性质

## 一、判断战略地图有效性的两个要素

企业的战略地图从形式和内容上都有所不同，但所有战略地图的内在原理是基本相通的。一个科学合理的战略地图应该符合哪些基本要素呢？归纳起来，有两个判断要素：一是关键绩效指标（key performance indicator，KPI）的数量及分布比例；二是 KPI 的性质比例。

### （一）数量及分布比例

战略地图应该有多少个指标才算合理呢？在四个视角的分配达到一个什么比例才算科学呢？Best Practices 公司对成功导入平衡计分卡的 32 个组织的研究资料显示，这些成功应用平衡计分卡的公司，它们战略地图的指标数都在 20 个左右，所有这些指标在四个层面上的典型分配比例如下：

财务层面 20% 左右

客户层面 20% 左右

内部流程层面 40% 左右

学习与成长层面 20% 左右

### （二）性质比例

KPI 可以从多个角度进行性质判断，战略地图中的这些 KPI 究竟应该具备怎样的构成比例才算合理？

从财务性的角度可以将 KPI 分为财务性指标和非财务性指标，研究资料显示，优秀公司的 KPI，基本上都超过 80% 的比例是非财务性指标，不到 20% 的指标是财务性指标。

从定性和定量的角度来看，可将 KPI 分为定性指标和定量指标，有资料显示，所有公司的定量指标比例都明显高于定性指标的比例。

从时间跨度的角度来看，可将 KPI 分为短指标和长指标，研究表明，所有公司的长指标比例都明显高于短指标的比例。

从对战略支持性的角度来看，可将 KPI 分为成长性指标和维持性指标，研究显示，所有公司的成长性指标比例都明显高于维持性指标的比例。

## 二、战略地图与价值链比较

虽然战略地图是大卫·诺顿和罗伯特·卡普兰在平衡计分卡基础上形成的，但是地图中关于价值创造和管理的内容都在很大程度上来源于价值链的思想。价值链对于价值活动分解在很大程度上为他们提供了一种思路，但他们对于价值活动的理解却存在距离。所以从这两个方面看，战略地图可以说是平衡计分卡和价值链共同发展的结果。

1. 价值的创造活动方向一致。价值链强调从利润目标开始对能够创造价值的活动或者因素进行分解，以找出价值真正的来源和关键环节。战略地图也反映了要实现长期股东价值最大化的目标必须依靠生产战略和增长战略的执行情况，而生产战略必须通过内部流程的运行满足客户的价值需求。诺顿和卡普兰将那些向客户传递差异化价值主张的关键流程称为战略主题。

2. 价值创造活动之间的关系以及价值创造的目标相同。价值链将价值创造活动分为两类，即基本活动和支持活动，基本活动是实现价值创造的直接活动，而支持活动是完成基本活动的必备条件。战略地图中学习与成长层面的无形资产包括人力资本、信息资本和组织资本都为内部流程的有效运行提供了充分支持。价值链和战略地图的最终目标也基本一致。价值链将价值创造活动的结果以利润的形式体现出来，而战略地图使这个结果更加丰富，不但体现了企业追求利润增长的目标，而且还将股东价值的长期增长考虑进来。

# 第四节　战略地图案例分析

## 案例一：英格索兰集团战略地图

### 一、背景

英格索兰（Ingersoll Rand，IR）是一家全球性的、多样化的工业和商业设备制造商，专攻诸如安全和保险装置、气候控制、行业解决方案和基础设施等全球主要市场。

IR 的历史可追溯到 1871 年，当时主要从事建筑和采矿业。多年过去了，公司建立了骄人的声誉。因此，今天的 IR 可谓是一支多元化的豪华舰队，年收入 100 亿美元，在全球拥有 56 000 名员工、130 个制造设施的工业企业。

### 二、现状

20 世纪 80 年代中期，IR 几乎 2/3 的收入来自制造建筑和采矿设备等传统业务。但是，华尔街有不同的看法。作为一个业务更宽泛的投资集团，IR 对如何充分发挥数年来获得的大量不相关品牌的潜力仍然保持着不确定性。

1999 年 10 月，赫伯·亨凯尔成为公司的总裁和 CEO。他制定了 IR 的使命，即“全球工业公司”。但是，亨凯尔认识到，如果实现这一目标，公司必须从产品驱动的控股公司转变为解决方案驱动的运营公司，拥有协同的业务和集成的解决方案组合。

### 三、战略

亨凯尔在组织内引入了一个共同的战略计划流程。标准计划流程本身并不能产生预期的结构。“增长”和“解决方案”的基本新方向并没有得到较快的发展，这使管理团队感到非常沮丧。因此，他们引入了一个集成的战略和业绩管理系统，用来组织战略的执行情况。战略地图和平衡计分卡成为在组织内阐明与沟通战略的关键工具。

### 四、战略地图

IR 的使命——成为“拥有市场领先品牌的全球化工业公司”，列示在战略地图的顶部。公司战略地图如图 2 - 11 所示。

### 五、战略地图解读

1. 财务层面。在财务业绩层面，IR 将通过实现巨大的增长，有组织地推动和协同并购，驱动股东价值增长，并持续降低成本。通过积极管理收入增长和生产率之间的平衡，IR 追求的是改善资产利用率和驱动现金流产生。

2. 客户体验层面。IR 把自己从一个产品中心型制造商转变为一个客户中心型解决方案提供者，从而实现了财务目标。在客户体验层面，IR 的价值主张包含三个主题：一是将市场领先的增值服务与创新产品打包，为客户提供最优的解

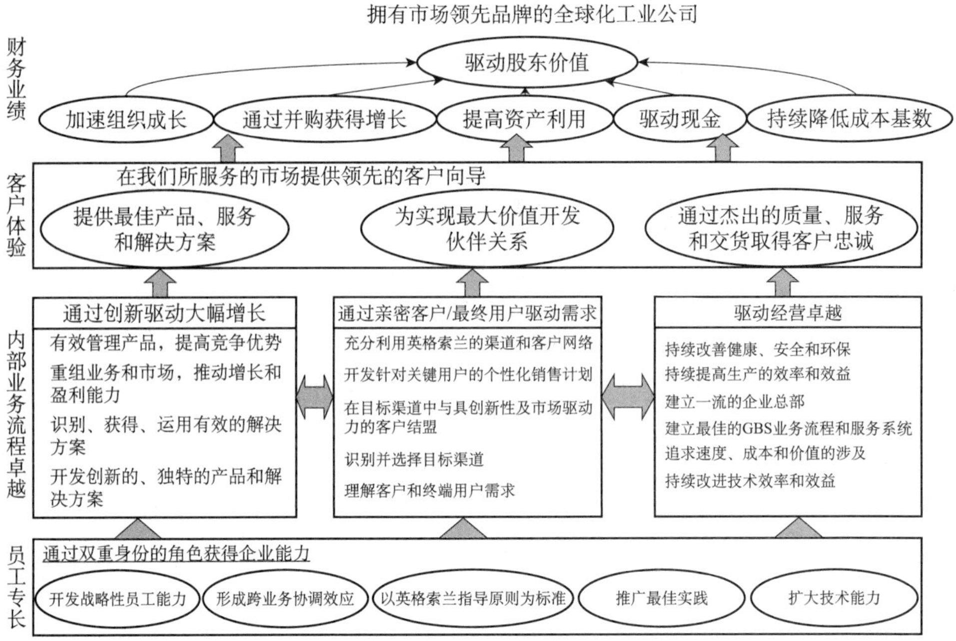


**图 2-11 英格索兰集团的战略地图**

资料来源：作者自绘。

决方案；二是开发与客户真正双赢的伙伴关系，使 IR 能够实现最大价值，实现价格、业绩和服务之间的真正平衡；三是通过优秀的质量和服务、交付以及无缺陷执行，阻止客户转向其他厂商，从而创造长期客户忠诚度。

3. 流程卓越层面。流程卓越层面围绕三个主要战略主题。

（1）驱动运营卓越。通过在 IR 所有的运营部门追求持续改进来实现。这一主题关注核心流程。驱动运营卓越主题强调关键业务流程，如安全、健康、环境、制造、产品开发、IT 和公司级共享服务。

（2）通过亲密客户/最终用户驱动要求。通过与关键客户建立伙伴关系、管理价值链和扩大服务来实现。这一主题关注市场细分、设定目标值、渠道管理和客户关系管理。

（3）通过创新驱动大幅增长。通过关注客户的创新解决方案，从而在创新基础上驱动大幅增长。这一主题开发和管理了公司的产品和服务组合，促使公司获得长期竞争优势。

4. 员工专长层面。为了支持这些内部流程能力，IR 在战略地图中设计了一个员工专长主题来明确文化优先任务、管理关键员工技能和传递可行的基础需要。在员工专长层面，IR 通过双重身份（业务单元和公司）充分发挥公司能力。双重身份加上所有员工的才干、能力和热情，将使 IR 有别于其他公司，因为个别业务的合力将使公司更为强大。

资料来源：Anonymous，Ingersoll-Rand Company Limited：Ingersoll Rand to Present at Sanford C. Bernstein 2009 Strategic Decisions Conference，M2 Presswire，2009.

## 案例二：利兹大学的战略地图

### 一、利兹大学背景

英国利兹大学（University of Leeds）以高质量的研究和教学闻名于世，是全英国最好的十所研究性大学之一，多门课程教学质量被英国高等教育委员会评为“一流”，所获得的企业赞助在英国大学中名列榜首。该大学优势专业主要包括机械工程、心理学、牙医学、物理学、计算机、通用工程、土木工程、城乡规划、商业与管理研究等。

利兹大学在2003年实施了一系列扩张战略，为保证学校在英国乃至世界高等教育中处于领先地位，希望确定一个全新战略来指导大学的发展。为此，利兹大学成立了专门小组，制定了富有特色的大学战略地图。

### 二、利兹大学战略地图基本框架

利兹大学为实现愿景，确保战略实现，在如图2-12所示主题方面进行了全面把控，几乎涵盖了学校发展战略的所有内容。其战略地图由价值观、财务层面、客户层面、内部业务流程层面、学习与成长等部分组成（如图2-13所示）。

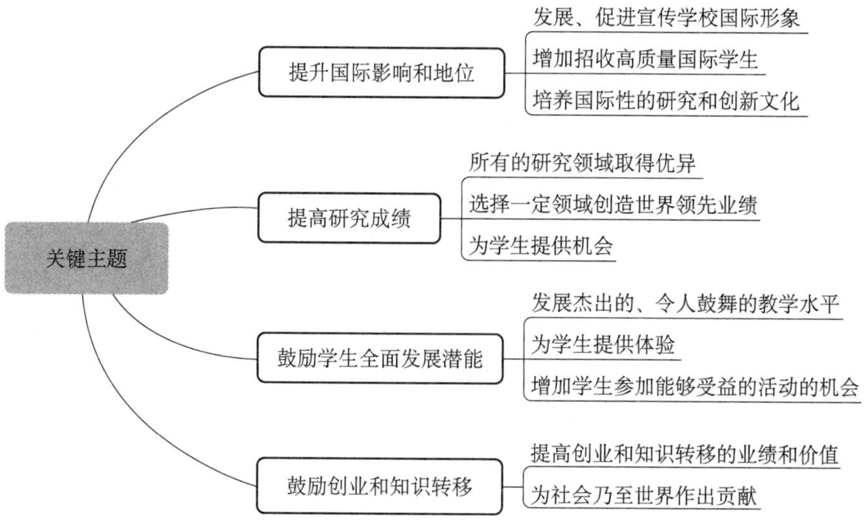


**图2-12 利兹大学战略主题**

资料来源：作者自绘。

### 三、战略地图的绘制流程

战略地图的绘制步骤如下。

第一，设计组织任务系统。本步骤需要战略研究人员分析内外环境，明确以下问题：学校的客户是谁？学校最主要的产品或服务是什么？学校的优势是什么？学校的基本信念和价值是什么？在明确了上述问题后，就可以进行使命、愿景和价值观的初步描述。

第二，评估大学业务优先级别。在评估业务优先级别前，需要分析大学的利

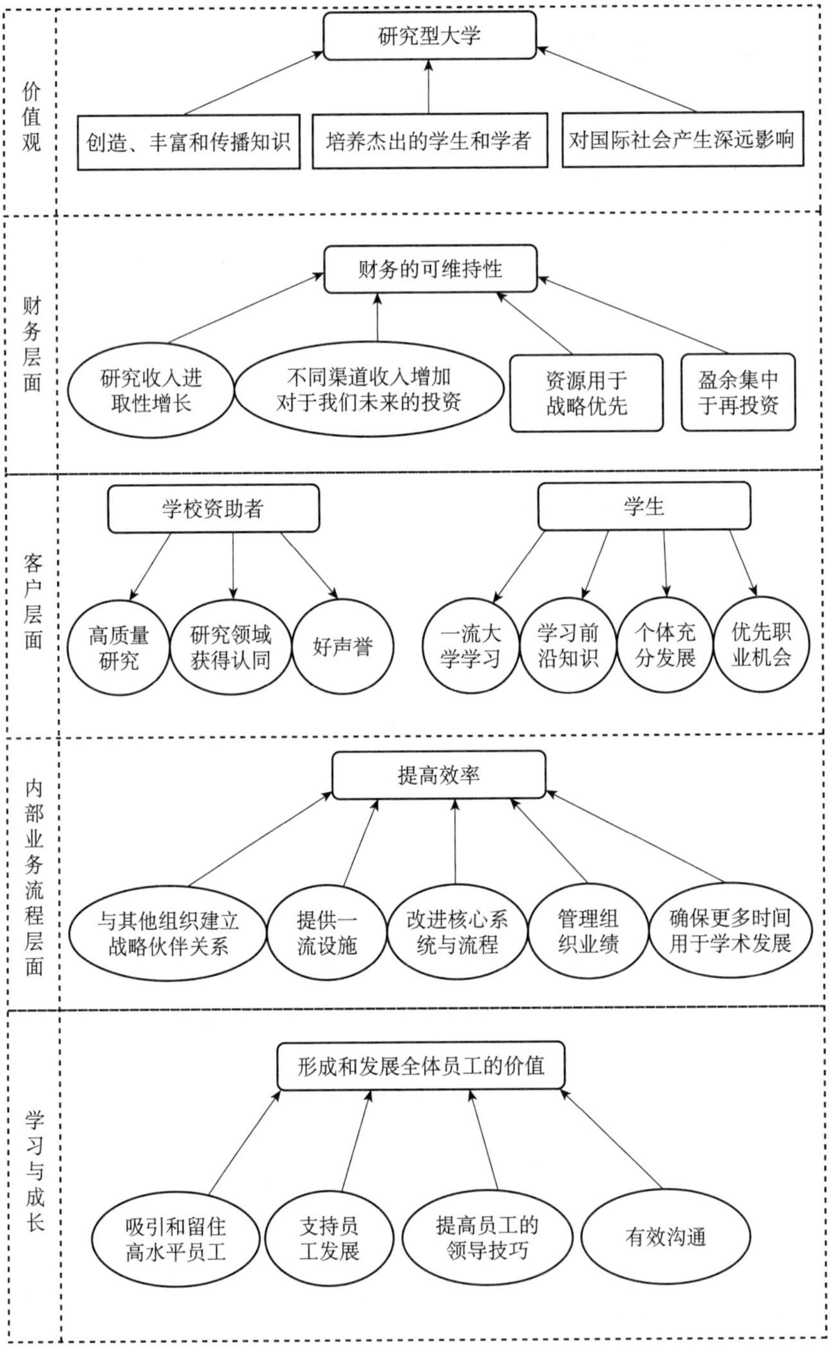


**图 2-13 利兹大学战略地图**

资料来源：作者自绘。

益相关者，主要是了解他们的价值主张，这将对战略中的价值、关键战略措施的选择等产生影响。之后可以进行大学主要业务的优先级别评估，这种评估为战略地图客户层面的目标实现提供了参考依据。

第三，确定大学的关键主题。大学关键战略举措回答的问题是：大学如何“有所为有所不为”？大学战略的关键举措在本质上是对大学竞争范围的确定，是大学使命和愿景的一个折射。

第四，安排业务发展顺序。由于大学的发展重点会在不同时间段带来回报，因此，从长远来说都需要予以关注，但是这并不意味着所有的发展重点在时间的推进上是同步的。在确定不同的战略主题后应该在各有关机构层面进行精密的规划，明确不同战略重点的推进和资源需求时间表，有条不紊地实施大学发展战略。

第五，进行财务预测和模拟，绘制战略地图。

资料来源：李业芳，巴素英. 战略地图在利兹大学战略管理中的应用［J］. 高等理科教育，2012（5）：73－77.

## 案例三：G汽车公司战略地图的构建

G公司是一家大型汽车生产厂家。公司当前发展有如下特点：品牌知名度高、扩张速度快、管理难度大。通过问卷调查发现，公司85%的员工认为公司的考核流于形式，而且有大约70%的员工有抵触情绪。鉴于此，G公司借助战略地图建立战略性绩效管理体系，以确保公司战略的落实。

1. G公司的战略重点。为了达到战略目标必须明确战略重点。对于G公司，通过分析利益相关者的关注点来确定战略重点。G公司最关键的利益相关者是股东、客户、员工，项目推进团队通过走访部分利益相关者，将他们的意见进行归纳整理，形成如表2－2所示的利益相关者需求分析表。基于以上分析，将G公司的战略重点定义为：提高资产收益率，增加利润；提高客户满意率，建立和谐的客户关系；进行规范化管理，创新流程，提高人才素质，关注员工满意率。

表2－2 利益相关者需求

| 利益相关者 | 主要需求 | 主要对策 | 可能涉及的维度 |
|---|---|---|---|
| 股东 | 提高主营业务收入、增加利润、提高净资产收益率 | 提高货运收入比率<br>构筑低成本运营基础 | 财务、内部业务流程、学习与成长、客户 |
| 客户 | 产品和服务质量、价格优惠、快速响应 | 规范化管理 | 财务、内部业务流程、学习与成长、客户 |
| 员工 | 职业发展规划、薪资福利、关心和认可、能力和素质的提升 | 企业文化建设、沟通渠道畅通、培训与教育、薪酬福利体系 | 内部业务流程、学习与成长 |

2. G公司的绩效评价战略目标是公司在一段时间内对所需要实现的各项任务进行评价，它可以是定性的，也可以是定量的。好的战略目标必须符合利益相

关者的利益且容易被他们及时理解。可以采用“时间期限+重点对象+量化标准”或“时间期限+重点对象+定性化描述”两种方式表述。

通过公司的愿景和战略目标的制定，公司需要找出关键成功要素和关键绩效指标，使管理者能够集中力量去改进和实现对公司的成功最为关键的流程及客户战略，这样平衡计分卡就将战略和行动联结，成为一个连贯的整体。

(1) 关键成功因素的确定。G公司的推进团队通过对中高层管理人员的问卷调查、访谈和研讨会等形式得到关键成功要素。

首先，在财务维度。公司相对处于成长期，在收入及盈利方面主要体现在销售增长率及新客户收入占总收入的比重；在降低成本及提高生产力方面主要体现在每个员工的平均营运收入及成本费用总额控制；在资产利用方面主要体现在投资收益率。以上指标是滞后结果性指标，但位于平衡计分卡的最高端，对其他维度指标的设置有重大影响。

其次，在客户维度通过两个方面来衡量。一是顾客核心成果度量（滞后结果性指标），二是顾客的价值主张（领先指标）。通过诚信经营提高客户的忠诚度、满意度，优质平价的经营策略及品牌的美誉度等，建立和谐的客户关系，是留住老客户和开拓新客户的关键。这与财务的驱动因素一脉相连。

再次，关于内部业务流程维度。流程的效率和质量控制无疑是关键，为此公司必须注重规范化的管理流程以求提高服务品质及做好服务流程的优化重组，这是公司建立和谐客户关系的关键，与客户维度的指标相关联。

最后，关于学习与成长维度。员工的满意度、员工能力的提高、公司是否营造出一个民主沟通、信息畅通的氛围等因素格外重要，这将直接影响内部流程的效率。按以上分析，将战略重点分解为成功要素的过程如表2-3所示。

表2-3 战略重点分解为成功要素

| | | | |
|---|---|---|---|
| 战略重点 | 提高资产收益率，增加利润 | 提高销售收入 | 财务维度 |
| | | 增加利润 | |
| | | 增加股东收益 | |
| | 提高客户满意度，建立和谐的客户关系 | 满意的客户 | 客户维度 |
| | | 顾客对企业品牌忠诚 | |
| | | 品牌的美誉度高 | |
| | 规范化管理，创新流程 | 规范化管理流程 | 内部业务流程 |
| | | 规范优化重组创新 | |
| | 提高人才素质，关注员工满意率 | 员工对企业满意 | 学习与成长 |
| | | 民主沟通、信息畅通的氛围 | |
| | | 培训为本的理念 | |

(2) 关键指标的确定根据SMART原则，将流程分析的结果与流程和战略重点相连接，分析G汽车公司关键绩效指标（如表2-4所示）。

表 2－4　　G 汽车公司关键绩效指标

| 层面 | 战略重点 | 战略目标 | 滞后性指标 | 领先性指标 |
|---|---|---|---|---|
| 财务 | 销售收入 | 2021 年畅销车型销售收入比 2020 年提高 5% | 销售收入 | |
| | 利润 | 2021 年实现利润 10.5 亿元，2020 年实现利润 10 亿元 | 利润 | |
| | | 2021 年成本费用占销售收入的 75%，2020 年成本费用占销售收入的 75% | 成本费用总额 | |
| | | 2021 年达到人均营业收入 60 万元 | 人均营业收入 | 员工培训时间完成率 |
| | 净资产收益率 | 2021 年净资产收益率达 10% | 净资产收益率 | |
| 客户 | 客户满意度 | 2021 年产品综合性能、服务质量满意率达 90%，客户投诉率为 0.02‰ | 客户满意率 | 品牌美誉度 |
| | 和谐的客户关系 | 2021 年售后服务满意度达 95%，市场份额占全国的 5%～6% | 客户忠诚率、市场占有率 | 品牌美誉度、市场占有率 |
| 内部业务流程 | 管理规范化 | 2021 年生产能力利用率达 90%，准时交货率达 95%，抽检缺陷率为 2.5% | 缺陷率、利用率、交货率 | 管理执行力 |
| | 产品创新 | 2021 年新产品开发率占原有产品的 5% | 产品开发率 | |
| 学习与成长 | 员工素质 | 2021 年实现 95% 的员工综合素质达标，2020 年实现 92% 的员工综合素质达标 | 任职资格达标率 | 培训时间完成率 |
| | 员工满意率 | 2020 年员工满意率达 95%，2021 年员工满意率达 93% | 员工满意率 | 薪酬福利体系满意度 |

3. G 汽车公司的战略地图综合以上分析所得出的 CSF 及 KPI，可以将公司关键成功要素及关键指标与平衡计分卡四个维度联结，绘制 G 公司的战略地图（如图 2－14 所示）。

# 第五节　某企业战略地图构思与分析

## 一、某企业总体战略地图

某企业总体战略地图包括四个层面，如图 2－15 所示。

## 二、财务层面战略地图分析

财务层面包含两个策略性主题，六个策略性任务目标如图 2－16 所示。财务

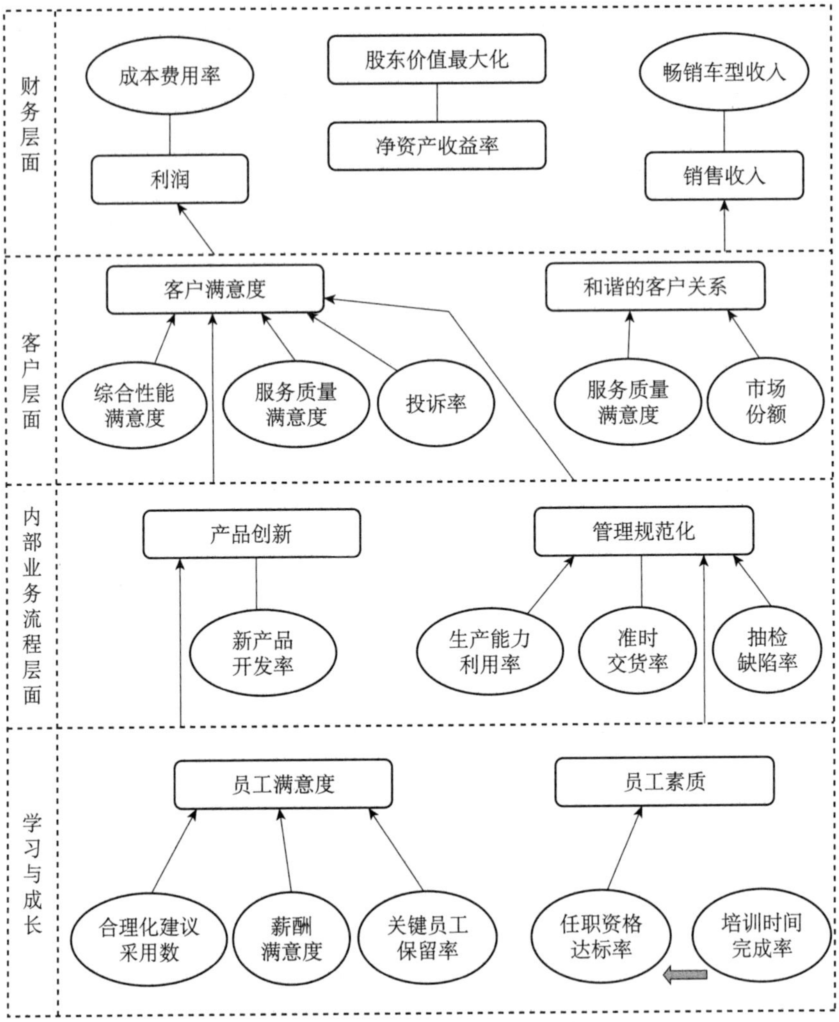


**图 2-14　G 公司战略地图**

资料来源：原虹. 基于战略地图和平衡计分卡的业财融合实践［J］. 投资与创业，2022（33）：63-66.

层面目标是解决“股东如何看待我们”的问题，主要考量公司管理者的努力是否对企业经济收益产生了积极的作用，因此财务层面是其他三个层面的出发点和目标，在这个层面关注的指标有：营业收入、营业利润、单位成本递减率、期间费用率等指标。

公司增加营业收入策略，主要从三个角度，开发新的目标客户，维护现有客户，细分市场，具体增加营业收入战略分析如图 2-17 所示。

1. 增加营业利润战略分析。增加营业利润战略，主要包括提升竞争力策略、提高产品附加值策略和降低成本费用策略，具体增加营业利润战略如图 2-18 所示，战略监控指标包括：利润、利润率。

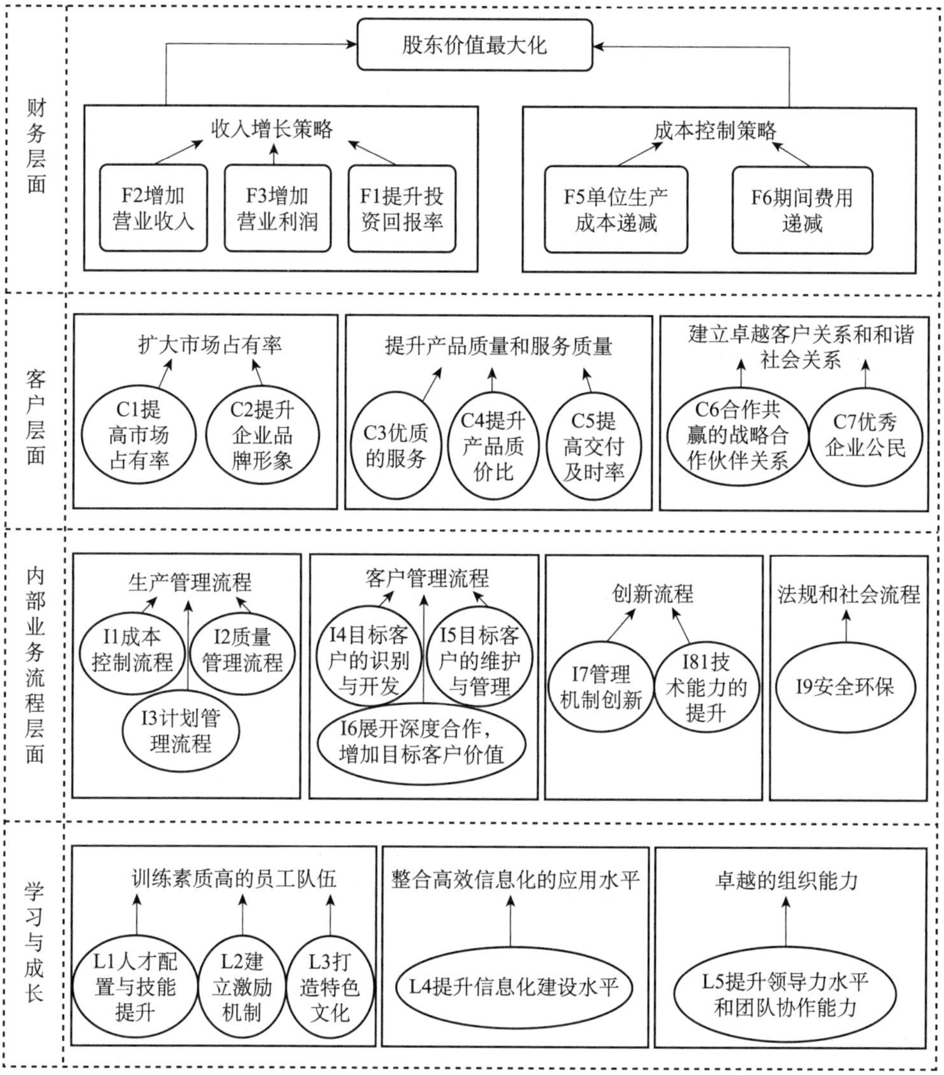


**图2－15 某公司总体战略地图**

资料来源：作者自绘。

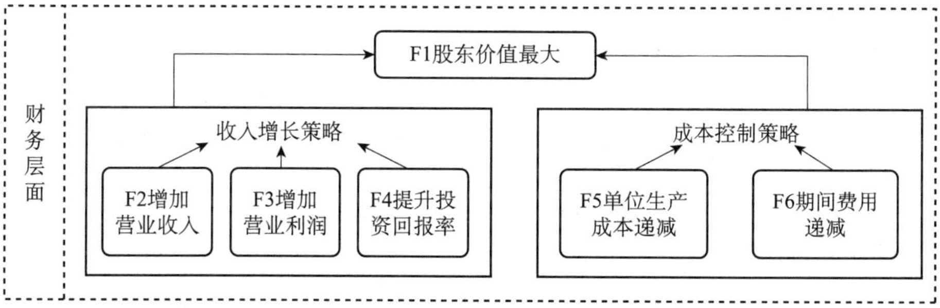


**图2－16 财务层面战略地图**

资料来源：作者自绘。

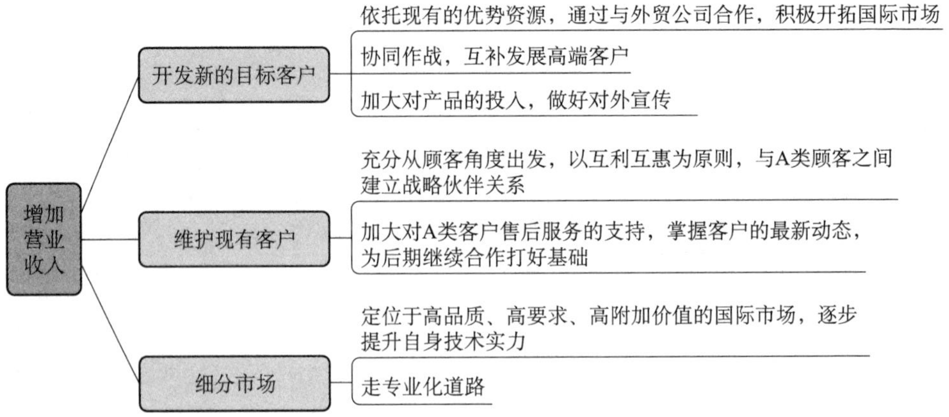


**图 2-17　增加营业收入战略**

资料来源：作者自绘。

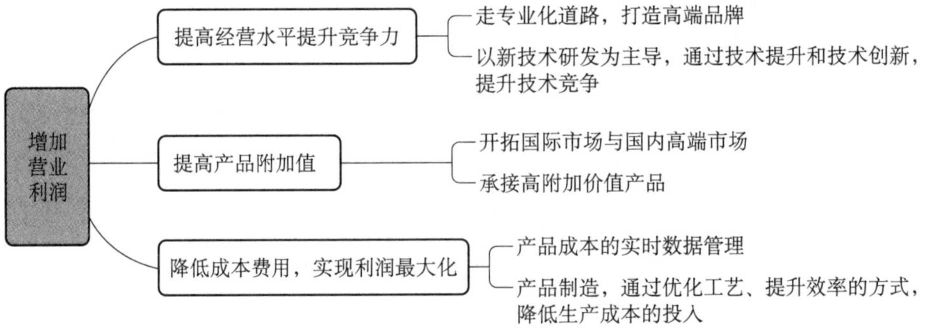


**图 2-18　增加营业利润战略**

资料来源：作者自绘。

2. 提升投资回报率战略分析。提升投资回报率战略主要涉及两个方面：提高流动资产利用效率战略和提高固定资产利用效率战略，具体提升投资回报率战略如图 2-19 所示，战略监控指标主要涉及：应收账款周转天数、存货周转天数等。

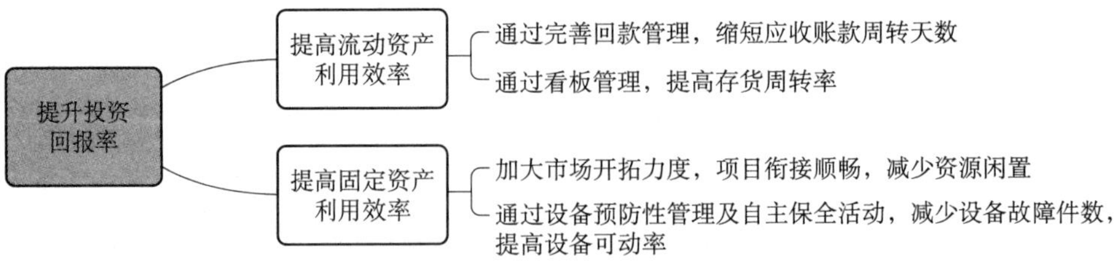


**图 2-19　提升投资回报率战略**

资料来源：作者自绘。

3. 单位生产成本递减战略分析。单位生产成本递减战略由降低直接材料成本、降低人工成本、降低制造费用和异常损失三个战略组成，具体单位生产成本递减战略如图 2－20 所示，战略监控指标主要涉及单位成本降低率。

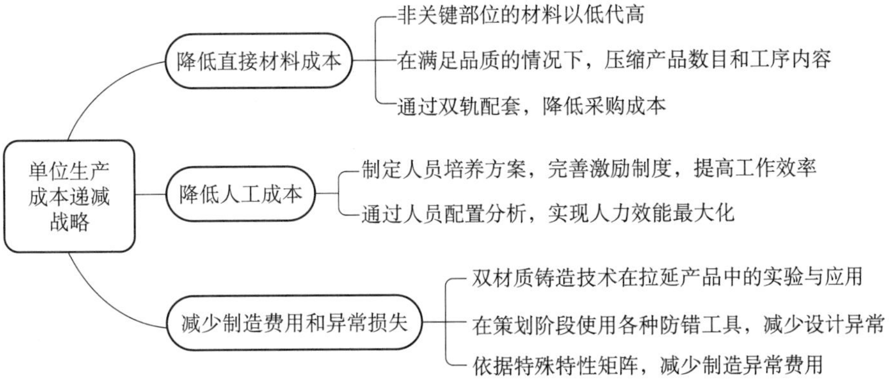


**图 2－20　单位生产成本递减战略**

资料来源：作者自绘。

4. 期间费用递减战略分析。期间费用递减战略由降低管理费用、降低财务费用、降低销售费用三个战略组成，具体期间费用递减战略如图 2－21 所示，战略监控指标为期间费用降低率。

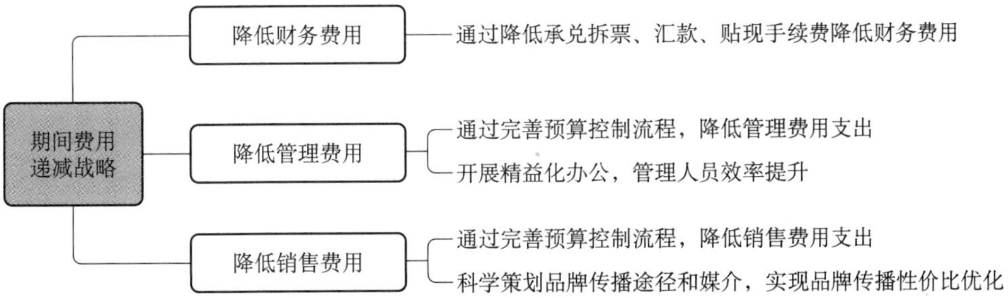


**图 2－21　期间费用递减战略**

资料来源：作者自绘。

## 三、客户层面战略地图分析

为了满足股东的价值期望和公司的可持续发展，需考虑如何保持相关业务的市场地位，迅速提升在行业内的品牌美誉度。公司需要贯彻及实施顾客和市场战略，主要涉及市场战略地图如图 2－22 所示。

为了巩固和提升产品各项业务的市场地位，通过对目标市场和顾客进行分析，确定出满足客户需求的价值主张。产品在客户层面上包含三个策略性主题，七个策略性任务目标，具体战略如图 2－23 所示。

通过聚焦目标市场、聚焦目标顾客群、聚焦品牌形成清晰的市场定位和客户价值主张。模具必须以客户价值为出发点，站在顾客角度，从时间、质量、服务和成本几个方面关注市场份额以及顾客的需求和满意程度来看待产品的顾客维度，通过

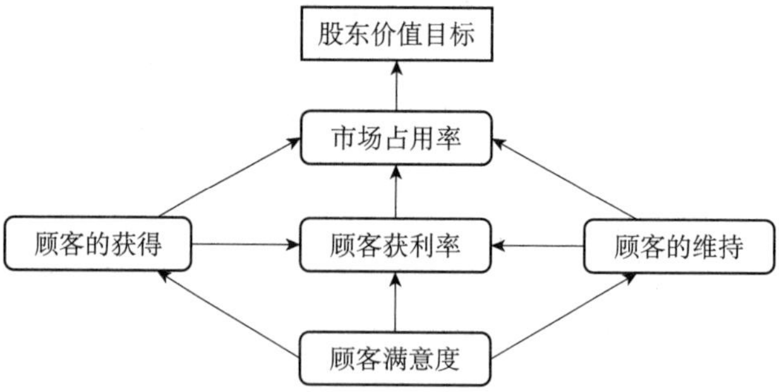


图 2-22　市场战略地图

资料来源：作者自绘。

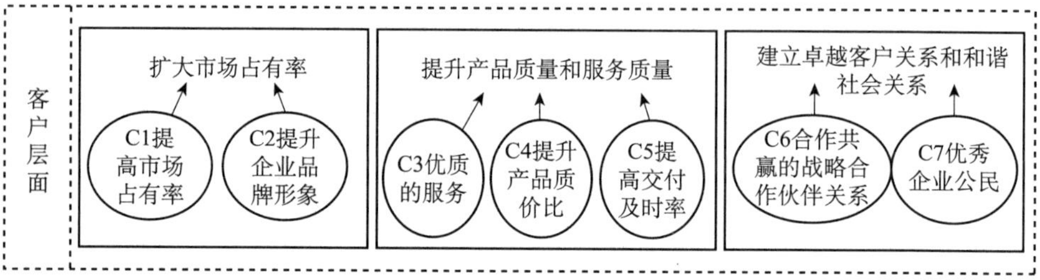


图 2-23　客户层面战略地图

资料来源：作者自绘。

建立战略合作伙伴关系，不断提高市场份额，最终实现模具的可持续发展。

1. 提高市场占有率战略。提高市场占有率战略由打造高品质产品、加强企业自身宣传与推介、提高产品服务能力三个战略组成，具体战略如图 2-24 所示，战略监控指标为内外销比例。

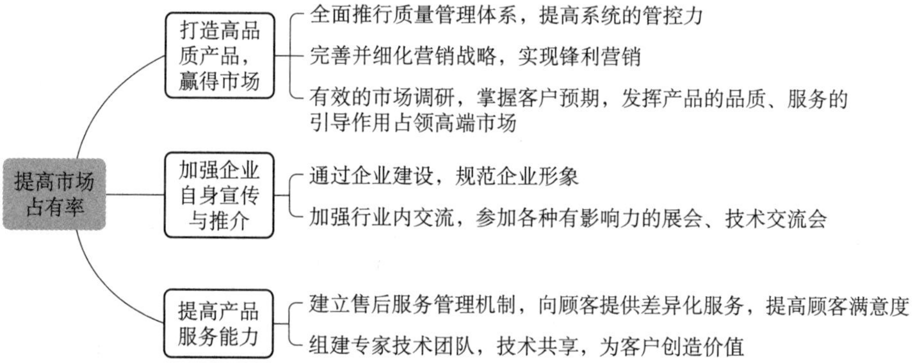


图 2-24　提高市场占有率战略

资料来源：作者自绘。

2. 提升企业品牌形象战略。提高企业品牌形象战略主要包括识别符合企业实际情况的理念、完善统一规范的企业行为识别系统、独特的企业视觉形象，具体战略如图 2-25 所示，战略监控指标为品牌美誉度。

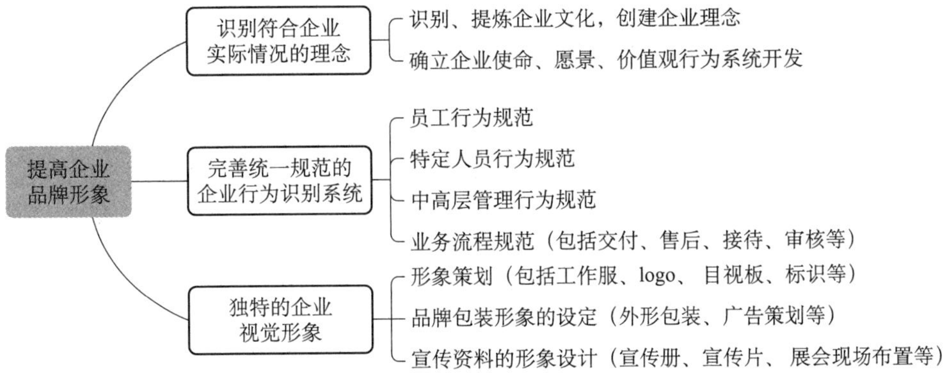


**图 2－25　提高企业品牌形象战略**

资料来源：作者自绘。

3. 优质服务战略。优质服务战略包括两个战略，第一是建立顺畅的信息反馈渠道，第二是差异化服务战略，具体战略如图 2－26 所示，战略监控指标为顾客满意综合指数。

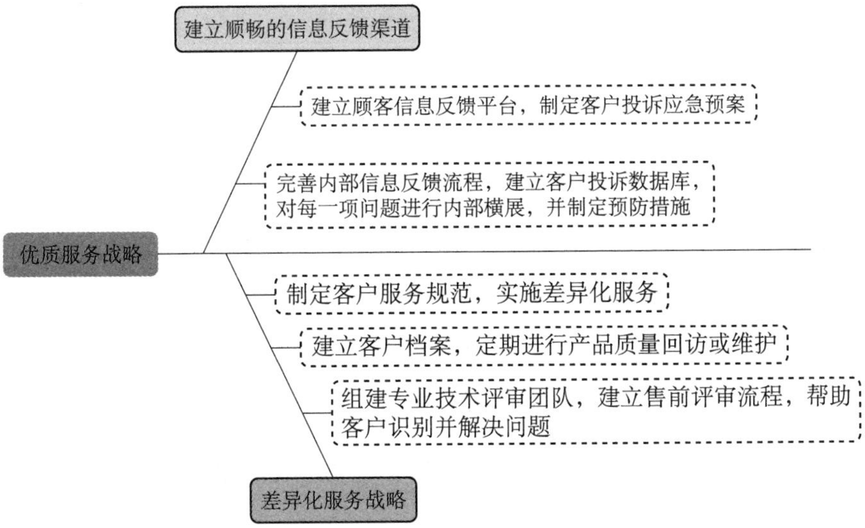


**图 2－26　优质服务战略**

资料来源：作者自绘。

4. 提升产品质价比战略。提升产品质价比战略由建立质量管理体系提高产品质量、降低单位产品成本两个战略组成，具体战略如图 2－27 所示，战略监控指标为产品合格率和小时劳效提升。

5. 提高交付及时率战略。提高交付及时率战略由科学的项目管理、高效的交付团队战略组成，具体战略如图 2－28 所示，战略监控指标为交付及时率。

6. 合作共赢的战略客户伙伴关系战略。合作共赢的战略客户伙伴关系战略由与供应商合作共赢、与客户形成稳定的合作关系两个战略组成，具体战略如图 2－29 所示，战略监控指标为开发战略伙伴数量。

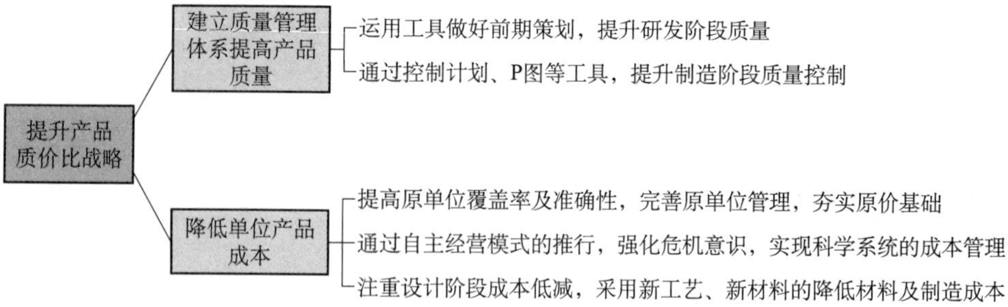


**图2-27 提升产品质价比战略**

资料来源：作者自绘。

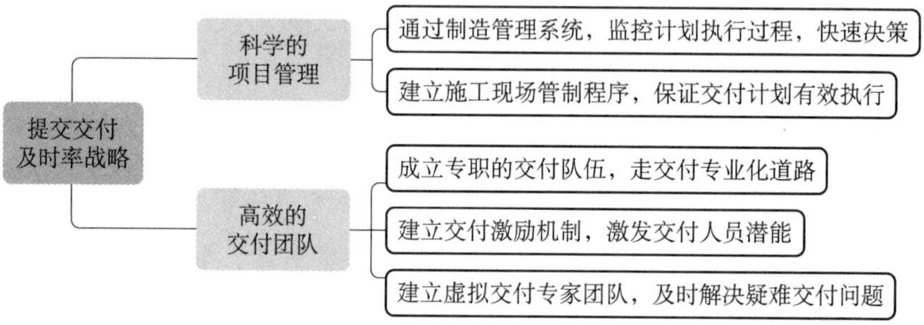


**图2-28 提高交付及时率战略**

资料来源：作者自绘。

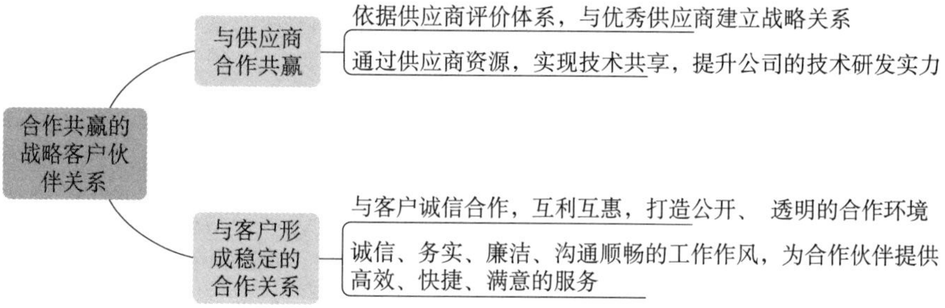


**图2-29 合作共赢的战略客户伙伴关系战略**

资料来源：作者自绘。

7. 优秀企业公民战略。优秀企业公民战略由可靠的安全环保保障、打造和谐的社会关系两个战略组成，具体战略如图2-30所示。

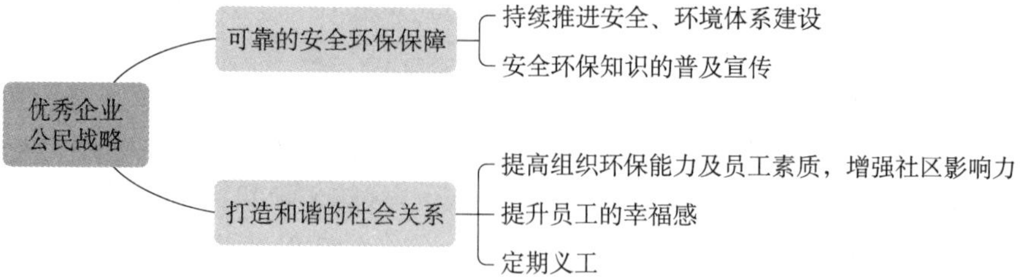


**图2-30 优秀企业公民战略**

资料来源：作者自绘。

## 四、内部业务流程层面战略地图分析

公司内部流程任务目标既要能够支撑财务维度“收入增长策略”目标、“成本降低策略”目标的实现，又要能够支撑顾客维度“目标顾客的首选厂家”的顾客价值取向。公司内部流程方面包括四个策略性主题和九大策略任务目标，如图2－31所示，四大策略主题分别为：生产管理流程、客户管理流程、创新流程、法规和社会流程。九大策略任务分别为：成本控制流程、质量管理流程、计划管理流程、目标客户的识别与开发、目标客户的维护与管理、增加目标客户价值、管理机制创新、技术能力提升、安全环保。

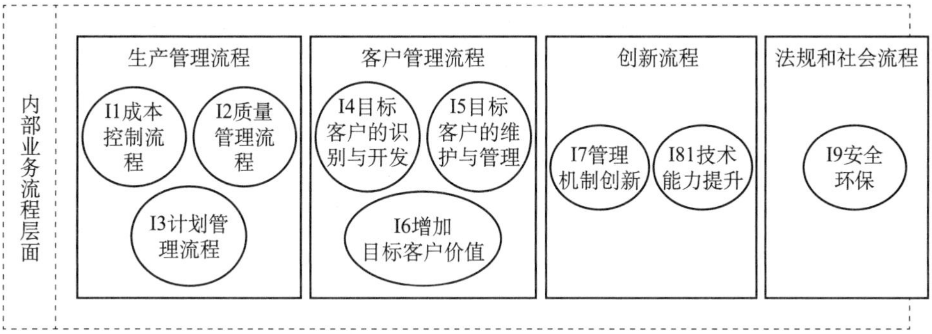


**图2－31 内部业务流程层面战略地图**

资料来源：作者自绘。

1. 成本控制流程战略。成本控制流程战略涉及三个战略，分别为深化原价管理、提高资产利用率、提升过程中的成本控制，具体如图2－32所示，战略监控指标可以为单位成本递减与存货周转率。

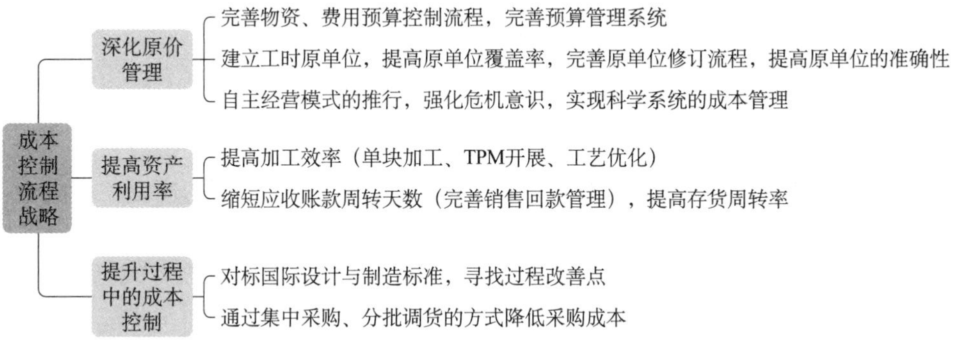


**图2－32 成本控制流程战略**

资料来源：作者自绘。

2. 质量管理流程战略。质量管理流程战略涉及三个战略，分别为提升设计阶段质量水平、提高生产过程中的质量控制水平、加强供应商管理，具体策略如图2－33所示，战略监控指标可以为质量损失等。

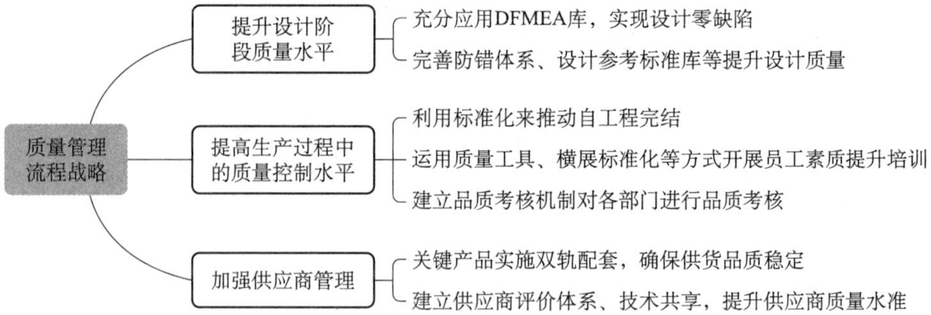


**图 2－33　质量管理流程战略**

资料来源：作者自绘。

3. 计划管理流程战略。计划管理流程战略涉及强化计划过程管控和提高产品交付服务能力提升客户满意度两个战略，具体策略如图 2－34 所示，战略监控指标可以为关键节点完成率。

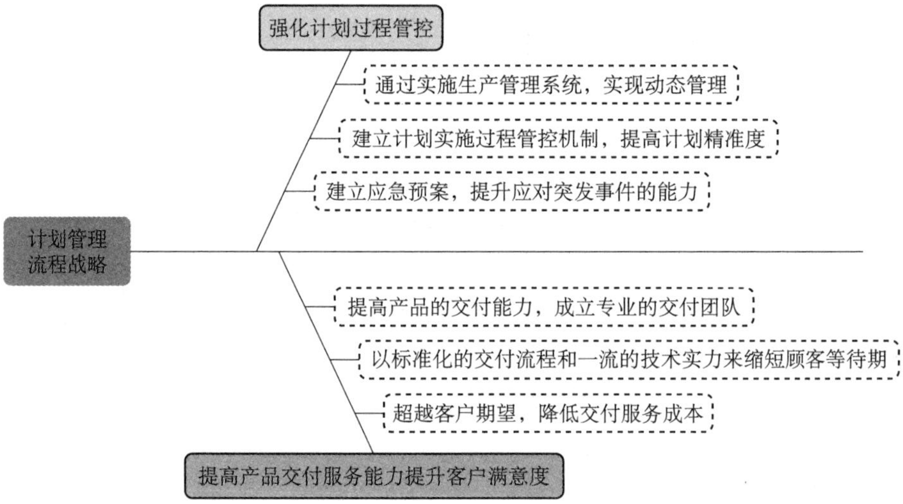


**图 2－34　计划管理流程战略**

资料来源：作者自绘。

4. 目标客户的识别与开发战略。目标客户的识别与开发战略涉及三个战略，分别为制定战略确定目标客户、建立营销服务体系、建立企业形象并扩大品牌知名度，具体策略如图 2－35 所示，战略监控指标可以为新客户开放增加数量。

5. 客户的维护与管理战略。客户的维护与管理战略涉及两个战略，分别为提高服务质量不断提高客户满意度、提升快速反应能力迅速应对客户需求，具体策略如图 2－36 所示，战略监控指标可以为客户保持率。

6. 增加客户价值战略。展开深度合作，增加客户价值战略主要涉及两个方面，一是加深合作的深度与广度，提升客户价值。二是提供特殊解决方案，与客户建立战略伙伴关系。具体战略如图 2－37 所示，战略监控指标为核心客户收入占比。

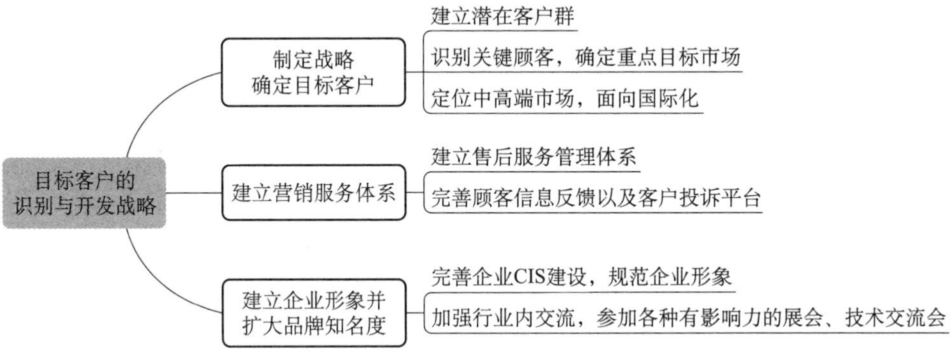


**图 2－35　目标客户的识别与开发战略**

资料来源：作者自绘。

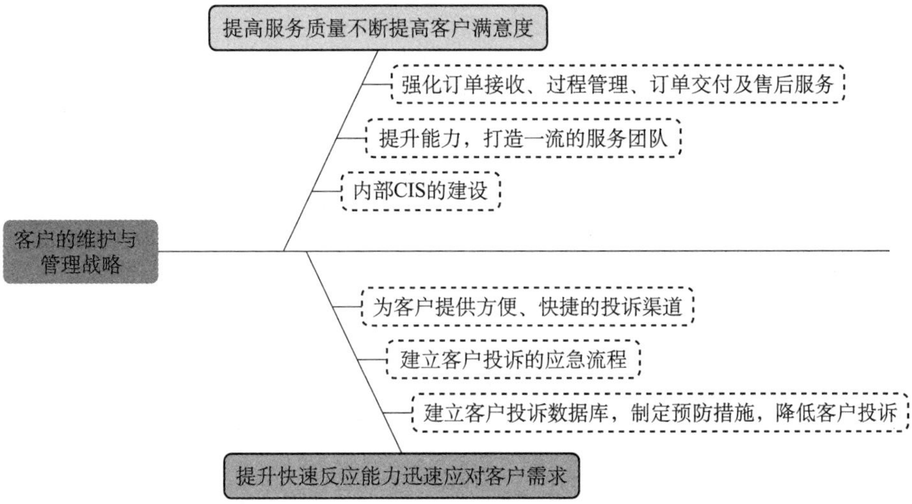


**图 2－36　客户的维护与管理战略**

资料来源：作者自绘。

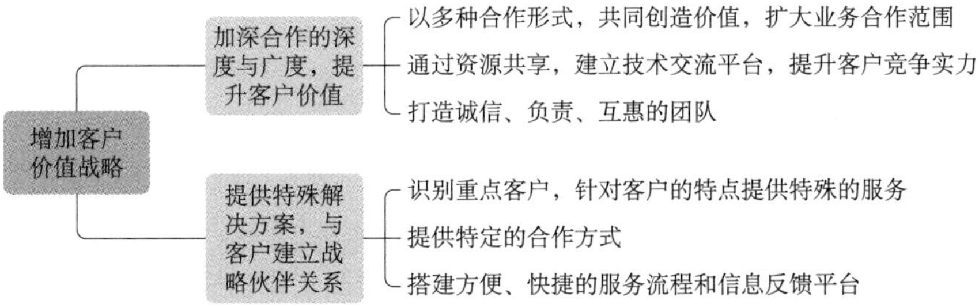


**图 2－37　增加客户价值战略**

资料来源：作者自绘。

7. 管理机制创新战略。管理机制创新战略涉及两个战略，即建立卓越的绩效管理模式、全面推行自主经营管理模式，具体策略如图 2－38 所示。

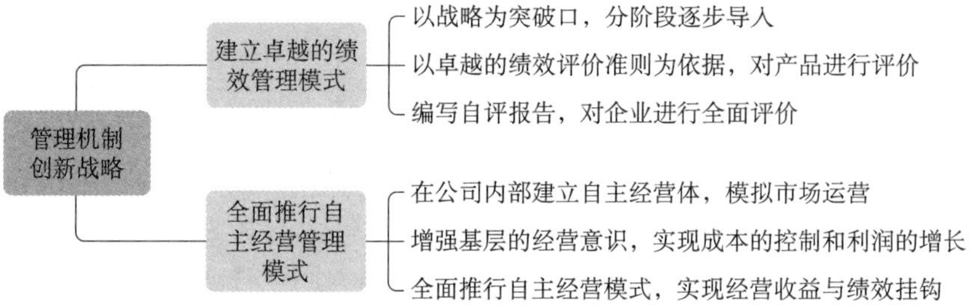


**图 2 – 38 管理机制创新战略**

资料来源：作者自绘。

8. 技术能力提升战略。技术能力提升战略涉及三个战略，分别为核心技术提升、前瞻性技术创新、管理模式创新，具体策略如图 2 – 39 所示，战略监控指标可以为专利数量。

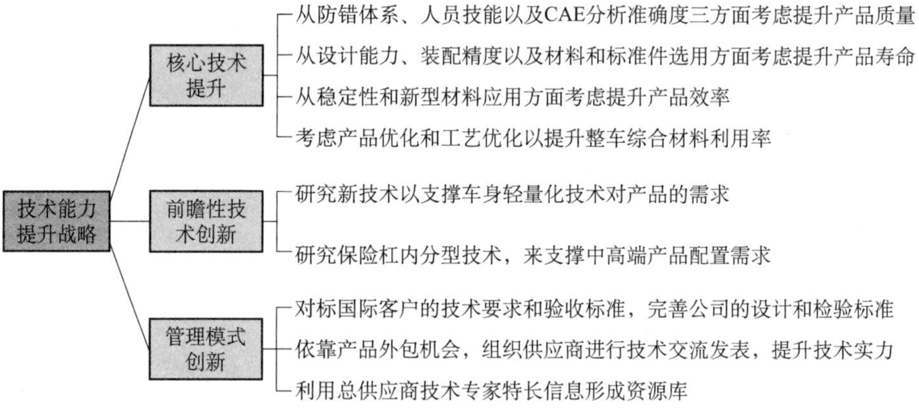


**图 2 – 39 技术能力提升战略**

资料来源：作者自绘。

9. 安全环保战略。安全环保战略主要涉及两个方面，一是创建健康安全的工作环境，二是建立系统的安全管理机制，具体战略如图 2 – 40 所示，战略监控指标为工伤数量、职业病、重大火灾等。

## 五、学习与成长层面战略地图分析

学习与成长层面是将注意力引向了企业未来成功的基础，涉及人员、信息系统、组织能力等问题，评估企业持续发展能力的情况主要包括：评价员工能力的指标，评价企业信息能力的指标，评价激励、授权与协作指标等。

学习与成长层面是公司的战略得以实现的根基，根据调研分析，在学习与成长层面确定三大策略主题和五大策略任务目标，具体战略如图 2 – 41 所示，三大策略主题分别为训练素质高的员工队伍、整合高效信息化的应用水平、卓越的组织能力。五大策略任务目标分别为人才配置与技能提升、建立激励机制、打造特

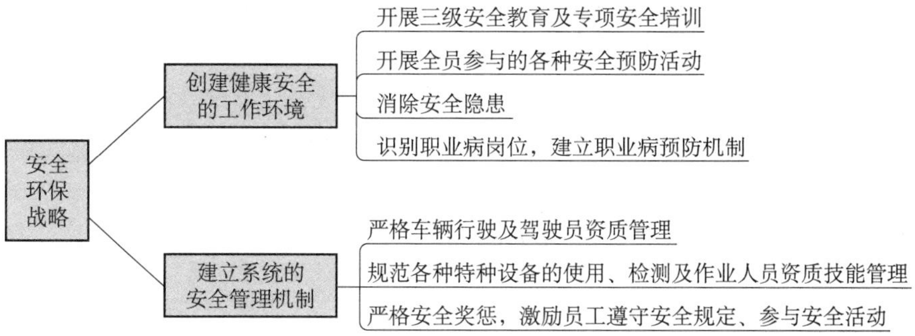


**图 2-40 安全环保战略**

资料来源：作者自绘。

色文化、提升信息化建设水平、提升领导力水平和团队协作能力。

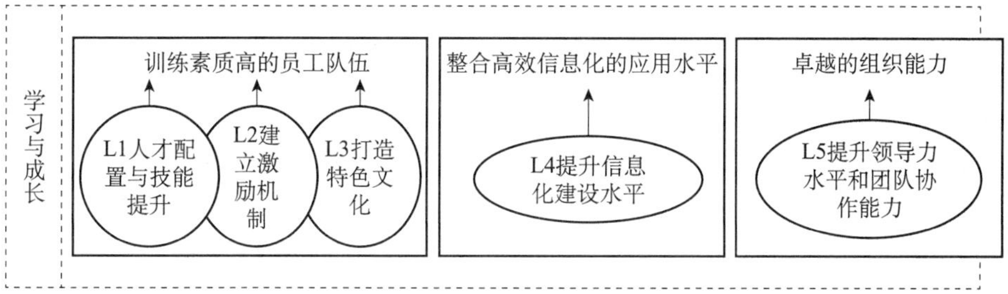


**图 2-41 学习与成长层面战略地图**

资料来源：作者自绘。

1. 人才配置与技能提升战略。人才配置与技能提升战略涉及三个战略，分别为提升招聘质量确保招到岗位适任人才、完善以组织发展战略和职业生涯为基础的培训和教育、控制离职率，具体策略如图 2-42 所示，战略监控指标可以为人员满足率、人员离职率、关键人员离职率等。

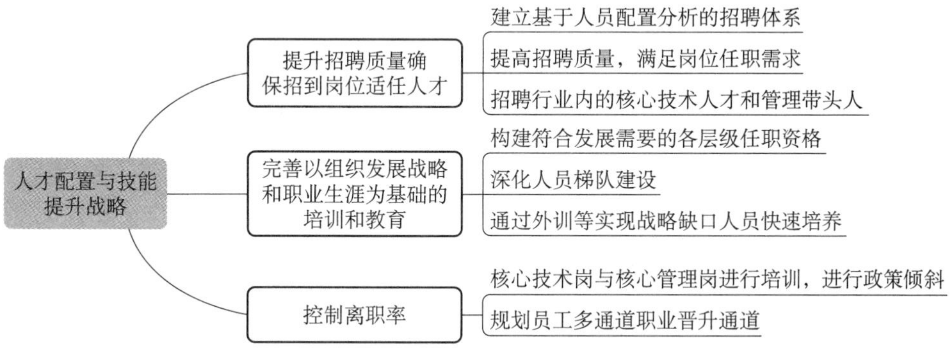


**图 2-42 人才配置与技能提升战略**

资料来源：作者自绘。

2. 建立激励机制。建立激励机制战略涉及建立自主经营模式、绩效管理两个战略，具体策略如图 2-43 所示。

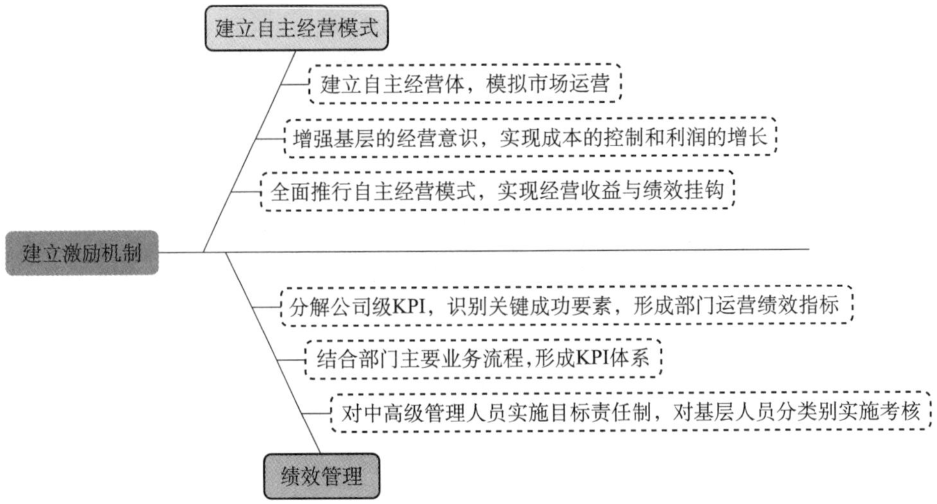


**图 2－43　建立激励机制战略**

资料来源：作者自绘。

3. 打造特色文化。打造特色文化战略涉及企业文化的提炼与宣传，建立公正、透明、廉洁的工作环境，具体策略如图 2－44 所示，战略监控指标可以为员工满意度。

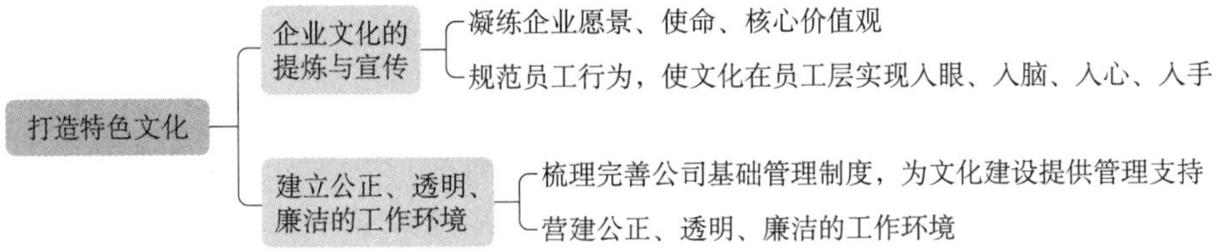


**图 2－44　打造特色文化战略**

资料来源：作者自绘。

4. 提升信息化建设水平战略。提升信息化建设水平战略涉及自主开发小型信息化系统与联合部署信息管理系统，具体策略如图 2－45 所示，战略监控指标可以为业务过程信息化率。

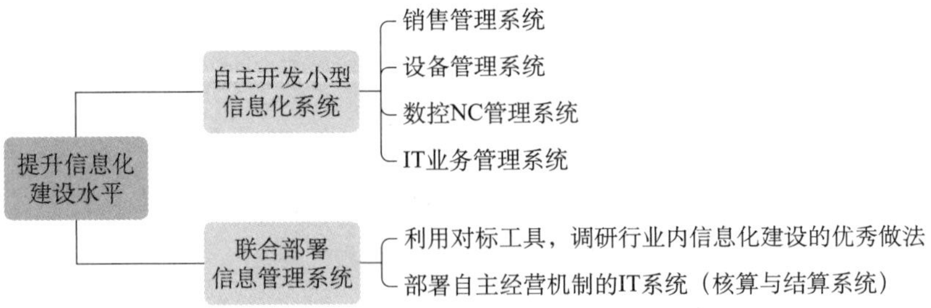


**图 2－45　提升信息化建设水平战略**

资料来源：作者自绘。

5. 提升领导力水平和团队协作能力。提升领导力水平和团队协作能力战略涉及三个战略，分别为建立合理的组织机构提升组织管理及运营效率、提升各级管理的管理能力、提升组织的团队协作和学习能力，具体策略如图 2－46 所示，战略监控指标可以为领导胜任率等。

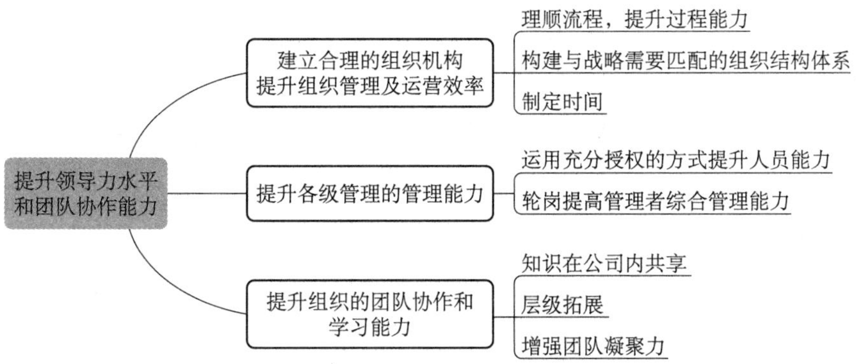


**图 2－46　提升领导力水平和团队协作能力战略**

资料来源：作者自绘。

## 课后作业

### 一、单项选择题

1. 85% 的管理层每月讨论战略所用的时间低于 1 小时，属于（　　）。

A. 视野障碍　　B. 管理障碍

C. 资源掌握　　D. 员工障碍

2.（　　）是战略衡量。

A. 战略中心型组织　　B. 企业愿景

C. 平衡计分卡　　D. 战略地图

3. 战略的浓缩版是（　　）。

A. 战略地图　　B. 企业预期

C. 使命　　D. 愿景

4. 客户层面的制定是为了支持（　　）的，即你关注的这些客户是否能为你带来收益和利润。

A. 财务目标　　B. 利润目标

C. 管理目标　　D. 经营目标

### 二、多项选择题

1. 战略地图的层面有（　　）。

A. 学习与成长层面　　B. 财务层面

C. 客户层面　　D. 内部层面

2. 一般企业对财务增长有两个要求（　　）。

A. 价格战略　　B. 生产率提高战略

C. 质量战略　　　　　　　　　　　　D. 收入增长战略

**三、判断题**

1. 一个组织的使命是其存在的原因。（　　）

2. 借鉴战略地图的核心思想，实现对公司战略的动态管理，战略地图不能一次成型，可以作为对战略采纳的沟通工具。（　　）

3. 客户层面的制定是为了支持财务目标的，即你关注的这些客户是否能为你带来收益和利润。（　　）

4. 为了实现愿景，我们的企业必须如何学习和提高，这属于内部层面。（　　）

# 第三章　滚动预算

### 素养目标

通过讲述滚动预算的编制流程和执行过程等程序，培养学生合理制定学习、工作计划，总结反思的习惯和执行能力。

### 知识目标

熟悉预算的概念、预算的体系以及预算的作用，使学生能够灵活运用滚动预算编制方法，并明晰预算的分类、预算方法的优缺点。

### 情景导航

相同的起点，不同的结果。

我们考虑大学开设的专业课程，同一个专业同一个班级的同学处于同一起点，同一班主任所带，同一任课老师所教，相同的教学大纲，相同的任课教师，相同的授课内容，为什么期末考试的成绩却有高有低呢？

差距的关键在于：

（1）学习计划是否适合。留心观察对比早读、午休、自习和周末的时间安排，确定自己的最佳学习效率时间表，制定适合自己的学习计划，以期获得事半功倍的效果。

（2）计划的执行力是否持之以恒。从来没有不劳而获，任何计划的完成贵在执行力的坚持。一次放松，可能只是带来微小的成绩落差，但无数次的放纵，便可累积成一生的差距。

## 第一节　预算的编制方法

### 一、预算的概念

预算就是“数字化”的计划，是一份用数字表示预期结果的报表。计划是实现目标的蓝图。

所谓预算是企业在预测与决策的基础上，按照其既定的经营目标和程序，规划与反映企业未来的销售、生产、成本、现金收支等各方面的活动，以便对企业特定计划期内全部生产经营活动有效地作出具体组织与协调，以货币为主要计量单位，通过一系列预计的财务报表展示资源配置情况的有关企业总体计划的数量说明。

该概念体现了五个核心关键点。

1. 提到了预算与预测和决策的关系，也就是说预算必须要把预测和短期、长期决策纳入进来。

2. 强调的是按照企业既定的经营目标，体现了预算与目标的关系。在编制预算的时候，需要事先确定企业的目标，这些目标可以是利润、成本目标。要编制的预算，比如成本，一定要在目标的成本之内，编制的利润也在目标利润之内。

3. 预算把企业的采购、生产、销售、成本分析等全流程都考虑在内，编制预算的时候是用一系列财务指标来全面反映的，有销售值、生产值等。

4. 预算展示了企业的所有经济活动，最终是以货币作为主要的计量单位。

5. 预算是以具体数字表述的，是定量的反映，它能够明确告知未来的销售、成本、利润、资金分别是多少。因此，全面预算简单地说，就是以货币为主要计量单位，以一系列表格的形式对未来所做的规划和展示。

## 二、预算的体系

预算的体系是由一系列预算按其经济内容及相互关系有序排列组成的有机体，即全面预算是由一些子预算所构成，大体分为以下三个部分：经营预算、投资预算和财务预算。这三个部分是全面预算体系的核心，而每部分预算中又分别含有子预算。

1. 经营预算是与企业日常经营活动相关的预算，其子预算形式有采购预算、生产预算、销售预算等，都与日常的业务活动有关。

2. 投资预算与日常经营活动没有关系，例如，资本支出预算需要把投资决策纳入其范畴。

3. 财务预算是指与企业现金收支、经营成果和财务状况有关的各项预算，它又分为现金预算、预计资产负债表预算和预计利润表预算。

## 三、预算的作用

1. 明确工作的目标。预算是事先编制的，以后的工作中，目标值就是预算值，如一年的利润应达到多少，是依据预算值确定来年利润该达到多少。

2. 协调与沟通。编制预算涉及每个部门，涵盖企业的方方面面，须加强与每个部门之间的协调和沟通。

3. 控制日常活动。预算编制后，在实际执行的时候，就是一个控制标准，如企业的成本费用就要以预算作为目标，尽可能不发生超支的现象。

4. 考核业绩的标准。需要与奖惩结合。超额完成应有奖励，没有完成则该有惩罚。

## 四、预算的循环

所谓预算的循环，可以归纳为规划、执行、记录、对比、分析、调整和再规划七个步骤。先是目标的规划设定，目标设定后按既定方案执行，执行过程中要真实记录执行的实际情况，随后将记录的结果与规划目标进行比较，查找实际与规划之间存在的差异并分析形成差异的原因，采取相应的措施对规划进行调整并制定最新的目标规划，从而形成预算的循环。

## 五、预算的编制方法

### （一）按业务量的基础数量特征不同，可以分为固定预算和弹性预算

1. 固定预算。所谓固定预算，是以业务量水平为基础编制的，也就是说，作为固定预算编制依据的成本费用和利润信息都只是在一个预定的销量和产量水平的基础上确定的。

固定预算有以下三个特点：第一，固定预算仅仅是以某个单独的产量或者销量为编制基础，不考虑实际产量和预算产量，或者不考虑实际销量与预算销量发生的差异。第二，固定预算是在一个控制期内，如一个月，当实际的产量已经确定的时候，固定预算产销量不根据实际产销量进行相应调整。第三，固定预算的主要目的是在计划阶段帮助公司确定未来目标。

固定预算的不足之处：第一，当市场变化比较大的时候，实际发生的业务量与编制预算所依据的固定业务量有可能产生差异，而实际发生的金额与预算的金额就不便相互比较，也不利于控制经济活动和进行工作成果的相关评价。第二，通常它在计划期开始前的两三个月才开始编制，对预算期的某些情况并不是十分清楚，特别是对预算期的后期情况只进行一些轮廓性的描述，实际执行时会发生一些差异。第三，在编制固定预算的时候，所预计的一年经营活动和推测的数据在预算执行时常常会发生变动，使原预算不能适应新的变动情况，失去了预算的指导作用。第四，在预算执行一个阶段后，常使管理人员只考虑剩余阶段的活动，而忽视了企业的长远发展。

2. 弹性预算。弹性预算是为克服固定预算的缺陷而设计的，它是指在成本性态分析的基础上，分别按一系列可能达到的预计业务量水平而编制的能适应多种情况的预算。由单一业务量水平下编制的预算变成多种业务量水平下编制的预算，这也是弹性预算区别于固定预算最关键的地方。

弹性预算与固定预算相比，有两个显著的特点：一是弹性预算是按照一系

列业务量水平编制的；而固定预算是按照一种或者一个业务量水平编制的，所以弹性预算扩大了预算的适用范围。二是弹性预算是按照成本的不同性态分类列示的，便于在计划终了时计算实际业务量的预算成本，使预算执行情况的评价和考核数据以及各项费用的实际发生情况与相对产量下的费用预算数据具有可比性。

### （二）按出发点特征不同，分为增量预算和零基预算

1. 增量预算。增量预算是以基期水平为基础，分析预算期业务量水平及有关影响因素的变动情况，通过调整基期各项的数据与额度编制相关预算的方法。它是根据基期预算的增加或者减少调整编制的一种预算方法，其优点是数据容易取得，但缺点是一旦基期不合理就会延续下来。

2. 零基预算。所谓零基预算，是指在编制预算时对任何一种费用的开支数额不是以过去预算的水平或现有费用开支情况为基础编制的，而是一切从零开始的。它是为了区别于传统的增量预算而设计的一种编制费用预算的方法。

零基预算的优点是可以消除低效率和过时的经营方式，引导员工避免浪费性支出。同时，由于进行了成本效益分析，有利于资源的合理分配。但是，它的不足也很明显，由于过分强调短期利益，而损害了企业的长期效益；零基预算的编制工作量大，成本较高；编制预算划分等级的因素具有人为性，有些成本效益本身很难确认。

### （三）按预算期时间特征不同，分为定期预算和滚动预算

1. 定期预算。定期预算是指在编制预算时以不变的会计期间作为预算期的一种预算编制方法，它与会计年度保持一致，所以预算具有人为间断性。

2. 滚动预算。滚动预算是使预算期永远保持为一个固定期间（通常编制期为 12 个月）的一种预算编制方法。接下来的内容将以滚动预算的相关知识为重点。

## 第二节　滚动预算的内涵与目标

### 一、滚动预算的概述

#### （一）滚动预算的定义

滚动预算又称为连续预算或永续预算，是指在编制预算时，将预算期与会计年度脱离，随着预算的执行不断延伸补充预算，逐期向后滚动，使预算期始终保持为一定的时间跨度的一种预算编制方法。

编制滚动预算的期间是不确定的，就像车轮一样不断地随着时间的推移向后

滚动，而它移动的区间长度，却是固定的。滚动预算按其滚动时间不同，可以分为逐月滚动、逐季滚动、混合滚动三种方式。

1. 逐月滚动是指预算执行了一个月，需要补充一个月的预算。例如，在 2×23 年 1～12 月的预算执行过程中，需要在 1 月末根据当月预算的执行情况，修订 2～12 月的预算，同时补充下一年度 2×24 年 1 月的预算；到 2 月末根据当月预算的执行情况，修订 3 月到 2024 年 2 月的预算，同时补充 2×23 年 3 月的预算。

2. 逐季滚动是指预算过了一个季度，需要往后补充一个季度的预算。

3. 混合滚动是指预算既按月滚动也按季度滚动，一般近期的按月滚动，远期的按季度滚动。

### （二）预算的滚动周期和滚动频率

一般来说，企业可以根据行业和市场环境变化的剧烈程度，以及内部的管理基础和信息化水平，并结合企业的战略目标和业务性质，合理选择预算的滚动周期和滚动频率。

在滚动频率上，大多数企业都习惯选择按月进行滚动预算，而少数管理和信息化基础较好且企业外部环境变化较快的企业，通常选择按周进行滚动。

## 二、滚动预算的功能

### （一）滚动预算是长期战略目标的必要补充

在预算编制前要明确战略目标的定位，有助于公司管理层从预算管理开始阶段将预算编制工作与企业战略紧密联系，制定更具有针对性的预算；实施滚动预算就是要形成持续的计划工作思路和方法，考虑企业管理的未来，与企业的短期计划、中期计划和长期计划有机结合，相互衔接，按照近细远粗的原则调整和具体安排工作。

学生的学习计划与之类似，同样可分为短期计划、中期计划和长期计划。

短期计划的表现最为激进，主要方式多体现为冲刺计划，往往是针对某一特定时间段实现特定目标。如明确规定每个月、每一周或每一天要学习的内容，激励自己每天都朝着目标迈进。

中期计划一般是指在某一固定的时间区间要实现的目标，往往呈现台阶型的特点。如明确本科阶段四年的学习目标和每个学年的具体目标和内容，在每个学年要完成固定的学习目标（大一通过英语四级、大二通过英语六级等），最终完成取得毕业证书、学位证书、专业资格证书等目标。

长期计划体现为终身学习的计划，其最终目标往往是自己的人生目标，具有目标的波动性和时间线的模糊性的特点，长期计划确定的是明确的最终目标，但目标实现的时间线较为模糊。如学历方面：本科毕业后是继续读研读博，还是边工作边在职进修；从业方面：本科毕业几年考取注册会计师、税务师、资产评估师；职称方面：工作多久考评结合顺利通过正高级会计师、高级金融师、高级营销师或者高级经济师等。

### （二）滚动预算有助于推动业绩考核目标的实现

滚动预算的目标是企业在年度运营中不断滚动调整的短期目标，它是业绩指标的载体，也构成考核的依据之一。原则上应该与年度预算目标相符合，而滚动预算目标与年度预算目标的差距就是年度预算指标预期完成的程度。实施滚动预算，既是对全年预算进行比较分析和趋势分析，同时，滚动预算强化预算的控制职能，帮助管理层更好地进行决策，从而实现年度业绩考核目标。

### （三）滚动预算有利于合理配置资源

年度预算往往会因为内部和外部因素的不确定性，提出的仅仅是一个笼统的预算，在实际执行中会有各种困难。滚动预算恰恰弥补了这一缺陷，使年度预算更加迅速地反映和适应经营环境的变化，通过更加频繁的预测，确定新的环境因素和驱动因素指标，及时将各种变化体现在新的业务规划中，实现资源的前瞻配置。

### （四）滚动预算有利于加强风险控制的职能

滚动预算是按照业务的变化不断调整的，所以滚动预算所反映的信息在更大程度上接近未来事实，起到了对业务实时监控的作用，可以迅速发现问题并及时采取相应解决措施，实现事前、事中和事后风险监控的作用，达到规避与化解风险的目的。

### （五）滚动预算可以强化预算的可控性

与年度预算相比，滚动预算可以根据外界环境的变化作出较为准确的评估和判断，在短暂的预算时期内及时发现实施过程中的各种状况并调整目标，针对可能发生的风险进行有效控制，保障预算的准确性和可操作性。

### （六）滚动预算有利于保障财务工作目标的实现

实施滚动预算，确立实现跨年度预算平衡为目标的新型财务管理理念，建立和完善中长期框架，在较长时间跨度内统筹收支平衡，优化支出结构。

## 三、滚动预算编制遵循的原则

1. 稳定增长原则。由于企业经营所面临的外界宏观经济形势的变动基本具有稳定性和可预见性，企业编制预算的收支需要与经济增长保持良好的对应关系，保持在合理的增长幅度范围内。

2. 充分可控原则。充分预判之后年度的状况，在预算编制中留存优化或调整的空间，特别是针对经营环境的变化可以采取乐观和谨慎两种方案进行分析预测。在此基础上，充分考虑经营过程中可能发生的各种风险，制定相应的风控手段控制其产生的负面影响，最大限度地降低风险造成的损害程度。

3. 科学透明原则。滚动预算编制过程需要有预测和计划，还需要按照科学的方法进行相关数据的收集处理，以提高预算结果的可信度。另外，滚动预算的编制需要各经营管理机构的全面参与，在透明化的制度标准下，开展对实际经营环境的预测分析。

### 四、滚动预算的优点与不足

#### （一）滚动预算的优点

1. 由于编制预算不再是预算年度开始之前几个月的事情，而是实现了与日常管理的紧密衔接，可以使管理人员始终能够从动态的角度把握住企业近期的规划目标和远期的战略布局，使预算具有较高的透明度。

2. 由于滚动预算能根据前期预算的执行情况，结合各种因素的变动影响，及时调整和修订近期预算，从而使预算更加切合实际，能够充分发挥预算的指导和控制作用，及时性很强。

3. 由于滚动预算在时间上不再受日历年度的限制，能够连续不断地规划未来的经营活动，不会造成预算的人为间断，连续性好。

4. 通过编制滚动预算，可以使企业管理人员了解未来预算内企业的总体规划与近期预算目标，能够确保企业管理工作的完整性与稳定性。

#### （二）滚动预算的不足

1. 滚动预算系统要求在一个财务年度内分若干次定期来编制预算，会使预算的编制过程消耗很多的时间金钱，预算的编制成本比较高。

2. 滚动预算的预算期要始终保持在 12 个月，这 12 个月的时间跨度与会计年度的时间跨度不一致，容易造成预算监控、考评、奖惩所需的信息与会计信息脱节，不利于利用会计信息来进行预算的监控、考评和奖惩。

3. 频繁的预算编制，有可能给那些怀疑预算价值的管理者提供否定预算价值的借口。

## 第三节 滚动预算的编制流程

### 一、滚动预算的应用程序

滚动预算是每过一个滚动期，立即根据其预算执行情况，对以后各期预算进行调整和修订，并增加一个滚动期的预算；以此逐期向后滚动，使预算始终保持一个完整的预算期，从而以连续不断的预算形式规划企业未来的经营活动。

## 二、滚动预算的注意事项

相对于传统的定期预算而言，滚动预算的编制作为一个系统化的复杂计算过程，考验着企业的统筹规划能力。

1. 企业负责人需要统领滚动预算工作并且需要全员参与。在实践中，很多业务人员都会认为预算是财务部门的事情。因此，业务部门往往会置身事外，或者仅仅给财务部门提供部分支持。

实际工作中要做好滚动预算，业务部门往往扮演着核心角色，要求业务部门必须深度参与企业的预算管理工作。

2. 滚动预算的编制，需要和企业日常的经营计划和业务预测合二为一。对于企业来说，通常每年都会进行相应的经营规划和业务预测，这些都是预算的重要基础。

如果企业在推行预算的过程中，没有把企业经营计划和业务预测与滚动预算进行有效协同，造成计划和预算两张皮，推行滚动预算时业务部门需要做两遍业务计划，这样不仅会降低预算效率，同时还会增加业务部门的抵触情绪，使得滚动预算并不能达到预期效果。

3. 滚动预算的编制需要保持一定弹性，为后续调整留有一定余地。企业在进行滚动预算的编制时，应借助滚动预测模型，对企业的经营状况和未来影响预算实现的因素进行一定的预估，并准备不同的预算方案。

4. 滚动预算需要一个准确的假设基础，这也是企业进行滚动预算编制的基本前提。

企业在进行滚动预算编制和调整时，需要对企业宏观市场进行细致分析，同时结合自身的行业地位和产品策略等，确认预算期内的重大事件，分析自身所处的阶段，以提高预算编制的准确性。

在学习生活中我们制定学习计划后，关键是明确自己的最终目的，要把自己的行为置身于计划的实施过程中，做到坚持不动摇。我们知道，生活的诱惑无处不在，总会千方百计地冲击你的学习计划，这是理想的计划和现实的学习生活之间的矛盾。矛盾是客观存在的，明确目标就是为了在实现自己学习计划的过程中，排除困难和干扰，磨炼意志品质，贵在持之以恒，敢于挑战自我，享受学习进步和收获的满足感，计划就更容易实现。

## 三、滚动预算的图示

如图 3 – 1 所示，刚开始编制的预算是 1 ~ 12 月的预算，以一个季度作为一个预算期。此时，是一个定期预算，也是第一个预算期。

| 第一季度预算 | | | 第二季度预算 | | | 第三季度预算 | | | 第四季度预算 | | |
|---|---|---|---|---|---|---|---|---|---|---|---|
| 1月 | 2月 | 3月 | 4月 | 5月 | 6月 | 7月 | 8月 | 9月 | 10月 | 11月 | 12月 |

**图3－1 第一个预算期**

资料来源：作者自绘。

第一季度执行结束以后，需要将预算实际执行情况与制定的预算差异进行分析，并调整接下来的第二到第四季度预算，同时还需要补充下一年度的第一季度预算，就形成了第一次滚动，如图3－2所示，也就是第二个预算期。

| 第二季度预算 | | | 第三季度预算 | | | 第四季度预算 | | | 下一年度第一季度预算 | | |
|---|---|---|---|---|---|---|---|---|---|---|---|
| 4月 | 5月 | 6月 | 7月 | 8月 | 9月 | 10月 | 11月 | 12月 | 1月 | 2月 | 3月 |

**图3－2 第二个预算期**

资料来源：作者自绘。

同样的，第二季度执行结束以后，需要将预算执行的实际情况和制定的预算进行比较，重新调整本年度第三到第四季度以及下一年度第二季度的预算，同时需要补充下一年度第二季度的预算，这就形成了第二次滚动，如图3－3所示，即第三个预算期。

| 第三季度预算 | | | 第四季度预算 | | | 下一年度第一季度预算 | | | 下一年度第二季度预算 | | |
|---|---|---|---|---|---|---|---|---|---|---|---|
| 7月 | 8月 | 9月 | 10月 | 11月 | 12月 | 1月 | 2月 | 3月 | 4月 | 5月 | 6月 |

**图3－3 第三个预算期**

资料来源：作者自绘。

同样，第三季度执行结束以后，再补充下一年度的第三季度预算，依此类推，这就是滚动预算的编制流程。

## 四、滚动预算的实施

保证滚动预算能够顺利实施，企业内部和外部都需要具备一定的条件。

1. 企业实施滚动预算，企业管理层以及财务人员应具备丰富的预算管理经验和能力，因为编制滚动预算过程中涉及许多专业知识，如果不具备相关的预算管理知识则无法正常实施。

2. 企业应建立先进的信息系统，及时获取充足可靠的外部市场数据和企业内部数据，以满足编制的需要。

3. 由于编制滚动预算时，涉及大量财务信息和非财务信息，其中包括内部的和外部的，所以企业应重视预算编制基础数据，统一财务和非财务信息标准，确保预算编制以可靠、翔实、完整的基础数据为依据。

4. 企业应该遵循预算的基础应用程序，实施滚动预算的管理。预算的编制程序主要有以下几个步骤：

（1）预算委员会拟订预算政策，分解下达预算目标；

（2）各部门分级编制上报预算草案；

（3）预算委员会根据各部门编制的预算草案，进行审查平衡预算草案；

（4）预算委员会汇总并编制全面预算草案；

（5）董事会审核全面预算草案；

（6）批准预算并下达执行。

企业在实施滚动预算的过程中，应研究外部环境变化，分析行业特点、战略目标和业务性质，结合企业自身的管理基础和信息化水平，确定预算编制的周期和预算滚动的频率，选择适合企业自身的编制方式。

5. 预算编制的内容多种多样，企业应遵循重要性原则和成本效益原则，结合业务性质和管理要求，确定滚动预算编制的内容。否则，如果面面俱到，就浪费了大量的人力、物力和财力，而效果却不明显。滚动预算具体的实施细则有：

（1）企业应以战略目标和业务计划为依据，并根据上一期预算执行情况和新的预测信息，经综合平衡和结构优化，作为下一期滚动预算的编制基础，这样可以使编制出来的预算信息更加准确。

（2）企业应以战略目标和业务计划为基础，研究滚动预算所涉及的外部环境变化和内部重要事项，测算并提出预算方案。

（3）企业如果实行中期滚动预算，应在中期预算方案的框架内滚动编制年度预算。

（4）短期滚动预算服务于年度预算目标的实施。企业实行短期滚动预算的，应以年度预算为基础，分解编制短期滚动预算。

（5）企业应分析影响预算目标的各种动因之间的关系，建立预算模型，生成预算编制方案。同时，企业应对比分析上一期的预算信息和预算执行情况，结合新的内外部环境预测信息，对下一期预算进行调整和修正，持续进行预算的滚动编制。

计划修正因素主要包括国家相关法规政策等外部环境变化和企业发展战略、业务计划的调整等内部环境变化。

企业在实施滚动预算编制时，可借助数据仓库等信息技术的支撑，实现预算编制方案的快速生成，减少预算滚动编制的工作量，这样可以起到事半功倍的效果。总之，企业应根据预算滚动编制结果，调整资源配置和管理要求，这便是企业要花费大力气实施滚动预算的原因，最终都是为了提高企业的经营管理水平。

## 第四节　滚动预算案例分析

### 一、案例分析

A 公司生产经营甲产品，要求根据资料一和资料二编制 2019 年的第一个预算期的销售预算和生产预算。

资料一：2019 年各季度预测的销售单价和销售量资料，如表 3－1 所示。

**表 3－1　　　　2019 年 A 公司的预计销售资料**

| 项目 | | 第一季度 | 第二季度 | 第三季度 | 第四季度 | 增值税税率 |
|---|---|---|---|---|---|---|
| 甲产品 | 销售单价（元/件） | 80 | 80 | 80 | 80 | 13% |
| | 预计销售量（件） | 800 | 1 000 | 1 200 | 1 500 | |

资料二：2019 年初的实际存货量和年末的预计存货量等资料，如表 3－2 所示。

**表 3－2　　　　2019 年 A 公司的预计存货资料**

| 品种 | 年初产成品存货量（件） | 年末产成品存货量（件） | 年初在产品存货量（件） | 年末在产品存货量（件） | 预计期末产成品占下期销售量的百分比 |
|---|---|---|---|---|---|
| 甲产品 | 60 | 130 | 0 | 0 | 10% |

（1）根据题意，编制 2019 年各季度的销售预算，如表 3－3 所示。

**表 3－3　　　　2019 年 A 公司的销售预算（第一个预算期）**

| 项目 | | 第一季度 | 第二季度 | 第三季度 | 第四季度 | 合计 | 资料来源 |
|---|---|---|---|---|---|---|---|
| 甲产品 | 销售单价（元/件） | 80 | 80 | 80 | 80 | | 见表 3－1 |
| | 预计销售量（件） | 800 | 1 000 | 1 200 | 1 500 | 4 500 | 见表 3－1 |
| | 预计销售收入（元） | 64 000 | 80 000 | 96 000 | 12 000 | 360 000 | |
| | 增值税销项税额（元） | 8 320 | 10 400 | 12 480 | 15 600 | 46 800 | |
| | 含税销售收入（元） | 72 320 | 90 400 | 108 480 | 135 600 | 406 800 | |

依据表 3－1 所给的第一季度的销售单价和第一季度预计销售量两者相乘得出第一季度预计销售收入为 64 000 元，同理计算出第二、第三、第四季度的预计销售收入分别为 80 000 元、96 000 元、120 000 元；再分别用每个季度的预计销售收入乘以增值税税率 13% 分别计算出四个季度的增值税销项税额为 8 320 元、10 400 元、12 480 元、15 600 元，最后用预计销售收入加增值税销项税额得出每个季度的含税销售收入分别为 72 320 元、90 400 元、108 480 元、135 600 元。

（2）根据题意，编制 2019 年的生产预算，如表 3－4 所示。

**表 3－4　　　　2019 年 A 公司的生产预算（第一个预算期）　　　　单位：件**

| 项目 | | 第一季度 | 第二季度 | 第三季度 | 第四季度 | 合计 | 资料来源 |
|---|---|---|---|---|---|---|---|
| 甲产品 | 预计销售量 | 800 | 1 000 | 1 200 | 1 500 | 4 500 | 见表 3－1 |
| | 加：预计期末存货量 | 100 | 120 | 150 | 130 | | 见表 3－2 |
| | 减：期初存货量 | 60 | 100 | 120 | 150 | | 见表 3－2 |
| | 预计生产量 | 840 | 1 020 | 1 230 | 1 480 | 4 570 | |

预计生产量=期末存货量+预计销售量−期初存货量

由于企业的生产和销售不可能做到同步生产多少销售多少，会产生一定的期末存货和下一期的期初存货。因此，预算期不仅要考虑有充足的产品以供销售外，还要考虑预计期初存货和预计期末存货等因素。

计算公式为：

产品预计生产量 = 预计销售量 + 预计期末存货量 − 预计期初存货量

首先，每个季度的预计销售量根据表3－1可以填列完成。其次，根据表3－2预计期末产成品存货量占下期销售量的10%可以计算出第一季度的预计期末存货量为第二季度的预计销售量1 000乘以10%等于100件，同理算出第二、第三季度的预计期末存货量120件、150件，第四季度为2019年末产成品存货量为130件。每个季度的预计期末存货量填制完成以后，期初存货量也可以填列。根据题意上季度预计期末存货量即为本季度的期初存货量，第二、第三、第四季度的期初存货量分别为100件、120件、150件，根据表3－2已知2019年初的存货量即为第一季度的60件。最后，根据预计生产量的计算公式，计算出每个季度的预计生产量。

资料三：2019年3月底，A公司计算出第一季度的实际销售量为700件。经过市场调查发现，同类产品价格下跌了5%。因此，公司准备调整政策，预计从第二季度开始降价10%。这时，估计销售数量比之前预计提高20%。同时预计2020年第一季度销售量为1 000件。

具体资料如表3－5所示。

**表3－5　2019年第二季度～2020年第一季度A公司预计销售资料**

| 项目 | | 2019年 | | | 2020年 | 增值税税率 |
|---|---|---|---|---|---|---|
| | | 第二季度 | 第三季度 | 第四季度 | 第一季度 | |
| 甲产品 | 销售单价（元/件） | 72 | 72 | 72 | 72 | 13% |
| | 预计销售量（件） | 1 200 | 1 440 | 1 800 | 1 000 | |

（3）根据题意，编制2019年第二个预算期的销售预算，如表3－6所示。

**表3－6　2019年A公司的销售预算（第二个预算期）**

| 项目 | | 2019年 | | | 2020年 | 合计 | 资料来源 |
|---|---|---|---|---|---|---|---|
| | | 第二季度 | 第三季度 | 第四季度 | 第一季度 | | |
| 甲产品 | 销售单价（元/件） | 72 | 72 | 72 | 72 | | 见表3－5 |
| | 预计销售量（件） | 1 200 | 1 440 | 1 800 | 1 000 | 5 400 | 见表3－5 |
| | 预计销售收入（元） | 86 400 | 103 680 | 129 600 | 72 000 | 391 680 | |
| | 增值税销项税额（元） | 11 232 | 13 478.4 | 16 848 | 9 360 | 50 918.4 | |
| | 含税销售收入（元） | 97 632 | 117 158.4 | 146 448 | 81 360 | 442 598.4 | |

此时预算编制的期间是2019年的第二、第三、第四季度，和2020年第一季度的预算。根据表3－5中的资料，可以填列每个季度的预计销售单价都是72

元/件和预计销售量分别为 1 200 件、1 440 件、1 800 件、1 000 件。依据第二季度预计销售收入等于预计销售单价 72 元/件乘以预计销售量 1 200 件计算得出86 400 元、同理计算第三、第四季度和 2020 年度第一季度预计销售收入分别为 103 680 元、129 600 元、72 000 元，再用预计销售收入乘以增值税税率 13%得出每个季度的增值税销项税额，最后用预计销售收入 + 增值税销项税额 = 含税销售收入，算出的四个季度的含税销售收入合计数为 442 598. 4 元。

资料四：由于 2019 年第一季度未完成销售，所以预计 2020 年第一季度期末存货量为 110 件，具体资料如表 3 –7 所示。

**表 3 –7　　2019 年第二季度 ~ 2020 年第一季度 A 公司预计存货资料**

| 品种 | 2019 年第二季度初产成品存货量（件） | 2020 年第一季度末产成品存货量（件） | 2019 年第二季度初在产品存货量（件） | 2020 年第一季度末在产品存货量（件） | 预计期末产成品占下期销售量的百分比 |
|---|---|---|---|---|---|
| 甲产品 | 200 | 110 | 0 | 0 | 10% |

（4）根据题意，编制 2019 年第二个预算期的生产预算，如表 3 –8 所示。

**表 3 –8　　2019 年 A 公司的生产预算（第二个预算期）**　　单位：件

| 项目 | | 2019 年 | | | 2020 年 | 合计 | 资料来源 |
|---|---|---|---|---|---|---|---|
| | | 第二季度 | 第三季度 | 第四季度 | 第一季度 | | |
| 甲产品 | 预计销售量 | 1 200 | 1 440 | 1 800 | 1 000 | 5 440 | 见表 3 –5 |
| | 加：预计期末存货量 | 144 | 180 | 100 | 110 | | 见表 3 –7 |
| | 减：期初存货量 | 200 | 144 | 180 | 100 | | 见表 3 –7 |
| | 预计生产量 | 1 144 | 1 476 | 1 720 | 1 010 | 5 350 | |

先依据表 3 –5 中的资料，填列四个季度的预计销售量。然后，根据表 3 –7 中的资料，期末产成品存货量为下期销售量的 10%，算出 2019 年第二、第三、第四季度的预计期末存货量分别为 144 件、180 件、100 件，同时根据表 3 –7 中的资料，预计 2020 年第一季度末预计期末产成品数量为 110 件。每个季度的预计期末存货量填制完成以后，同理填列四个季度的期初存货量。四个季度的期初存货量分别为 200 件、144 件、180 件、100 件。最后，根据预计生产量 = 预计销售量 + 预计期末存货量 – 期初存货量的公式，计算出四个季度的预计生产量分别为 1 144 件、1 476 件、1 720 件和 1 010 件。

本案例编制了 2019 年第一个预算期的销售预算、生产预算，同时根据第一季度末的实际情况进行差异分析后，调整了第二个预算期的销售预算和生产预算，以上就是滚动预算在企业中的实际应用。

## 二、滚动预算小结

从案例可以看出，企业提供编制滚动预算，可以及时指导企业的销售、生产等政策，因而可以强化预算的决策与控制职能。但缺点也很明显，编制的工作量很大。

将动态滚动预算的理念运用到学习生活中，不仅要关注事前制定的计划，更要关注计划执行的效果，反思差距并总结原因。善于思考，懂得自律，反复制定改进计划、坚持执行与反思，在循环中学会合理安排时间并找到适合自己的不同课程的学习方法。在日复一日的勤奋和坚持中，力争把每一件平凡的事情做到不平凡，在循序渐进中愈发智慧和从容。

## 课后作业

### 一、单项选择题

1. 下列项目中，能够克服固定预算方法缺点的是（　　）。

A. 固定预算方法　　B. 弹性预算方法

C. 滚动预算方法　　D. 零基预算方法

2. 下列各项中，应该作为零基预算方法出发点的是（　　）。

A. 基期的费用水平　　B. 历史上费用的最高水平

C. 国内外同行业费用水平　　D. 所有费用为零

3. 下列各项中，不属于经营预算的是（　　）。

A. 销售预算　　B. 现金预算

C. 生产预算　　D. 成本预算

4. 下列不属于滚动预算编制的基本原则的是（　　）。

A. 稳定增长原则　　B. 谨慎性原则

C. 大胆原则　　D. 科学透明原则

### 二、多项选择题

1. 预算的作用主要有（　）。

A. 明确工作目标　　B. 协调与沟通

C. 业绩评价　　D. 激励

2. 按编制预算期时间特征不同，可以分为（　　）。

A. 定期预算　　B. 滚动预算

C. 固定预算　　D. 弹性预算

3. 滚动预算的功能主要有（　　）。

A. 长期战略目标的必要补充　　B. 推动业绩考核目标的实现

C. 有利于资源的有效合理配置　　D. 保障财务工作目标的实现

4. 滚动预算编制的优点主要有（　　）。

A. 透明度高　　B. 及时性强　　C. 连续好　　D. 完整性和稳定性突出

### 三、判断题

1. 滚动预算方法的缺点是工作量大。（　　）

2. 预算的编制按照业务量基础数量特征不同分为定期预算和滚动预算。（　　）

3. 编制滚动预算时需要全员参与。（　　）

4. 按预算编制和滚动时间单位不同，滚动方式主要分为逐月滚动、逐季滚动和混合滚动三种。（　　）

5. 企业应该遵循重要性原则和成本效益原则，结合业务性质和管理要求，确定滚动预算编制的内容。（　　）

**四、论述题**

1. 简述滚动预算的概念。

2. 简述滚动预算的注意事项。

# 第四章　经营预测

## 素养目标

通过本章学习，使学生认识到，要尊重市场，利用市场引导企业，但也要培养将市场作用和政府作用有机结合的能力，树立正确的市场观。从企业经营预测作为管理手段的角度，让学生理解企业发展需要对未来发展道路的预判并采用科学的预测方法，从而更好地把握企业的发展方向。

## 知识目标

1. 了解经营预测的概念、内容以及程序；
2. 熟悉经营预测的定性和定量方法；
3. 掌握和熟练运用企业销售量、成本、利润和资金需要量的预测方法。

## 情景导航

某大学的一位兼职教授于2007年7月在深圳的一个论坛上预测2008年深圳的房价不会下跌，并称："如果明年深圳的房价比现在低1分钱，我一定会在媒体上用整版篇幅向深圳市民道歉。"结果就有了某著名财经评论员与他的一年赌约。当然，深圳的房价最终降了，预测以某大学的兼职教授失败而告终，他正式发出《致深圳人民道歉信》。

事实上，经济预测，多年来一直大行其道，尤其集中在公众关注的热点问题上，比如房价、油价、通货膨胀等话题，预测文章更是铺天盖地，"各路诸侯"都披挂上阵，唯恐落后：有政府机构、学术研究机构、投资银行，也有独立的经济学家。

经济学本来就有预测的功能。在习惯上，人们将经济生活和社会生活并列，统称为经济社会生活。因此，经济学既是理论之学，亦是应用之学、社会之学。经济学，一言以蔽之：经世之学。中国经济持续高增长，提供了太多可预测的话题和机会，中国良好的发展态势使得市场对经济预测本身产生了强大的内在需求。预言依靠的是自然规律，而预测则更多依靠概率。

# 第一节　经营预测概述

## 一、经营预测的概念

### （一）预测的概念

预测（forecast）是指用科学的方法预计、推断事物发展的必然性或可能性的行为，即根据过去和现在预计未来，由已知推断未知的过程。

“凡事预则立，不预则废。”这一古语表明，我国人民很早就意识到预测是关系未来发展立废存亡的大事。事实上，在人类社会发展的过程中，预测技术经历了由低级向高级、由简单到复杂的进化阶段，其中也包括经营预测。

### （二）经营预测的概念

经营预测，是指企业根据现有的经济条件、掌握的历史资料以及客观事物的内在联系，对生产经营活动的未来发展趋势和状况进行的预计和测算。

在现代市场经济条件下，经营预测比以往任何时候都更为重要。现代生产力的迅速发展，使社会经济环境发生了巨大变革。不开展科学的预测分析，就不能预先估计未来的发展趋势，无法积极采取措施，难以适应不断变化的形势。经营预测是企业管理的必要职能，缺乏科学预测的管理是盲目的和不健全的。

## 二、经营预测的内容

### （一）销售预测

广义的销售预测（forecast of sales）包括两个方面：一是市场调查；二是销售量预测。狭义的销售预测则专指后者。市场调查是指通过了解与特定产品有关的供销环境和各类市场的情况，得出该产品有无现实市场或潜在市场以及市场大小的结论的过程。它是销售量预测的基础。

销售量预测又称产品需求量预测，是指根据市场调查所得到的有关资料，通过对有关因素的分析研究，预计和测算特定产品在未来一定时期内的市场销售量水平及变化趋势，进而预测本企业产品未来销售量的过程。

### （二）利润预测

利润预测（forecast of profit）是指在销售预测的基础上，根据企业未来发展目标和其他相关资料，预计、推测或估算未来应当达到和可望实现的利润水平及其变动趋势的过程。

### （三）成本预测

成本预测（forecast of cost）是指根据企业未来发展目标和有关资料，运用专门方法推测与估算未来成本水平及发展趋势的过程。成本预测包括多项内容，如全部成本预测和单项成本预测；设计成本预测和生产成本预测；目标成本预测、成本变动趋势预测以及决策成本预测。本章主要介绍目标成本预测和成本变动趋势预测。

### （四）资金预测

资金预测（forecast of fund）是指在销售预测、利润预测和成本预测的基础上，根据企业未来经营发展目标并考虑影响资金的各项因素，运用一定方法预计、推测企业未来一定时期内或一定项目所需要的资金数额、来源渠道、运用方向及效果的过程。

广义的资金预测包括全部资金需用量及来源预测、现金流量预测、资金分布预测和资金运用效果预测。狭义的资金预测是指资金需用量预测，具体包括固定资产项目投资需用量预测、流动资金需用量预测和追加资金需用量预测。本章只介绍追加资金需用量预测。

## 三、经营预测的程序

经营预测的程序包括以下步骤。

### （一）确定预测目标

预测必须首先搞清对什么进行预测，将达到什么目的。这需要根据企业经营的总体目标来设计和选择，既不能盲目随意确定，又不应追求面面俱到，不突出重点。在预测目标确定的同时，还应根据预测的具体对象和内容确定预测的期限和范围。

### （二）收集和整理资料

预测目标确定后，应着手收集有关经济的、技术的、市场的计划资料和实际资料。在占有大量资料的基础上，按照一定方法对资料进行加工、整理、归纳，尽量从中发现与预测对象有关的各因素之间的相互依存关系。

### （三）选择预测方法

对不同的预测对象和内容，应采用不同的预测方法，不能一成不变。

对于那些可以建立数量模型的预测对象，应反复筛选比较，以确定最恰当的定量预测方法；对于那些缺乏定量资料无法开展定量分析的预测对象，应当结合以往经验选择最佳的定性预测方法。

### （四）分析判断

根据预测模型及掌握的未来信息进行分析判断，揭示事物的变化趋势，并预测其发展结果。

### （五）检查验证

通过检查前期预测结论是否符合当前实际，分析产生差异的原因，从而验证预测方法是否科学有效，以便在本期预测过程中及时加以改正。

### （六）修正预测值

那些根据数学模型计算出来的预测值可能没有将非计量因素考虑进去，这就需要结合定性分析的结论对其进行修正和补充，使其更接近实际。

### （七）报告预测结论

最终要以一定形式通过一定程序将修正过的预测结论向企业的有关部门报告。

## 四、经营预测的方法

经营预测的具体方法很多，据国外统计，已达数百种，具体方法的选择受分析对象、目的、时间以及精确程度等因素的影响。但概括起来讲，经营预测的一般方法可分为两大类，即定量分析法与定性分析法。

### （一）定量分析法

定量分析法又称数量分析法，是指在完整掌握与预测对象有关的各种要素定量资料的基础上，运用现代数学方法进行数据处理，据以建立能够反映有关变量之间规律性联系的各类预测模型的方法体系，又可分为趋势外推分析法和因果预测分析法两类方法。

1. 趋势外推分析法。趋势外推分析法是指将时间作为制约预测对象变化的自变量，把未来作为历史的自然延续，属于按事物自身发展趋势进行预测的一类动态预测方法。

这类方法的基本原理是：企业过去和现在存在的某种发展趋势将会延续下去，而且过去和现在发展的条件同样适用于未来，可以将未来视为历史的自然延续。因此，该方法又称时间序列分析法。属于这种方法的有算术平均法、移动平均法、趋势平均法、加权平均法、平滑指数法和修正的时间序列回归分析法等。

2. 因果预测分析法。因果预测分析法是指根据变量之间存在的因果函数关系，按预测因素（即非时间自变量）的未来变动趋势来推测预测对象（即因变量）未来水平的一类相关预测方法。

这类方法的基本原理是：预测对象受到许多因素的影响，它们之间存在着复杂的关系，通过对这些变量内在规律性的研究可建立一定的数量模型，在已知自变量的条件下，可利用模型直接推测预测对象的水平。属于这类方法的有本—量—利分析法、投入产出法、回归分析法和经济计量法等。

### （二）定性分析法

定性分析法又称非数量分析法，是指由有关方面的专业人员根据个人经验和知识，结合预测对象的特点进行综合分析，对事物的未来状况和发展趋势作出推测的一类预测方法。它一般不需要进行复杂的定量分析，适用于缺乏完备的历史资料或有关变量间缺乏明显的数量关系等条件下的预测。

此法的特点是：计算量较少，主要根据人们积累的实际经验和掌握的科学知识进行判断，因此西方国家常常称该法为判断分析法或集合意见法。

### （三）两类方法的关系

定性分析法与定量分析法在实际应用中并非相互排斥，而是相互补充、相辅相成。

定量分析法虽然较精确，但许多非计量因素无法考虑。例如，国家的方针政策以及政治经济形势的变动，消费者心理以及习惯的改变，投资者的意向以及职工情绪的变动等，这些因素都是无法量化的因素。

而定性分析法虽然可以将这些非计量因素考虑进去，但估计的准确性在很大程度上受预测人员的经验和素质影响，这不免使预测结论因人而异，带有一定的主观随意性。

实际工作中，两种方法经常结合应用，取长补短，以提高预测分析的准确性和预测结论的可信性。

# 第二节　销售预测

## 一、销售预测概述

在现代市场经济条件下，企业生产经营方针既不是“以产定销”，也不单纯是“推销促销”，而是在研究市场的基础上自觉满足社会需要，以需定销，以销定产，努力适应和开发市场。作为商品经营者的企业必然十分关心在未来一定时期内哪些产品适销对路，企业能在市场上占有多大份额，经营某项业务究竟能赚取多少利润，成本多高，需用多少资金等。因此，在企业预测系统中，销售预测处于先导地位，它对于指导利润预测、成本预测和资金预测，进行长短期决策，安排经营计划，组织生产等都起着重要的作用。

用于销售量预测的常用方法有判断分析法和趋势外推分析法等，其中判断分析法属于定性分析法，趋势外推分析法属于定量分析法。

## 二、判断分析法

判断分析法是通过一些具有丰富经验的经营管理人员或知识渊博的外界经济专家对企业一定期间特定产品的销售业务量情况作出判断和预计的一种方法。此法一般适用于不具备完整可靠的历史资料、无法进行定量分析的企业。

判断分析法具体又包括以下三种方法。

### （一）推销员判断法

推销员判断法又称意见汇集法，是由企业的推销人员根据他们的调查，将每位顾客和各类顾客对特定预测对象的销售预测值填入卡片或表格，然后由销售部门经理对此进行综合分析以完成预测销售量任务的一种方法。

此法的原理是：基层销售人员最熟悉市场，能直接倾听顾客的意见，因而能够提供直接反映顾客要求的信息。

采用此法进行销售预测所需的时间短、费用低，因而比较实用。但这种方法是建立在假定推销人员都能够向企业反映真实情况的基础上，而推销人员的素质各异，他们对形势的估计有可能过于乐观或悲观，从而干扰预测结论。如果企业在销售量方面对其规定定额，则他们就会有意地低估预测值，为自己留有充分的余地；若企业按预测销售业务量核拨业务经费，则推销员就有可能有意高估预测值。另外也可能因为顾客对预测对象不了解或推销员介绍的资料不够详细，而使所汇报的意见过于分散。为避免这种现象出现，应采取以下措施。

1. 把企业过去的预测与实际销售量资料、企业的未来规划以及未来的社会经济发展趋势的信息都提供给各推销人员，供他们参考。

2. 组织多人对同一产品或市场进行预测判断，再将这些数据加以平均处理，以消除人为的偏差。

### （二）综合判断法

综合判断法是由企业召集相关经营管理人员，特别是那些最熟悉销售业务的销售主管人员，以及各地经销商负责人集中开会，由他们在会上根据多年的实践经验和判断能力对特定产品未来销售量进行判断和预测的一种方法。

这种方法能够集思广益，博采众长，快捷、实用，但预测结果也会受到相关人员主观判断的影响。因此，应用此方法时，应事先向预测人员提供近期有关政治、经济形势以及市场情况的资料，并在他们各自预测的基础上进行讨论、分析、综合平衡，最终得出结论。

### （三）专家判断法

专家判断法是由见识广博、知识丰富的专家根据他们多年的实践经验和判断能力对特定产品的未来销售量进行判断和预测的一种方法。

这里的“专家”是指本企业或同行企业的高级领导人、销售部门经理以及其他外界专家等，但不包括推销员和顾客。具体有以下三种形式：

1. 专家个人意见集合法。这种方法是先向各位专家征求意见，要求他们对本企业产品销售的未来趋势和当前的状况作出独立的个人判断，然后再对此加以综合，确定预测值。

此法可以集中各方面专家从不同角度反映的意见，故比推销员判断法更准确；但由于每位专家占有的资料有限，因而也不可避免地带有片面性。

2. 专家小组法。这种方法是由若干位专家组成几个预测小组，分别以小组为单位进行预测，再进行综合论证的一种方法。

此法能够在预测过程中发挥集体智慧、相互启发，在一定程度上可以弥补上述方法的片面性，但小组的预测结论常常会受到组内权威人士意见的左右。

3. 德尔菲法。这种方法是通过函询方式向若干经济专家分别征求意见，各专家在互不通气的情况下，根据自己的观点和方法进行预测，然后企业将各专家的判断汇集在一起，并采用不记名的方式反馈给各位专家，请他们参考别人的意见修正本人原来的判断，如此反复数次，最终确定预测的结果。

**【例4-1】**德尔菲法的应用。

已知：某公司准备推出一种新产品，由于该新产品没有销售记录，公司特聘请专家共5人，采用德尔菲法进行销售量的预测，连续三次预测结果如表4-1所示。

**表4-1　　德尔菲法专家意见汇总**　　单位：件

| 专家编号 | 第一次判断 | | | 第二次判断 | | | 第三次判断 | | |
|---|---|---|---|---|---|---|---|---|---|
| | 最高 | 最可能 | 最低 | 最高 | 最可能 | 最低 | 最高 | 最可能 | 最低 |
| 1 | 2 800 | 2 500 | 2 000 | 2 800 | 2 500 | 2 200 | 2 800 | 2 500 | 2 100 |
| 2 | 2 000 | 1 900 | 1 400 | 2 300 | 2 000 | 1 600 | 2 300 | 2 000 | 1 800 |
| 3 | 2 600 | 2 200 | 1 800 | 2 600 | 2 400 | 2 000 | 2 600 | 2 400 | 2 100 |
| 4 | 4 000 | 2 800 | 2 500 | 4 000 | 2 500 | 2 200 | 3 500 | 2 200 | 2 000 |
| 5 | 1 700 | 1 400 | 1 200 | 2 000 | 1 800 | 1 400 | 2 200 | 2 000 | 1 700 |
| 平均值 | 2 620 | 2 160 | 1 780 | 2 740 | 2 240 | 1 880 | 2 680 | 2 220 | 1 940 |

公司按最后一次预测的结果，采用算术平均法确定最终的预测值是2 280件。

## 三、趋势外推分析法

趋势外推分析法在销售量预测中的应用较为普遍，其具体应用形式主要包括平均法和修正的时间序列回归法。

### （一）平均法

平均法是指根据掌握的特定预测对象若干时期的销售量历史资料，按照一定方法进行处理，计算其平均值，以确定预测销售量的一类方法。具体包括算术平均法、加权平均法和平滑指数法等。

1. 算术平均法。该法又称简单平均法，它是直接将若干时期实际销售业务量的算术平均值作为销售量预测值的一种预测方法。这种方法的原理是一视同仁地看待 n 期内的各期销售量对未来预测销售量的影响。其计算公式为：

$$\text{预测销售量}\bar{Q}_{n+1}=\frac{\text{已知时间序列各期销售业务量之和}}{\text{时间序列期数}}=\frac{\sum Q_t}{n} \qquad (4.2.1)$$

这种方法的优点是计算过程简单，缺点是没有考虑远、近期销售业务量的变动对预测期销售状况的不同影响程度，仅是将不同时期资料的差异简单平均化。所以，该法只适于各期销售业务量比较稳定、没有季节性变动的食品和日常用品等的预测。

**【例 4－2】** 趋势外推分析法在销售量预测中的应用——算术平均法。

已知：某公司生产一种产品，2×23 年 1～12 月的销量资料如表 4－2 所示。

**表 4－2** 销量资料 单位：千克

| 项目 | 1 月 | 2 月 | 3 月 | 4 月 | 5 月 | 6 月 | 7 月 | 8 月 | 9 月 | 10 月 | 11 月 | 12 月 |
|---|---|---|---|---|---|---|---|---|---|---|---|---|
| 销量（$Q_t$） | 33 | 31 | 34 | 37 | 32 | 36 | 39 | 36 | 34 | 38 | 40 | 42 |

要求：采用算术平均法预测 2021 年 1 月的销售量。

解：$\sum Q_t=33+31+34+37+32+36+39+36+34+38+40+42=432$（千克）（n＝12）

$$2\times24\text{ 年 1 月预测销售量}=\frac{432}{12}=36\text{（千克）}$$

2. 加权平均法。加权平均法是指在掌握全部 n 期资料的基础上，按近大远小的原则确定各期权数，并据以计算加权平均销量的一种方法。其计算公式为：

$$\text{预测销售量}\bar{Q}=\frac{\sum\text{某期销售量}\times\text{该期权数}}{\text{各期权数之和}}=\frac{\sum(Q_t\times W_t)}{\sum W_t} \qquad (4.2.2)$$

式（4.2.2）中，权数$W_t$必须满足以下条件：

$W_{t+1}>W_t$（t＝1，2，3，…，n－1）

权数可以按以下两种方法计算：

（1）自然权数法。该法要求按自然数 1，2，…，n 的顺序确定权数，即令：

$W_1=1$，$W_2=2$，…，$W_n=n$

则式（4.2.2）可改写为：

$$\text{预测销售量}\bar{Q}=\frac{\sum\text{某期销售量}\times\text{该期权数}}{\frac{(1+\text{期数})\times\text{期数}}{2}}=\frac{\sum(Q_t\times W_t)}{\frac{(1+n)\times n}{2}} \qquad (4.2.3)$$

（2）饱和权数法。该法要求各期权数之和为1，即令：

$\sum W_t = 1$ （$0 < W_t < 1$）

如当 $n = 3$ 时，可令 $W_1 = 0.2$，$W_2 = 0.3$，$W_3 = 0.5$（或令 $W_1 = 0.1$，$W_2 = 0.3$，$W_3 = 0.6$）；

当 $n = 5$ 时，可令 $W_1 = 0.04$，$W_2 = 0.08$，$W_3 = 0.13$，$W_4 = 0.25$，$W_5 = 0.5$，…，依此类推。

按此法式（4.2.2）可改写为：

$$\text{预测销售量}\bar{Q} = \sum \text{某期销售量} \times \text{该期权数} = \sum (Q_t \times W_t) \quad (4.2.4)$$

加权平均法既可以利用n期全部历史数据，又充分考虑了远近期间对未来的不同影响。其缺点就是不能按统一的方法确定各期的权数值。因而也有人主张只按最后m期的数据计算加权平均预测销售量。

**【例4－3】**趋势外推分析法在销售量预测中的应用——加权平均法。

已知：仍按〖例4－2〗中的销量资料。

要求：（1）采用自然权数加权平均法预测2021年1月的销售量。

（2）利用最后3期销售量，采用饱和权数加权平均法预测2021年1月的销售量。

解：（1）在自然权数加权平均法下：

$$\sum (Q_t \times W_t) = 33 \times 1 + 31 \times 2 + 34 \times 3 + 37 \times 4 + 32 \times 5 + 36 \times 6 + 39 \times 7 + 36 \times 8 + 34 \times 9 + 38 \times 10 + 40 \times 11 + 42 \times 12 = 2\,912$$

$$\frac{(1+n) \times n}{2} = \frac{(1+12) \times 12}{2} = 78$$

$$2021\text{年1月的预测销售量} = \frac{\sum (Q_t \times W_t)}{\frac{(1+n) \times n}{2}} = \frac{2\,912}{78} \approx 37.33\text{（千克）}$$

（2）在饱和权数加权平均法下，期数为3，令 $W_1 = 0.2$，$W_2 = 0.3$，$W_3 = 0.5$，则：

$$2021\text{年1月的预测销售量} = \sum (Q_t \times W_t) = 38 \times 0.2 + 40 \times 0.3 + 42 \times 0.5 = 40.6\text{（千克）}$$

3. 平滑指数法。平滑指数法是指在综合考虑有关前期预测销售量和实际销售量信息的基础上，利用事先确定的平滑指数预测未来销售量的一种方法。其计算公式为：

$$\text{某期预测销售量}\bar{Q}_t = \text{平滑指数} \times \text{前期实际销售量} + (1 - \text{平滑指数}) \times \text{前期预测销售量} = \alpha \cdot Q_{t-1} + (1-\alpha) \cdot \bar{Q}_{t-1} \quad (4.2.5)$$

其中，α表示平滑指数，这是一个经验数据，其取值范围通常在0.3～0.7之间。平滑指数具有修匀实际数所包含的偶然因素对预测值的影响作用，平滑指数取值越大，则近期实际数对预测结果的影响就越大；平滑指数取值越小，则近期实际数对预测结果的影响就越小。因此，进行近期预测或销量波动较大时的预测，应采用较大的平滑指数；进行长期预测或销量波动较小时的预测，可采用较小的平滑指数。

从平滑指数法的预测公式可以看出，该法的实质是在已知以前期预测销售量和实际销售量的基础上，分别以平滑指数及其补数（1－平滑指数）为权数的一种特殊加权平均法。该法比较灵活，适用范围较广，但在选择平滑指数时存在一定的随意性。

**【例4－4】**趋势外推分析法在销售量预测中的应用——平滑指数法。

已知：丰达公司1～5月电冰箱的销售量情况如表4－3所示。如果假设α为0.4，1月销售量的预测值为1 250台。

要求：采用平滑指数法预测2～6月的销售量。

**表4－3　丰达公司1～5月电冰箱的销售量**　单位：台

| 月份 t | 实际销售量 $Q_t$ |
|---|---|
| 1 | 1 250 |
| 2 | 1 050 |
| 3 | 1 350 |
| 4 | 1 150 |
| 5 | 1 220 |

解：依题意，编制平滑指数法计算表如表4－4所示。

**表4－4　平滑指数法计算表**

| 月份 t | 实际销售量 $Q_t$（台） | $\alpha \cdot Q_{t-1}$ | $(1-\alpha) \cdot \bar{Q}_{t-1}$ | 预测销售量 $\bar{Q}_t$（台） |
|---|---|---|---|---|
| 1 | 1 250 | — | — | 1 250 |
| 2 | 1 050 | 0.4×1 250 | 0.6×1 250 | 1 250 |
| 3 | 1 350 | 0.4×1 050 | 0.6×1 250 | 1 170 |
| 4 | 1 150 | 0.4×1 350 | 0.6×1 170 | 1 242 |
| 5 | 1 220 | 0.4×1 150 | 0.6×1 242 | 1 205 |
| 6 | | 0.4×1 220 | 0.6×1 205 | 1 211 |

### （二）修正的时间序列回归法

通过分析一段时期内销售量（Q）与时间（t）的函数关系建立回归模型，并据此进行预测的方法称为时间序列回归法。由于时间自变量的值单调递增，形成等差数列，因而可以利用这一特点对时间值进行修正，简化回归系数的计算公式。凡是利用修正的时间自变量计算回归系数的方法均可称为修正的时间序列回归法。

鉴于产品寿命周期不同阶段的销售量函数模型分别表现为直线、二次曲线和对数曲线等形式，因此，修正的时间序列回归法又包括修正的回归直线法、修正的二次曲线回归法和修正的对数曲线回归法等。本教材只介绍修正的时间序列直线回归法。

一般的直线回归法用于销售预测时，预测模型为：

$Q = a + bt$

其中，Q 为销售业务量（因变量函数）；t 为未经过修正的时间自变量；a 和 b 为回归系数。

按照直线回归法原理，回归系数 a 和 b 的计算公式分别为：

$$a = \frac{\sum Q - b\sum t}{n} \tag{4.2.6}$$

$$b = \frac{n\sum Q_t - \sum t\sum Q}{n\sum t^2 - (\sum t)^2} \tag{4.2.7}$$

如果按照时间序列的特点对 t 值进行修正，使 $\sum t = 0$，就可使上述回归系数计算公式简化为：

$$a = \frac{\sum Q}{n} \tag{4.2.8}$$

$$b = \frac{\sum Q_t}{\sum t^2} \tag{4.2.9}$$

在修正的时间序列直线回归法下，销售回归模型仍为 $Q = a + bt$，但因为回归系数是按修正的 t 值计算的，所以公式中的 t 为经过修正的时间自变量。问题的关键是如何确定修正时间自变量 t 的值，使 $\sum t = 0$。这需要结合已掌握的时间序列期数 n 的奇偶性分以下两种情况讨论：

第一，如果 n 为奇数，则令第（n+1)/2 期的 t 值为 0，其余前后各期以该期为中心，以 1 为间隔（即级差）确定 t 值。例如，当 n 为 7 时，第 4 期为中心，令该期的 t 值为 0，在该期以前的各期 t 值依次递减，在该期以后的各期 t 值依次递增。结果如表 4－5 所示。

**表 4－5　　　　各期修正 t 值结果**

| 项目 | 第 1 期 | 第 2 期 | 第 3 期 | 第 4 期 | 第 5 期 | 第 6 期 | 第 7 期 | n = 7 |
|---|---|---|---|---|---|---|---|---|
| 修正的 t 值 | −3 | −2 | −1 | 0 | +1 | +2 | +3 | $\sum t = 0$ |

资料来源：吴大军. 管理会计［M］. 大连：东北财经大学出版社，2018.

第二，如果 n 为偶数，则令第 n/2 期和第（n/2）+1 期的 t 值分别为 −1 和 +1，其余各期以 2 为间隔依次增减。例如，当 n 为 6 时，分别令第 3 期和第 4 期的 t 值为 −1 和 +1，第 2 期和第 5 期的 t 值为 −3 和 +3，其余各期依此类推。结果如表 4－6 所示。

**表 4－6　　　　各期修正 t 值结果**

| 项目 | 第 1 期 | 第 2 期 | 第 3 期 | 第 4 期 | 第 5 期 | 第 6 期 | n = 6 |
|---|---|---|---|---|---|---|---|
| 修正的 t 值 | −5 | −3 | −1 | +1 | +3 | +5 | $\sum t = 0$ |

资料来源：吴大军. 管理会计［M］. 大连：东北财经大学出版社，2018.

利用修正的时间序列直线回归法进行销售量预测的步骤如下：

（1）判断 n 的奇偶性，确定修正的 t 值。

（2）列表计算 n、$\sum t$、$\sum t^2$、$\sum Q$ 和 $\sum Q_t$。

（3）利用式（4.2.8）和式（4.2.9）计算回归系数 a 和 b。

（4）将 a 和 b 的值代入 $Q = a + bt$，建立销量预测模型。

（5）按下式确定未来第 k 期的 t 值：

$$t_{n+k} = t_n + kd \tag{4.2.10}$$

其中，d 为修正 t 值的级差，当 n 为奇数时，$d = 1$；当 n 为偶数时，$d = 2$。

（6）将未来第 k 期的 t 值 $t_{n+k}$ 代入销量预测模型，预测该期的销售量。

**【例 4－5】**趋势外推分析法在销售量预测中的应用——修正的时间序列直线回归法。

已知：仍按〖例 4－2〗中的销量资料。

要求：（1）按修正的时间序列直线回归法建立销量预测模型。

（2）预测 2021 年 1 月的销量。

（3）预测 2021 年 2 月的销量。

解：（1）依题意整理和计算有关数据如表 4－7 所示。

**表 4－7　　计算表**

| 月份 | 销售量 Q（件） | 修正的 t 值 | Qt | $t^2$ |
|---|---|---|---|---|
| 1 | 33 | －11 | －363 | 121 |
| 2 | 31 | －9 | －279 | 81 |
| 3 | 34 | －7 | －238 | 49 |
| 4 | 37 | －5 | －185 | 25 |
| 5 | 32 | －3 | －96 | 9 |
| 6 | 36 | －1 | －36 | 1 |
| 7 | 39 | 1 | 39 | 1 |
| 8 | 36 | 3 | 108 | 9 |
| 9 | 34 | 5 | 170 | 25 |
| 10 | 38 | 7 | 266 | 49 |
| 11 | 40 | 9 | 360 | 81 |
| 12 | 42 | 11 | 462 | 121 |
| $n = 12$ | $\sum Q = 432$ | $\sum t = 0$ | $\sum Q_t = 208$ | $\sum t^2 = 572$ |

$$a = \frac{\sum Q}{n} = \frac{432}{12} = 36$$

$$b = \frac{\sum Q_t}{\sum t^2} = \frac{208}{572} \approx 0.36$$

则：$Q = 36 + 0.36t$

（2）2021 年 1 月的 t 值 $= 11 + 1 \times 2 = 13$

2021 年 1 月的预测销量 $=36+0.36\times13=40.68$（千克）

（3）2021 年 2 月的 t 值 $=11+2\times2=15$

2021 年 2 月的预测销量 $=36+0.36\times15=41.4$（千克）

## 四、销售预测案例分析

### （一）案例背景

BL 公司是一家以经销洗涤用品为主的中型公司，经销的洗涤用品包括洗衣粉、皂类、液洗类产品等 200 余种，产品丰富，规格多样。依据 BL 公司洗涤用品的不同功能，并结合 BL 公司的实际情况，将 BL 公司的洗涤用品分为两类：普通洗涤用品和特殊洗涤用品。普通洗涤用品包括的品种主要有洗衣粉皂粉类、洗衣液类、皂类以及餐洗类；特殊洗涤用品包括的品种主要有洗衣粉类、洗衣液类和皂类。

BL 公司目前拥有大约 100 名员工，周边交通便利。BL 公司除了自己进行销售活动外，还与一些大超市有定期的合作。BL 公司每年的销售额大约是 3 000 万元人民币。为了降低成本和资金占用，BL 公司通过对洗涤用品进行销售量预测来安排进货量。

BL 公司根据洗涤用品分类，从普通洗涤用品洗衣液类中选取奇强植物皂精华，其 2020 年 1 ~ 12 月实际销售量如表 4 – 8 所示，对其 2021 年 1 月的销售量进行预测分析。目前 BL 公司拟采用的销售量预测方法有算术平均法、自然权数加权平均法、平滑指数法、修正的时间序列直线回归法等。

**表 4 – 8　奇强植物皂精华 2020 年 1 ~ 12 月实际销售量**　单位：件

| 月份 | 实际销售量 |
|---|---|
| 1 月 | 7 450 |
| 2 月 | 2 220 |
| 3 月 | 8 382 |
| 4 月 | 5 578 |
| 5 月 | 44 107 |
| 6 月 | 6 177 |
| 7 月 | 533 |
| 8 月 | 1 764 |
| 9 月 | 2 548 |
| 10 月 | 1 301 |
| 11 月 | 4 299 |
| 12 月 | 1 034 |

要求：（1）分析奇强植物皂精华2020年1～12月实际销售量发展趋势；

（2）采用算术平均法预测2021年1月的销售量（结果保留整数）；

（3）采用自然权数加权平均法预测2021年1月的销售量；

（4）采用平滑指数法预测2021年1月的销售量（假设α为0.3，2020年12月销售量的预测值为3 050件）；

（5）采用修正的时间序列直线回归法预测2021年1月的销售量。

## （二）案例分析

1. 分析奇强植物皂精华2020年1～12月实际销售量发展趋势。产品实际销售量在2020年1～6月总体波动不是很大，在2020年1月、3月、4月、5月、6月、11月的销售量较平时有所增长，具有一定的季节性特征。尤其是在2020年5月销售量猛然增大，可能是因为五一劳动节的到来，公司推出了各种优惠活动，促使消费者踊跃购买，加上夏天即将到来，人们对产品的需求量也随之加大。

2. 采用算术平均法预测2021年1月的销售量，如表4－9所示（结果保留整数）。

表4－9　　计算表（算术平均法）　　单位：件

| 月份 | 实际销售量$Q_t$ |
| --- | --- |
| 1 | 7 450 |
| 2 | 2 220 |
| 3 | 8 382 |
| 4 | 5 578 |
| 5 | 44 107 |
| 6 | 6 177 |
| 7 | 533 |
| 8 | 1 764 |
| 9 | 2 548 |
| 10 | 1 301 |
| 11 | 4 299 |
| 12 | 1 034 |
| $\sum Q_t$ | 85 393 |

$\sum Q_t = 85\ 393$（件）（$n = 12$）

2021年1月预测销售量 $= \frac{85\ 393}{12} \approx 7\ 116$（件）

3. 采用自然权数加权平均法预测2021年1月的销售量，如表4－10所示。

表 4-10　　计算表（自然权数加权平均法）　　单位：件

| 月份$W_t$ | 实际销售量$Q_t$ | $Q_t \times W_t$ |
|---|---|---|
| 1 | 7 450 | 7 450 |
| 2 | 2 220 | 4 440 |
| 3 | 8 382 | 25 146 |
| 4 | 5 578 | 22 312 |
| 5 | 44 107 | 220 535 |
| 6 | 6 177 | 37 062 |
| 7 | 533 | 3 731 |
| 8 | 1 764 | 14 112 |
| 9 | 2 548 | 22 932 |
| 10 | 1 301 | 13 010 |
| 11 | 4 299 | 47 289 |
| 12 | 1 034 | 12 408 |
| $\sum(Q_t \times W_t)$ | | 430 427 |

$\sum(Q_t \times W_t) = 430\ 427$

$\frac{(1+n)\times n}{2} = \frac{(1+12)\times 12}{2} = 78$

2021 年 1 月预测销售量 $= \frac{\sum(Q_t \times W_t)}{\frac{(1+n)\times n}{2}} = \frac{430\ 427}{78} \approx 5\ 518$（件）

4. 采用平滑指数法预测 2021 年 1 月的销售量，如表 4-11 所示（假设 α 为 0.3，2020 年 12 月销售量的预测值为 3 050 件）。

表 4-11　　计算表（平滑指数法）

| 月份 | 实际销售量$Q_t$（件） | $\alpha \cdot Q_{t-1}$ | $(1-\alpha)\cdot \bar{Q}_{t-1}$ | 预测销售量$\bar{Q}_t$（件） |
|---|---|---|---|---|
| 12 | 1 034 | — | — | 3 050 |
| 1 | | 0.3×1 034 | 0.7×3 050 | ? |

2021 年 1 月预测销售量 $\bar{Q}_t = \alpha \cdot Q_{t-1} + (1-\alpha)\cdot \bar{Q}_{t-1} = 2\ 445.2$（件）

5. 采用修正的时间序列直线回归法预测 2021 年 1 月的销售量，如表 4-12 所示。

表 4-12　　计算表（修正的时间序列直线回归法）

| 月份 | 销售量 Q（件） | 修正的 t 值 | $Q_t$ | $t^2$ |
|---|---|---|---|---|
| 1 | 7 450 | -11 | -363 | 121 |
| 2 | 2 220 | -9 | -279 | 81 |
| 3 | 8 382 | -7 | -238 | 49 |

续表

| 月份 | 销售量Q（件） | 修正的t值 | $Q_t$ | $t^2$ |
|---|---|---|---|---|
| 4 | 5 578 | -5 | -185 | 25 |
| 5 | 44 107 | -3 | -96 | 9 |
| 6 | 6 177 | -1 | -36 | 1 |
| 7 | 533 | 1 | 39 | 1 |
| 8 | 1 764 | 3 | 108 | 9 |
| 9 | 2 548 | 5 | 170 | 25 |
| 10 | 1 301 | 7 | 266 | 49 |
| 11 | 4 299 | 9 | 360 | 81 |
| 12 | 1 034 | 11 | 462 | 121 |
| n = 12 | $\sum Q=85\ 393$ | $\sum t=0$ | $\sum Q_t=-249\ 255$ | $\sum t^2=572$ |

$$a=\frac{\sum Q}{n}=\frac{85\ 393}{12}\approx 7\ 116$$

$$b=\frac{\sum Q_t}{\sum t^2}=\frac{-249\ 255}{572}=-435.76$$

则：$Q=7\ 116-435.76t$

2021年1月的t值 $=11+1\times 2=13$

2021年1月的预测销量 $=7\ 116-435.76\times 13=1\ 451.12$（千克）

## （三）案例结论和启示

1. BL公司销售量预测的重要性。销售环节对企业来说是十分重要的，尤其是对经销类型的企业。销售量预测决定着企业的进货量，它关系着整个企业的经营决策，一个错误的决策可能会给企业带来巨大的损失甚至是灭顶之灾。因此，BL公司应重视销售量预测在企业经营决策中的地位，尽力做好销售量预测，从而减少由于预测失误带来的损失。效果好的销售量预测能很好地减少产品的库存结余量从而降低库存成本，使BL公司可以拥有更多的流动资金来进行公司经营管理。BL公司与很多大型超市都有定期合作，如果在合作中因为销售量预测失误造成产品供不应求，时间长了就会使合作方对公司失去信心，丢失合作伙伴。这都表明销售量预测的重要性。

2. BL公司销售量预测存在的问题。BL公司选择不同的方法对奇强植物皂精华进行销售量预测，得出的预测结果有很大的区别，从而会出现销售量预测过多或过少的现象。这样就会导致一些问题的产生：当销售量预测过多的时候，公司就会增加进货量，形成供过于求，导致库存积压，造成资金紧张和库存成本加大，还会由于货物过期从而导致资金浪费；当销售量预测过少的时候，公司就会减少进货量，形成供不应求，产生货物失销现象，进而会给公司带来缺货损失成本。因此，BL公司需要选择一些科学的方法来对洗涤用品的销售进行预测，从而为进货提供合理的依据，降低由于预测不准确造成的损失。

3. 对 BL 公司销售量预测的建议。可以将 BL 公司奇强植物皂精华历年的销售量预测情况和实际销售量情况进行分析，通过计算预测销售量与实际销售量的差值并绘制差值图，分析各定量预测方法下预测销售量与实际销售量产生差距的原因，选择或改进销售量预测方法。同时综合考虑季节、地域、社会影响等影响销售量的因素，从实际出发，将定量预测和定性分析相结合，以获得更科学合理的销售量预测结果，从而帮助公司减少库存成本，并更好地为公司决策服务。

资料来源：张艺凡. AR 公司洗涤用品销售预测研究［D］. 西安：西安工业大学，2018.

# 第三节 成本预测

## 一、成本预测概述

### （一）成本预测的含义

成本预测是根据企业未来的发展目标和现实条件，参考其他资料，利用专门方法对企业未来成本水平及其发展趋势所进行的推测与估算。

成本作为衡量企业经济效益的重要指标，必然是会计管理的主要对象之一。在现代经济条件下，成本管理工作不仅要反映实际耗费和分析成本超降原因，而且更应着眼于规划未来，进行成本预测，确定目标成本，从而控制成本的形成过程，降低成本，提高质量，实施全面成本管理。

成本预测要综合考虑企业盈利、销售、供应、生产、运输、储备等方面的情况，动员企业各个方面的力量挖掘内部潜力，提出降低消耗、完成目标成本的方案，为成本决策和实施成本控制提供信息。

### （二）成本预测的程序

成本预测通常按以下步骤进行。

1. 提出目标成本草案。所谓目标成本，是指在确保实现目标利润的前提下，企业在成本方面应达到的目标。它决定着企业未来降低成本的努力方向，一般具有效益性、可控性、目的性与先进性的特点。目标成本的提出与测定应经过反复测算才能完成。

2. 预测成本的发展趋势。目标成本提出后，企业还需要利用有关总成本模型预测总成本发展趋势，以检验在现有条件下实现目标成本的可能性与现实性。

预测总成本的内容包括两个方面：一是预测一定时期内各项生产成本营业费用的总体水平和结构；二是预测在组织一定销售量时的有关成本水平。

3. 修订目标成本。经过上一步骤，既可以了解企业在目前条件下实现目标成本的可能性究竟有多大，又能促使企业积极采取措施降低成本，并测算出这些措施对未来成本水平的影响，这就为形成最终下达的目标成本方案奠定了基础。若经过测算比较，原定目标成本草案与现实可能相距太大，难以达到，则应适当修正目标，使之尽量符合客观实际，并与相应保证措施相联系。

## 二、目标成本的预测

目标成本的预测，一般可采用两种方法进行。

### （一）按目标利润进行预测

这种方法以事先确定的目标利润为前提，通过市场调查，根据销售预测和国内外同类企业的资料，考虑具有竞争能力的价格水平，按照预计销售收入扣除目标利润就可得到所需的目标成本。其计算公式为：

目标成本 = 预计单价 × 预测销售量 − 目标利润

= 预计销售收入 − 目标利润　　(4.3.1)

**【例4-6】** 目标成本的预测。

已知：某公司生产甲产品，预测全年的销售收入为200 000万元，目标利润为30 000万元。

要求：预测该公司的目标成本。

解：目标成本 = 200 000 − 30 000 = 170 000（万元）

### （二）以先进的成本水平作为目标成本

确定目标成本还可以从本企业的历史最好成本水平或国内外同类企业先进水平中选择标准，也可以按照上年实际水平扣减成本降低额作为目标成本。我国企业常常采用后一种方式预测目标成本，西方国家则多采用前一种方式。两者结合起来应用，可以相互取长补短，更有实践意义。

## 三、成本发展趋势预测

企业长期生产某一产品就会形成一定时期成本历史数据的积累。此时，可以根据企业成本的历史趋势，采用趋势外推分析等方法推断企业未来成本的变化轨迹。因此，成本发展趋势预测，是指在掌握有关成本等历史资料的基础上，采用一定方法进行数据处理，建立有关成本模型，并据此预测未来成本。当然，依据历史趋势开展推断的预设前提是企业未来的成本变化将会严格遵循过去的成本变化趋势。

在采用趋势外推分析法下，只要能够建立总成本模型 $y = a + bx$，就可以利用预测的产销量 $x$ 很方便地预测出未来总成本和单位成本的水平。该方法的关键是如何利用有关历史资料确定总成本模型 $y = a + bx$ 中的 $a$ 和 $b$。常用的方法包括高低点法、直线回归分析法和加权平均法等。其中后两种方法在本章第二节中已经讨论过，这里只介绍高低点法。

高低点法又称两点法，是指通过观察一定相关范围内的各期业务量与相关成本所构成的所有坐标点，从中选出高低两点坐标，并据此来推算 a 和 b 的一种分析方法。

该方法的基本原理是解析几何中的两点法。

高低点法的具体步骤如下。

1. 确定高低点坐标。从各期业务量与相关成本所构成的所有坐标点中，找出由最高业务量（假设为$x_1$）和同期成本（假设为$y_1$）组成的高点坐标（$x_1$，$y_1$），以及由最低业务量（假设为$x_2$）和同期成本（假设为$y_2$）组成的低点坐标（$x_2$，$y_2$）。

注意：选择高低点的坐标应以自变量业务量的高低为标准，而不是按照因变量的高低来选择。

2. 计算 b 值。根据高低点坐标值计算 b 值。b 值的计算公式为：

$$b=\frac{y_1-y_2}{x_1-x_2}=\frac{\text{高低点成本之差}}{\text{高低点业务量之差}} \tag{4.3.2}$$

3. 计算 a 值。计算 a 值，应将低点或高点的坐标值和 b 值代入下式：

$$a=y_i-bx_i\ （i=1\text{ 或 }2） \tag{4.3.3}$$

$$=\text{低点成本}-b\times\text{低点业务量}=y_2-bx_2$$

$$=\text{高点成本}-b\times\text{高点业务量}=y_1-bx_1$$

4. 建立成本模型。将 a 和 b 的值代入 $y=a+bx$。

经过上述步骤，就可以建立成本发展趋势预测模型。

该方法适宜在产品成本变动趋势比较稳定的情况下运用，如果企业各期成本变动幅度较大，采用此方法会造成较大误差。

**【例 4－7】** 高低点法在成本发展趋势预测中的应用。

已知：某公司 2×19～2×23 年生产甲产品的产量和成本资料如表 4－13 所示。2×24 年甲产品预测产量将达到 450 件。

要求：预测 2×24 年生产甲产品的成本总额。

**表 4－13　　2×19～2×23 年生产甲产品的产量和成本资料**

| 年份 | 总产量（件） | 总成本（万元） |
| --- | --- | --- |
| 2×19 | 252 | 412 |
| 2×20 | 240 | 380 |
| 2×21 | 264 | 420 |
| 2×22 | 280 | 431 |
| 2×23 | 298 | 467 |

解：由表 4－13 中数据可知业务量最高点（298，467）和最低点（240，380），据以计算 a、b 值：

b＝(467－380)÷(298－240)＝1.5（万元）

a＝380－1.5×240＝20（万元）

建立成本模型：

$y=a+bx=20+1.5x$

据此预测2×24年生产甲产品的成本总额为：

$20+1.5\times450=695$（万元）

## 四、成本预测案例分析

### （一）案例背景

下面以××高速公路DL－05合同段工程项目为例，具体对工程项目责任（目标）成本管理进行研究。

1. 工程概况。××高速公路DL－05合同段工程项目是A地至B地高速公路中的一部分，本标段起止桩号为：K46＋416.665～K49＋000，长2 583.335米；包括××黄河桥主桥、南引桥和台后路基526.94米及K48＋837处分离式立交桥一座。

（1）公路等级：双向四车道高速公路

（2）计划行车速度：120千米/小时

（3）桥面净宽：净24.0米

（4）路基宽度：28.0米

（5）最大纵坡：2%

（6）设计车辆荷载：汽车——超20级，挂车——120级

（7）设计洪水频率：路基1/100，特大桥1/300

（8）地震基本烈度：7度

2. 本合同段主要工程项目。

（1）路基、路面工程

（2）桥涵工程

本案例成本管理对象包括材料成本、工资成本、机械成本、各类施工增加费和施工辅助费、临时设施的合理摊销、现场管理费用、工期成本、质量成本、安全成本、技术成本等。

本案例实施目标成本管理的具体环节包括成本管理模型、成本预测、成本计划和成本控制四个方面。以下将对目标成本管理中的成本预测环节进行分析研究。公司近五年（2×19～2×23年）工作量和总费用统计数据如表4－14所示。

**表4－14　近五年（2×19～2×23年）工作量和总费用统计数据**　单位：万元

| 项目 | 2×19年 | 2×20年 | 2×21年 | 2×22年 | 2×23年 |
|---|---|---|---|---|---|
| 工作量 | 4 380 | 4 980 | 5 690 | 6 130 | 5 630 |
| 总费用 | 4 150 | 4 680 | 5 360 | 5 780 | 5 210 |

要求：2×24年本工程的预测工作量为5 000万元，运用高低点法预测2×24年度总费用及2×24年度单位成本。

### （二）案例分析

1. 分别选出最低点坐标（4 380，4 150）及最高点坐标（6 130，5 780）。

2. 计算固定费用 a 值和费用变动率 b 值。

费用变动率 b =（5 780 − 4 150）÷（6 130 − 4 380）≈0.9314

固定费用 a = 5 780 − 6 130 × 0.9314 = 70.518（万元）

3. 建立成本模型：

y = a + bx = 70.518 + 0.9314x

根据 2 × 24 年工作量 5 000 万元，预测：

2 × 24 年度总费用 = 70.518 + 5 000 × 0.9314 = 4 727.518（万元）

2 × 24 年度单位成本 = 2011 年度总费用 ÷ 2011 年度工作量 = 4 727.518 ÷ 5 000≈0.9455（元）

### （三）案例结论和启示

1. 成本预测的意义。成本预测，是成本管理中事前科学管理的重要手段。现代化成本管理是着眼于未来，项目经理部认真做好成本预测工作，借以科学地预见未来成本水平的发展趋势，充分挖掘内部潜力，制定出目标成本，然后在日常施工活动中，对成本指标加以有效地控制，引导职工努力实现成本目标。项目经理部根据成本目标，认真研究本身的实际情况，制定降低成本技术措施，对成本目标进行测算，选择成本低、效益好的最佳成本方案，并能在施工项目成本形成过程中，针对薄弱环节加强成本控制，克服盲目性，提高预见性。有了科学的预测，项目经理和主要管理人员就可以据以作出正确的成本决策。同时，成本预测还可以为编制成本计划奠定基础，使成本计划制定在既积极先进，又可靠的基础上。

2. 高低点法的优缺点。所谓高低点法就是根据历史成本资料中业务量最高和业务量最低的成本数据，建立唯一的直线方程，以得到预测结果的一种数学方法。其优势在于与主观性较强的预测方法相对比，它提供了一个精确的数学计算公式。但是高低点法也存在局限性，它仅通过两点之间的连线来代表各种可能的情况，而且高低两点的选择同样需要主观判断。

资料来源：张超生．目标成本法及其案例研究［D］．武汉：武汉大学，2003.

# 第四节 利润预测

## 一、目标利润的含义

目标利润（target profit），是指企业在未来一段期间内经过努力应该达到的最优化利润控制目标。它是企业未来经营必须考虑的重要战略目标之一。

## 二、目标利润预测的原则和步骤

### （一）目标利润预测的原则

1. 可行性。它反映了未来企业可能实现的最佳利润水平，既先进又合理。

2. 客观性。为保证目标利润具有最大的可能性，在预测目标利润时必须以客观存在的市场环境、技术发展状况为背景，以现实参数为依据，不能脱离现实，单凭拍脑袋想当然乱定目标。

3. 严肃性。目标利润必须经过反复测算、验证调整后方能最终确定，确定后的目标利润应保持相对稳定，不得随意更改。

4. 指导性。目标利润不应当是现有业务量、成本、价格的消极后果；相反，对上述因素的未来发展起着某种规定或约束作用，具有指导性。这一点体现在目标利润一经确定就应及时组织落实为实现目标利润在产量、成本、价格等方面必须达到的各项指标和有关措施，并作为编制全面预算的基础。

### （二）目标利润预测的步骤

1. 调查研究，确定利润率标准。选择确定利润率标准，必须注意从以下三个方面结合上去考虑：第一，从可供选择的利润率的计算口径看，主要包括销售利润率、产值利润率和资金利润率等；第二，从可供选择的利润率指标的时间特征看，主要包括近期平均利润率、历史最高水平利润率和上级指令性利润率；第三，从可供选择的利润率指标的空间特征看，主要包括国际、全国、同行业、本地区和本企业的利润率。

利润率标准不宜定得过高或偏低，否则会挫伤企业各方面的积极性和主动性。

2. 计算目标利润基数。将选定的利润率标准乘以企业预期应达到的有关业务量及资金指标，便可测算出目标利润基数。基本计算公式是：

目标利润基数 = 有关利润率标准 × 相关预计指标　　　　（4.4.1）

如果按销售利润率计算，则式（4.4.1）应写为：

目标利润基数 = 预定的销售利润率 × 预计产品销售额　　　　（4.4.2）

如果按产值利润率计算，则式（4.4.1）应写为：

目标利润基数 = 预定的产值利润率 × 预计总产值　　　　（4.4.3）

如果按资金利润率计算，则式（4.4.1）应写为：

目标利润基数 = 预定的资金利润率 × 预计资金平均占用额　　　　（4.4.4）

3. 确定目标利润修正值。目标利润修正值是对目标利润基数的调整额。一般可先将目标利润基数与测算利润（即按传统本—量—利方式预测出来的利润额）进行比较分析，并按本—量—利分析的原理分项测算为实现目标利润基数而应采取的各项措施（包括单项措施和综合措施），即分别计算各因素的期望值，并分析其可能性。

若期望与可能相差较大，则适当修改目标利润，确定目标利润修正值。这个过程可反复测算多次，直至各项因素期望值均具有现实可能性为止。

4. 最终下达目标利润、分解落实纳入预算体系。最终下达的目标利润应为目标利润基数与修正值的代数和。它应反映或能适应预算期企业可望实现的生产经营能力、技术质量保证、物资供应、人力配备及资金流转水平以及市场环境等约束条件。按调整措施修订后的诸因素测算的期望利润应与目标利润口径一致。

最终下达的目标利润 = 目标利润基数 + 目标利润修正值 (4.4.5)

目标利润一经确定就应立即纳入预算执行体系，层层分解落实，以此作为采取相应措施的依据。

## 三、经营杠杆系数在利润预测中的应用

在利润预测中，若只有销售业务量一项因素变动时，可以利用经营杠杆系数进行预测。

### （一）经营杠杆效应

在其他因素不变的条件下，销售业务量一定程度的变动会使利润以更大幅度变动，人们将这种利润变动率大于业务量变动率的特殊现象称为企业具有经营杠杆效应（operating leverage effect）。

### （二）形成经营杠杆效应的条件

不能说在任何条件下都会发生经营杠杆效应。要形成经营杠杆效应，必须同时满足以下条件：

1. 考察的时间范围至少涉及基期（本期）和报告期（下期）两个会计期间。因为变动率不能只有一个期间，第一个基期不存在经营杠杆效应。

2. 基期企业必须正常盈利。如果利润为零，则不可能形成经营杠杆效应。这里暂不考虑亏损。

3. 基期的固定成本不得为零（当然也不可能为负值）。

4. 在单一品种条件下，与基期相比，报告期内只有销售量一个因素单独变动，其他影响利润的因素（包括单价、单位变动成本和固定成本）均不变。

5. 在多品种条件下，除必须同时满足上述条件外，还必须确保报告期贡献边际因销售量变动而发生变化。

### （三）经营杠杆系数及其计算

经营杠杆效应必须利用经营杠杆系数来计量。

1. 经营杠杆系数的定义。经营杠杆系数（degree of operating leverage，DOL）又称经营杠杆率，是指在存在经营杠杆效应的前提下，利润的变动率相当于产销

业务量变动率的倍数。计算经营杠杆系数，可分别采用理论公式和简化公式。

2. 经营杠杆系数的理论公式。在单一品种条件下，计算经营杠杆系数的理论公式为：

$$报告期经营杠杆系数（DOL）=\frac{报告期利润变动率}{报告期销售量变动率}=\frac{\frac{\Delta P}{P}}{\frac{\Delta x}{x}} \quad (4.4.6)$$

$$=\frac{报告期利润变动率}{报告期销售收入变动率} \quad (4.4.7)$$

$$=\frac{报告期利润变动率}{报告期变动成本变动率} \quad (4.4.8)$$

$$=\frac{报告期利润变动率}{报告期贡献边际变动率} \quad (4.4.9)$$

在多品种条件下，只有按照式（4.4.9）才能正确计算 DOL，其他公式都是错误的。

3. 经营杠杆系数的简化公式。按理论公式计算经营杠杆系数，必须以掌握报告期的利润变动率和销售量变动率为前提。这就不便于利用经营杠杆系数进行预测。在实践中，无论只生产经营单一品种的企业还是组织多品种经营的企业，均可按以下简化公式，直接按基期数据计算出报告期经营杠杆系数预测值。

$$报告期经营杠杆系数（DOL）=\frac{基期贡献边际}{基期利润}=\frac{Tcm}{P} \quad (4.4.10)$$

式（4.4.10）也称为 DOL 的应用公式。

**【例 4 -8】**经营杠杆系数的计算及应用。

已知：某公司组织生产一种产品，每年可实现产销平衡，连续三年的有关资料如表 4 -15 所示。

**表 4 -15** **资料**

| 项目时期 | 第一年 | 第二年 | 第三年 |
|---|---|---|---|
| 单价（万元/件） | 120 | 120 | 120 |
| 单位变动成本（万元/件） | 70 | 70 | 70 |
| 单位贡献边际（万元/件） | 50 | 50 | 50 |
| 销售量（件） | 10 000 | 20 000 | 32 000 |
| 销售收入（万元） | 1 200 000 | 2 400 000 | 3 840 000 |
| 变动成本（万元） | 700 000 | 1 400 000 | 2 240 000 |
| 贡献边际（万元） | 500 000 | 1 000 000 | 1 600 000 |
| 固定成本（万元） | 400 000 | 400 000 | 400 000 |
| 利润（万元） | 100 000 | 600 000 | 1 200 000 |

要求：（1）利用经营杠杆系数的理论公式解释为什么第一年不存在经营杠杆效应。

（2）按销售量变动率的理论公式，计算第二年的经营杠杆系数；按贡献边际变动率的理论公式，计算第三年的经营杠杆系数。

（3）用简化公式预测第四年的经营杠杆系数。

（4）假定第四年预计的销售量变动率为 +10%，预测第四年的利润变动率和利润额。

解：

（1）因为第一年的销售量变动率、销售收入变动率、变动成本变动率和贡献边际变动率均不存在，所以第一年不存在经营杠杆效应。

（2）第二年的利润变动率 $=\frac{600\ 000-100\ 000}{100\ 000}=+500\%$

第二年的销售量变动率 $=\frac{20\ 000-10\ 000}{10\ 000}=+100\%$

第二年的经营杠杆系数（DOL）$=500\%\div100\%=5$

第三年的利润变动率 $=\frac{1\ 200\ 000-600\ 000}{600\ 000}=+100\%$

第三年的贡献边际变动率 $=\frac{1\ 600\ 000-1\ 000\ 000}{1\ 000\ 000}=+60\%$

第三年的经营杠杆系数（DOL）$=100\%\div60\%\approx1.67$

（3）预测第四年的经营杠杆系数（DOL）$=\frac{1\ 000\ 000}{600\ 000}\approx1.67$

（4）预测第四年的利润变动率 $=1.67\times10\%=16.7\%$

预测第四年的利润额 $=1\ 200\ 000\times(1+16.7\%)=1\ 400\ 400$（万元）

## 四、利润预测案例分析

### （一）案例背景

SK 公司于 2005 年 10 月 16 日成立，注册资金 30 000 万元，主要经营高低压电器元件，智能电器，电子仪器的生产、研发、销售，技术咨询服务和工程技术服务，同时公司还自营和代理各类商品及技术的进出口业务。SK 公司在发展过程中经历了四个战略发展阶段，如今已进入到第五个战略发展阶段。从 2017 年开始，SK 公司发展的重点目标是适应互联网的发展，满足互联网消费者的需求，在公司的发展目标中，为互联网网民研究生产出满足个性化需求的、多样化的电子产品成为首要目的。SK 公司彻底改变了传统的经营模式，为满足新时代网民的需求，依靠大数据时代发展背景，在没有边界、不受任何阻碍的互联网上着力打造线上服务。解放思想，积极创新，打破传统的界限，使用户只需要简单的链接，就能够与优秀的 SK 公司员工直接对接，满足了客户的个性化需求。SK 公司在发展过程中，主要精力在于公司的管理和销售业务，在销售业务中，非常注重公司产品品牌的树立。为了提高公司的品牌效应，已将资金配置在高新电子技术创新与生产这一主业，以此来保证SK公司的高额利润。公司大部分收入来自主营业务收入，在发展中没有依靠资本运作从营业外项目获取利润，公司的这种运作模式，极大地降低了运营过程中的投资风险。但是，随着市场经济的发展，原材料和劳动力价格不断上涨，外部环境的压力给SK公司的利润增长空间和生产经营管理带来一些负面影响。同时高新电子产品市场竞争日趋激烈，也给SK公司的发展带来了困难。SK公司2×21~2×23年的相关资料如表4-16所示。

**表4-16　SK公司2×21~2×23年相关资料**　单位：万元

| 项目 | 2×21年 | 2×22年 | 2×23年 |
|---|---|---|---|
| 营业收入 | 100 000 | 120 000 | 144 000 |
| 变动成本 | 40 000 | 48 000 | 57 600 |
| 固定成本 | 50 000 | 50 000 | 50 000 |
| 营业利润 | 10 000 | 22 000 | 36 400 |

要求：计算SK公司2×22年和2×23年的经营杠杆系数，并据以分析SK公司的经营风险。

## （二）案例分析

1. 计算SK公司2×22年和2×23年的经营杠杆系数，如表4-17所示。

**表4-17　SK公司2×22年和2×23年经营杠杆系数计算**

| 项目 | 2×21年 | 2×22年 | 2×23年 |
|---|---|---|---|
| 营业收入 | 100 000 | 120 000 | 144 000 |
| 变动成本 | 40 000 | 48 000 | 57 600 |
| 固定成本 | 50 000 | 50 000 | 50 000 |
| 营业利润 | 10 000 | 22 000 | 36 400 |
| 利润变动率 | — | 120% | 65% |
| 收入变动率 | — | 20% | 20% |
| 经营杠杆系数DOL | — | 6.00 | 3.27 |

2. 分析SK公司的经营风险。由上述计算结果可以发现：SK公司2×21~2×23年固定成本不变，2×22年和2×23年销售额越大，经营杠杆系数越小，经营风险越小。

## （三）案例结论和启示

经营杠杆系数在经营与预测中的作用主要表现在以下方面。

1. 反映经营风险。在较高经营杠杆率的情况下，当业务量减少时，利润将以经营杠杆率的倍数成倍减少。当业务量增加时，利润将以经营杠杆率的倍数成倍增长。这表明，经营杠杆率越高，利润变动越剧烈，企业的经营风险越大；反之，经营杠杆率越低，利润变动越平稳，企业的经营风险越小。

通常情况下，经营杠杆率高低只反映企业的经营风险大小，不能直接代表其经营成果的好坏。在业务量增长同样幅度的前提下，企业的获利水平不同；但在业务量减少同样幅度的情况下，企业利润的下降水平也不同。无论经营杠杆率高低，增加业务量是企业获利的关键因素。

2. 预测未来的业绩。通过计算企业的经营杠杆率可以对企业未来的利润以及销售变动率等指标进行合理的预测。通过计算企业计划期的销售变动率来预测企业未来的利润额，这有利于进行较快的预测。与此同时，可以进行差别对待，针对不同的产品来预测不同的销售变动率，有利于企业进行横向和纵向的比较。

资料来源：姚飞．N公司利润敏感性分析及对策研究［D］．黑龙江：黑龙江大学，2018.

# 第五节　资金需要量预测

## 一、资金需要量预测的含义

资金需要量预测是指在销售预测、成本预测和利润预测的基础上，根据企业未来经营目标并考虑影响资金的各项因素，运用一定的方法，预计和推测企业未来一定时期内资金的需求量。

## 二、销售百分比预测法

关于资金需要量预测，我国财务管理已形成了一套方法体系，这里着重介绍西方的销售百分比预测法。

销售百分比预测法是指以未来销售收入变动的百分比为主要参数，考虑随销量变动的资产负债项目及其他因素对资金的影响，从而预测未来需要追加的外部资金量的一种定量分析方法。

其基本计算公式是：

$$\Delta F = K \cdot (A - L) - D - R + M \tag{4.5.1}$$

其中，ΔF 为预计未来需要追加的资金数额；K 为未来销售收入增长率；A 为随销售额变动的资产项目基期金额；L 为随销售额变动的负债项目基期金额；D 为计划期提取的折旧摊销额与同期用于更新改造的资金之差额；R 为按计划期销售收入及基期销售净利润率计算的净利润与预计发放股利之差额；M 为计划期新增的零星资金开支数额。

该方法的程序如下。

1. 确定未来销售收入变动率指标 K，计算公式为：

$$\text{未来销售收入变动率指标 K} = \frac{\text{预计销售收入} - \text{基期销售收入}}{\text{基期销售收入}} \times 100\%$$

$$= \frac{s_1 - s_0}{s_0} \times 100\% \tag{4.5.2}$$

2. 分析基期资产负债表有关项目，计算 A 与 L。

（1）A 的确定。周转中的货币资金、正常的应收账款、存货等项目，一般会随销售额的变动而变动，应列入 A；对固定资产则视基期生产能力是否还有潜力可利用而定，如果还有潜力，不需要追加资金投入则不予考虑，否则便应将其列入 A；长期有价证券投资和无形资产则一般不应列入 A 的范围。

（2）L 的确定。应付账款、其他应付款等项目也会随销量增长而增长，应列入 L，其他项目一般不予考虑。

3. 按折旧计划和更新改造计划确定可作为内部周转资金来源的折旧摊销额与同期将用于更新改造的资金数额，进而计算 D。

4. 按照预计销售额和基期销售净利润率计算预期净利润，按计划期发放股利分配率测算预计发放股利，进而计算 R。

5. 确定新增零星开支 M。

6. 将 K、A、L、D、R 和 M 代入 ΔF 的计算公式，预测需要追加的外部资金量。

**【例 4－9】**销售分比预测法的应用。

已知：公司 2020 年 12 月 31 日资产负债表简表如表 4－18 所示。2020 年实现销售额 300 000 万元，获净利润 15 000 万元并发放了 10 000 万元股利；2021 年计划销售额将达到 450 000 万元，假定其他条件不变，仍按基期股利发放率支付股利，按折旧计划提取 15 000 万元折旧，其中 40% 用于当年更新改造支出；厂房设备能力已经饱和；有关零星资金需要量为 6 000 万元。

**表 4－18　资产负债表（简表）**　单位：万元

| 资产 | | 负债及所有者权益 | |
|---|---|---|---|
| 1. 货币资金 | 6 000 | 负债：1. 应付账款 | 38 500 |
| 2. 应收账款 | 48 500 | 2. 应付债券 | 8 500 |
| 3. 存货 | 51 000 | 3. 长期负债 | 51 000 |
| 4. 固定资产 | 76 000 | 所有者权益：1. 实收资本 | 106 000 |
| 5. 无形资产 | 28 500 | 2. 留存收益 | 6 000 |
| 合计 | 210 000 | 合计 | 210 000 |

要求：用销售百分比法预测 2021 年需要追加的外部资金量。

解：依题意：

（1）$K=\dfrac{s_1-s_0}{s_0}\times 100\%=\dfrac{450\ 000-300\ 000}{300\ 000}\times 100\%=50\%$

（2）$A=6\ 000+48\ 500+51\ 000+76\ 000=181\ 500$（万元）

$L=38\ 500$（万元）

（3）$D=15\ 000\times(1-40\%)=9\ 000$（万元）

（4）$R=450\ 000\times\dfrac{15\ 000}{300\ 000}\times\left(1-\dfrac{10\ 000}{15\ 000}\right)=7\ 500$（万元）

(5) M = 6 000（万元）

(6) 2021 年需要追加的外部资金量为：

$\Delta F = (181\ 500 - 38\ 500) \times 50\% - 9\ 000 - 7\ 500 + 6\ 000 = 61\ 000$（万元）

## 三、资金需要量预测案例分析

### （一）案例背景

某科技公司在2020年（基期）的实际销售收入总额为1 000 000元，获得税后净利40 000元，发放普通股利20 000元。假定基期的厂房设备利用已达饱和状态。该公司2020年期末的简略资产负债表如表4－19所示。

表4－19　　2020年资产负债表

| 资产 | 金额（元） | 占销售额百分比（%） | 权益 | 金额（元） | 占销售额百分比（%） |
|---|---|---|---|---|---|
| 1. 货币资金 | 20 000 | | 1. 应付账款 | 100 000 | |
| 2. 应收账款 | 170 000 | | 2. 应交税费 | 50 000 | |
| 3. 存货 | 200 000 | | 3. 长期负债 | 230 000 | |
| 4. 厂房设备（净值） | 300 000 | | 4. 股本 | 400 000 | |
| 5. 无形资产 | 110 000 | | 5. 留存收益 | 20 000 | |
| 合计 | 800 000 | | 合计 | 800 000 | |

若某科技公司在计划期间2021年销售收入总额将增至1 600 000元，并仍按基期股利发放率发放股利；折旧费提取基数为400 000元，其中70%用于改造现有的厂房设备；又假定计划期间零星资金需要量为28 000元。

要求：预测某科技公司2021年需要追加的外部资金的数量。

### （二）案例分析

各资产负债表项目占比计算如表4－20所示。

表4－20　　各资产负债表项目占比计算

| 资产 | 金额（元） | 占销售额百分比（%） | 权益 | 金额（元） | 占销售额百分比（%） |
|---|---|---|---|---|---|
| 1. 货币资金 | 20 000 | 2 | 1. 应付账款 | 100 000 | 10 |
| 2. 应收账款 | 170 000 | 17 | 2. 应交税费 | 50 000 | 5 |
| 3. 存货 | 200 000 | 20 | 3. 长期负债 | 230 000 | |
| 4. 厂房设备（净值） | 300 000 | 30 | 4. 股本 | 400 000 | |
| 5. 无形资产 | 110 000 | | 5. 留存收益 | 20 000 | |
| 合计 | 800 000 | 69 | 合计 | 800 000 | 15 |

其中：厂房设备已达到饱和状态，所以如果要增加销售收入，要同比增加厂房设备，厂房设备占销售百分比 = 300 000/1 000 000 = 30%。

1. Δ资产 - Δ负债 =（69% - 15%）×（1 600 000 - 1 000 000）= 54% × 600 000 = 324 000（元）

2. 折旧扣除更新改造费 = 400 000 ×（1 - 70%）= 1 200 000（元），和企业内部留存一样，可以作为企业内部资金的补充。

3. 2020 年，企业的销售利润率（40 000/1 000 000 = 4%）和股利留存率（50%）保持不变，所以有：

2021 年企业留存 = 1 600 000 × 4% × 50% = 32 000（元）

企业外部资金需求量 = 324 000 - 1 200 000 - 32 000 + 28 000 = 2 000（元）

### （三）案例结论和启示

1. 销售百分比法的现实意义。当企业销售额扩大时，就要扩大相应的流动资产，以满足扩大的生产需求，而当企业的销售额增加比较大，现有的长期资产不能满足销售额的增长需求时还必须扩大长期资产的投资。企业所需要的扩大再生产的资金一部分可以通过企业内部融资解决，在企业正常盈利的情况下，企业支付给股东股利后可以获得留存收益作为内部融资来源，剩下的部分可以通过企业外部融资来解决。企业正确地预测资金需求量，制定融资计划，可以保证企业在市场需求扩大时能有足够的资金抓住市场机遇。

2. 销售百分比法的局限性。

（1）假设条件局限。运用销售百分比法的前提条件是假设企业的资产、负债等项目与销售收入存在稳定的百分比关系，即敏感项目的确定。然而，各敏感项目与销售额的对应关系并不完全一致。一方面，通过主观判断和历史经验确认的敏感项目可能在预测年度并未随销售额的变化而变化，比如说资产负债表中的固定资产项目，如果企业预计销售额增加需要通过追加固定资产投资，提高生产能力的方式来实现，则固定资产项目为敏感项目，但当企业有足够的生产能力时，预计销售额增长，并不需要追加固定资产投资，固定资产并不一定是敏感项目；另一方面，即使敏感项目与销售额相关，不同项目的相关程度也可能不同，比如假定资产负债表左侧资产方所有项目均为敏感项目，但显然现金、应收账款等流动资产项目与销售额的相关程度要大于固定资产等长期资产与销售额的相关程度，计算资金需要量时将二者一视同仁显然不妥。

（2）现行计算公式中，企业的资金需要量计算分为两步：第一步，计算企业为实现预计销售额、满足扩大再生产需要所投入的资金；第二步，由于企业留存收益的存在可以满足一部分资金需求，所以企业实际需要对外筹资的金额应该从总需要量中扣除企业当年的留存收益。但是，企业追加投资是在期初，而公式中的留存收益是期末值，在期初并不存在，至少是不全部存在，因此，根据公式计算出的企业对外筹资额小于企业实际需要的对外筹资额。

（3）没有考虑资金成本问题。首先，当留存收益全部用于追加投资时，对外筹资需要考虑筹资方式，即采用权益筹资还是债务筹资，因为在不同的环境下，二者的资金成本不同；其次，当企业的预期收益率高于负债的利息率时，企业可能不用留存收益追加投资，而全部采取对外筹资满足资金需要，以追求更高的财务杠杆效应。这时，采用销售百分比法计算的企业资金需要量就是不准确的。

资料来源：陈念．基于销售百分比法的公司资金需求量预测研究［D］．甘肃：西北民族大学，2015.

## 课后作业

### 一、单项选择题

1. 企业根据现有的经济条件和掌握的历史资料以及客观事物的内在联系，对生产经营活动的未来发展趋势和状况进行预计和测算的过程，就是管理会计的（　　）。

A. 经营决策　　B. 经营预测
C. 生产决策　　D. 生产预测

2. 下列各种销售预测方法中，不属于定量分析法的是（　　）。

A. 判断分析法　　B. 算术平均法
C. 回归分析法　　D. 平滑指数法

3. 在采用平滑指数法进行近期销售预测时，应选择的指数是（　　）。

A. 固定的平滑指数　　B. 较小的平滑指数
C. 较大的平滑指数　　D. 任意数值的平滑指数

4. 已知上年利润为 100 000 元，下年的经营杠杆系数为 1.4，销售量变动率为 15%，则下一年的利润预测额为（　　）元。

A. 150 000　　B. 140 000　　C. 125 000　　D. 121 000

5. 某企业每月固定成本 2 000 元，单价 20 元，计划销售产品 500 件，欲实现目标利润 1 000 元，其单位变动成本应为（　　）元/件。

A. 12　　B. 13　　C. 14　　D. 15

6. 下列各项中，可用于预测追加资金需用量的方法是（　　）。

A. 平均法　　B. 回归分析法
C. 指数平滑法　　D. 销售百分比法

### 二、多项选择题

1. 下列各项中，属于预测分析内容的有（　　）。

A. 销售预测　　B. 利润预测
C. 成本预测　　D. 资金预测
E. 定性预测

2. 下列各项中，属于趋势外推分析法的有（　　）。

A. 平均法　　B. 修正的时间序列回归法
C. 因果预测分析法　　D. 综合判断法

E. 全面调查法

3. 管理会计在确定目标成本时，可采取不同的预测方法，包括（　　）。

A. 按目标利润预测目标成本

B. 以本企业历史最高成本作为目标成本

C. 以本企业历史最好成本水平作为目标成本

D. 以国内外同类产品的先进成本水平作为目标成本

E. 按企业上年实际成本扣减计划成本降低额作为目标成本

4. 下列各项中，可用于作为目标利润率标准的有（　）。

A. 投资报酬率　　B. 销售利润率

C. 产值利润率　　D. 资金利润率

E. 现金回收率

**三、判断题**

1. 预测就是对不确定的或不知道的事件作出叙述和描述。（　　）

2. 预测是为决策服务的，有时候也可以代替决策。（　　）

3. 进行成本预测，必须经过确定目标利润、预测发展趋势和修订目标成本三个步骤。（　　）

**四、论述题**

1. 定量分析和定性分析两类方法的特点是什么？

2. 在应用平滑指数法时，怎样根据实际需要确定平滑指数的数值？

# 第五章　本—量—利分析

**素养目标**

通过本章学习能够结合实际情形进行本—量—利分析，具备相应的计算能力、分析能力。

**知识目标**

通过本章学习，能理解本—量—利分析的概念和作用，理解敏感性分析的概念及意义；熟悉本—量—利分析的基本假设；掌握本—量—利分析的基本公式和相关指标，掌握保本分析和保利分析，掌握本—量—利分析中的敏感性分析。

**情景导航**

出租车司机的选择

一位出租车司机面临两种选择：一是在城市里开车寻找乘客；二是在机场排队等待乘客。假设在城市里平均每位乘客收费 15 元，油费为 3 元，在机场则需等待 2 小时可接到 1 位乘客送往市区，需要行驶 1 小时，收费 170 元，油费 20 元。请问出租车司机应该如何选择？如何在油费、工作量等因素发生变化时，将这些变化的影响准确计算出来？……通过本章的学习，就可以解决以上这些问题。

成本、业务量和利润是管理会计定量分析中最常用的三大指标，成本—业务量—利润分析（简称本—量—利分析）是管理会计的重要方法，在企业管理会计实务中有广泛的应用。

## 第一节　本—量—利分析概述

### 一、本—量—利分析与成本性态

#### （一）本—量—利分析的概念

本—量—利分析（cost - volume - profit）是在成本性态分析和变动成本法的基础上，进一步研究销售数量、价格、成本和利润之间的数量依存关系的一种分析方法。它以数据化的模型、可视化的图形来揭示成本、业务量与利润等变量之间的关系，为企业管理会计开展预测、决策和控制等管理活动提供必要的财务信息。

## （二）成本性态

成本性态（cost behavior）也称成本习性，是指成本总额与业务量之间的数量依存关系。成本按性态分类，是管理会计学中最重要的一种成本分类方法，是进行本—量—利分析的先决条件。

企业的成本总额按成本性态分类，可以分为变动成本和固定成本两大类。

1. 变动成本。变动成本（variable cost）是指在一定时期和一定业务量范围内成本总额随业务量的变动而呈线性变动的那部分成本。变动成本的内容如图5－1所示。

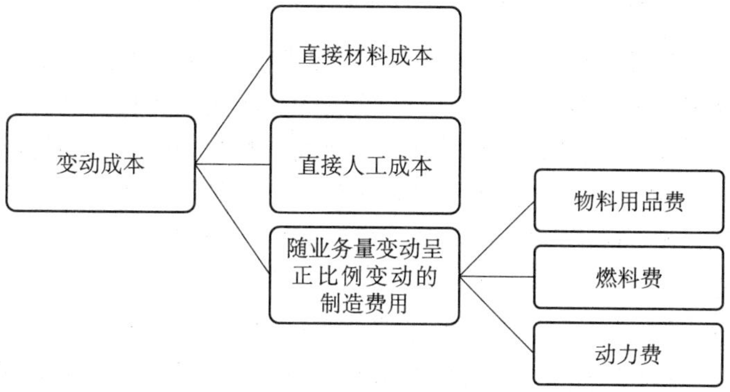


**图5－1　变动成本的内容**

变动成本具备以下特点：在相关范围内（一定时期或一定产量），变动成本总额随产量的增减呈正比例增减；单位变动成本不受产量变动的影响，单位变动成本金额在某一特定的水平始终保持不变。

**【例5－1】** H企业生产牛仔裤，生产同一尺码牛仔裤每条需要1米牛仔布，牛仔布单价为20元/米。假设牛仔裤产量发生增减时，耗用牛仔布的总成本随牛仔裤的产量呈正比例增减，则耗用的牛仔布成本为生产牛仔裤的一项变动成本。

假设牛仔裤产量为x，每条牛仔裤的牛仔布成本（单位变动成本）为b，即为20元/条，则牛仔布的总成本（该项变动成本总额）为bx，即20x。它们的关系如表5－1所示。

**表5－1　变动成本与产量的关系**

| 牛仔裤产量x（条） | 每条牛仔裤的牛仔布成本b（元） | 牛仔布总成本bx（元） |
| --- | --- | --- |
| 10 000 | 20 | 200 000 |
| 20 000 | | 400 000 |
| 30 000 | | 600 000 |

根据表5－1中变动成本总额与单位变动成本的关系，可以得出变动成本总额与单位变动成本的性态模型，如图5－2所示。

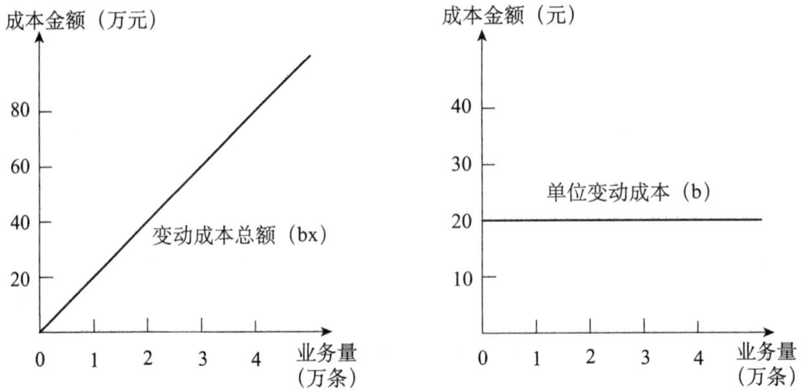


**图5－2　变动成本总额与单位变动成本的性态模型**

2. 固定成本。固定成本（fixed cost）是指在一定时期和一定业务量范围内不受业务量增减变动的影响而保持不变的成本。房屋设备租赁费、保险费、广告费、按直线法计提的固定资产折旧费、管理人员薪酬等都属于固定成本。

固定成本的主要特点有：在一定时期和一定业务量的相关范围内，成本总额不受业务量增减变动的影响；从单位产品所分摊的固定成本看，它随产量的增减呈反比例变动。

**【例5－2】**假设H企业生产牛仔裤的车间月租金为30 000元，若牛仔裤产量每月不超过30 000条，就不需要扩大生产场地。如果H企业每月牛仔裤产量在30 000条以内，车间租金总成本不随产量的变动而变动，是生产牛仔裤的一项固定成本。假设牛仔裤的产量为x，租金总成本（固定成本总额）为a，那么每条牛仔裤负担的租金成本（单位固定成本）为a/x，它们的关系如表5－2所示。

**表5－2　固定成本与产量的关系**

| 牛仔裤产量x（条） | 租金总成本a（元） | 每条牛仔裤负担的租金成本a/x（元） |
|---|---|---|
| 10 000 | 30 000 | 3 |
| 20 000 | | 1.5 |
| 30 000 | | 1 |

根据表5－2中固定成本总额与单位固定成本的关系，可以得出固定成本总额与单位固定成本的性态模型，如图5－3所示。

3. 总成本公式。将企业的全部成本（TC）按性态分为变动成本（VC）和固定成本（FC）两大类后，产品总成本的计算公式可表示为：

产品总成本＝固定成本＋变动成本

　　　　　＝固定成本＋（单位变动成本×业务量）

假设产品总成本为y，固定成本总额为a，单位变动成本为b，业务量为x。

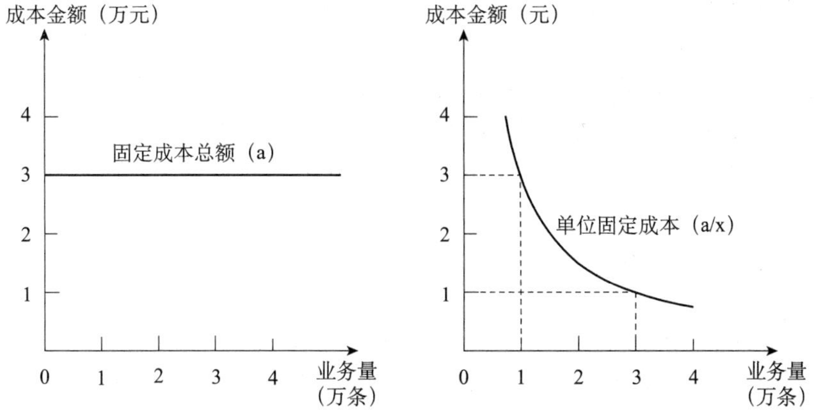


**图 5-3　固定成本总额与单位固定成本的性态模型**

那么上述总成本的表达式可写成：

$$y = a + bx$$

总成本、固定成本和变动成本三者之间的关系如图 5-4 所示。

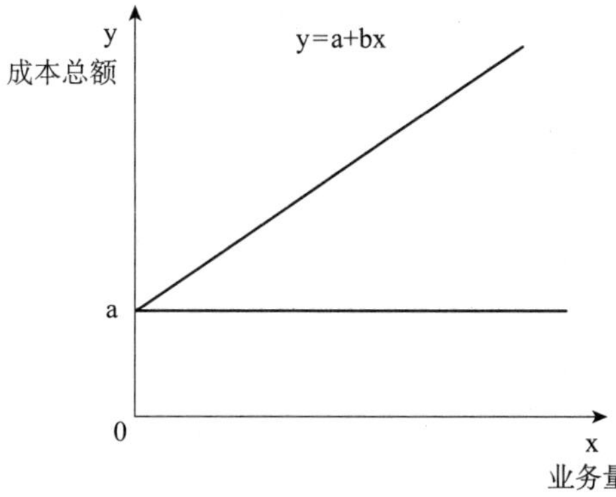


**图 5-4　总成本、固定成本和变动成本的关系**

基于成本性态分析的本—量—利分析是管理会计的基本方法之一，应用也相当广泛。本—量—利分析可以帮助企业寻找增加收入、降低成本的措施，是企业进行决策、规划和控制的重要工具；本—量—利分析与经营风险相联系，可促使企业降低风险；与预测技术相结合，可以帮助企业进行盈亏平衡预测、确保目标利润实现的业务量预测；与决策融为一体，可以帮助企业进行生产决策、定价决策和投资不确定性分析。企业还可以将本—量—利分析用于全面预算、成本控制和绩效评价等方面。

## 二、本—量—利分析的基本原理

### （一）本—量—利分析的基本假设

在现实经济生活中，成本、销售数量、价格和利润之间的关系非常复杂。例如，成本与业务量之间可能呈线性关系也可能呈非线性关系；销售收入与销售量之间也不一定是线性关系，因为售价可能发生变动。为了建立本—量—利分析理论，必须对这些复杂关系做一些基本假设，严格限定本—量—利分析的范围，对于不符合基本假设的情况，可以进行本—量—利扩展分析。

1. 假定企业的全部成本都能够划分为固定成本和变动成本两部分。在成本性态分析的基础上，产品成本按变动成本法进行计算，产品成本只包含变动生产成本，所有固定性成本（包括固定性销售费用、固定性管理费用等）均作为期间费用处理。

2. 相关范围及线性关系假定。假定在进行本—量—利分析的范围内，变动成本的变化随销售量的变化呈正比例变化，单位变动成本保持不变，固定成本总额在销售量的相关范围内保持不变，即在相关范围内，单价、单位变动成本、固定成本总额均为常数，成本函数表现为线性方程 $y = a + bx$ 的形式，销售收入函数也表现为线性方程的形式。

3. 产销平衡和品种结构（销售组合）稳定。假定在只安排生产一种产品的情况下，生产出来的产品总是可以找到市场，即产销平衡（产量等于销量）；如果生产多种产品，产品总销售额变化时，各种产品的销售额占全部产品总销售额的比重应保持不变。

此外，本—量—利分析的目标之一是实现利润的最大化，西方管理会计学本—量—利分析中的利润有营业利润、息税前利润、利润总额和净利润四种，本教材中除特殊说明外，本—量—利分析中的利润均指营业利润。

### （二）本—量—利分析的基本公式

本—量—利分析是基于成本性态分析的基础上，研究销售数量、价格、成本和利润各因素之间的数量依存关系。根据上述假定，本—量—利分析的基本公式可表示为：

营业利润 = 销售收入 - 总成本
= 单价 × 销量 -（固定成本 + 变动成本）
= 单价 × 销量 -（固定成本 + 单位变动成本 × 销量）
= 单价 × 销量 - 单位变动成本 × 销量 - 固定成本
= （单价 - 单位变动成本）× 销量 - 固定成本

即：$OP = (SP - VC) \cdot Q - FC$

其中，OP 为利润，SP 为销售单价，VC 为单位变动成本，Q 为销量，FC 为固定成本。

这个等式是本—量—利分析的基础，公式中有 5 个变量，只要知道其中任意 4 个变量的值，就可以求出剩余一个变量的值。

### （三）本—量—利分析的基本内容

本—量—利分析包括保本分析、保利分析、敏感性分析三个基本内容。保本分析是分析并确定产品的盈亏平衡点，是本—量—利分析的基础；保利分析是在保本分析的基础上，对销售量、成本和利润之间的关系作进一步研究；敏感性分析则是分析影响保本点或保利点的相关因素发生多大变化会导致企业从盈利变为亏损，能够帮助企业经营者了解各个影响因素的影响程度，可以对影响较大的因素进行重点控制，及时调整企业计划，将经营活动控制在最佳状态。以下章节将对本—量—利分析的基本内容作相关介绍。

## 第二节 单一产品的本—量—利分析

### 一、单一产品的保本分析

保本分析是本—量—利分析的基础，其基本内容是分析并确定产品的盈亏平衡点，从而确定企业的安全程度以及有关因素对盈亏平衡点的影响。

#### （一）保本分析的基本概念和意义

保本又称盈亏平衡，是指企业在一定时期内收支相等、损益平衡、不盈不亏、利润为零。

保本点又称盈亏平衡点、盈亏临界点，是指企业达到盈亏平衡状态的业务量。保本点有两种表现形式：一种是保本点的销售量；另一种是保本点的销售额。计算和确定保本点，能帮助管理人员控制和分析销售量与利润的关系，即企业要盈利其产销量必须达到和超过保本点。确定保本点的方法主要有图解法、基本等式法、边际贡献法。

#### （二）单一品种保本点的确定

1. 基本等式法。由本—量—利分析的基本等式可以确定保本点，就是计算当企业的利润为零时销售额或销售量的数值。

由 $OP=(SP-VC)\cdot Q-FC$，令 $OP=0$，得：

$$(SP-VC)\cdot Q_{BEP}-FC=0$$

$$Q_{BEP}=\frac{FC}{SP-VC}$$

其中，$Q_{BEP}$为保本销售量，其他符号含义同前。

若保本点以销售额的形式表示，就需要在保本销售量的基础上乘以销售单价，用公式表示为：

$$S_{BEP}=SP\times Q_{BEP}$$

$$=\frac{SP\cdot FC}{SP-VC}$$

其中，$S_{BEP}$为保本销售额，其他符号含义同前。

当企业的产品有多个品种时，基本等式法不适用，因为不同产品的销售量无法直接相加。

**【例 5－3】**Z 企业生产一种铅笔，单价为 5 元，单位变动成本为 3.5 元，当月固定成本为 2 500 元。要求计算保本点。

保本销售量为：

$$Q_{BEP}=\frac{FC}{SP-VC}$$

$$=\frac{2\ 500}{5-3.5}$$

$$=1\ 667（件）$$

保本销售额为：

$$S_{BEP}=SP\times Q_{BEP}$$

$$=5\times 1\ 667$$

$$=8\ 335（元）$$

2. 边际贡献法。边际贡献为销售收入减去变动成本的差额，该差额可以用来补偿固定成本，剩余部分则形成企业利润。如果边际贡献不足以弥补固定成本，企业则将出现亏损。

单位边际贡献为单位销售价格减去单位变动成本的差额。

将基本公式变形，这时保本点的计算公式可以表示为：

$$Q_{BEP}=\frac{FC}{SP-VC}=\frac{FC}{m}$$

其中，m 为单位边际贡献，其他符号含义同前。即，保本销售量等于固定成本与单位边际贡献的比值。

**【例 5－4】**沿用〖例 5－3〗中的资料，用边际贡献的有关概念求生产铅笔的保本点。

单位边际贡献为：

$$m=SP-VC=5-3.5=1.5（元）$$

保本销售量为：

$$Q_{BEP}=\frac{FC}{m}$$

$$=\frac{2\ 500}{1.5}$$

$$=1\ 667（件）$$

保本销售额为：

$$S_{BEP}=SP\cdot Q_{BEP}=5\times 1\ 667=8\ 335（元）$$

在本—量—利分析中，企业试图找出最优的变动成本、固定成本、销售量和利润的组合，而边际贡献是确定组合的最主要指标，因为该指标直接反映产品的盈利性。单位边际贡献的大小，影响着企业提高利润的决策。如果单位边际贡献比较大，企业就比较愿意增加一定的投入做广告，以增加产品销量，提高利润。

所以，在现实生活中，人们常常看到化妆品、汽车等高档产品的大手笔广告，却很少看到日常生活用品的广告。

边际贡献也可以用相对数表示，即边际贡献率，其计算公式表示为：

$$边际贡献率=\frac{单位边际贡献}{销售单价}$$

即：$mr=\frac{m}{SP}$

〖例5－3〗中Z企业生产的铅笔的边际贡献率为30%（1.5÷5×100%）。

边际贡献率指标直接表明当销售收入变化时边际贡献将发生的变化。如上述Z企业的铅笔收入如果增加100元，则其边际贡献将增加30元。如果固定成本保持不变，则利润也将随之增加30元。通过边际贡献率，管理者能快速地了解收入总额的变化对利润可能的影响，而且当企业生产多种产品时，便于对不同价格、不同种类的产品的边际贡献进行加总。企业还可以通过对边际贡献率的比较选出获利能力最高的产品。

此外，根据边际贡献率，保本销售额的计算公式也可以表示为：

$$S_{BEP}=\frac{SP\cdot FC}{SP-VC}=\frac{SP\cdot FC}{m}=\frac{FC}{\frac{m}{SP}}=\frac{FC}{mr}$$

其中，$S_{BEP}$为保本销售额，其他符号含义同前。即保本销售额等于固定成本与边际贡献率的比值。

Z企业生产铅笔的保本销售额，如果按固定成本与边际贡献率的比值计算，得到的结果为8 333元（2 500÷30%）。采用不同的方法，保本销售额出现2元的计算误差，该误差来源于保本销售量取近似值而非准确值造成的误差。

3. 图解法。本—量—利分析是建立在成本性态分析以及相关范围和线性假定基础上的，因此，可以用坐标图绘制销售收入线和成本线，确定保本点。本—量—利关系分析如图5－5所示。

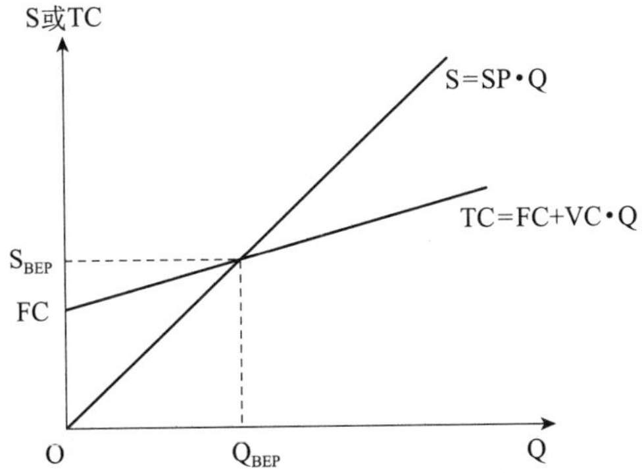


**图5－5 本—量—利关系分析**

图5－5中，横轴为销售量Q，纵轴为销售收入S或总成本TC，销售收入曲线为$S=SP\cdot Q$，总成本曲线为$TC=FV+VC\cdot Q$，其他符号含义同前。由前面基

本公式法对保本点的分析，不难理解两条曲线的交点对应的横坐标和纵坐标，分别为保本销售量 $Q_{BEP}$ 和保本销售额 $S_{BEP}$。

图解法简单明了，直观形象，但绘图时的误差较大，确定的保本点不够精确。只能用于单一品种的保本点的确定，不能确定多品种下的保本点，因为多品种下的销售价格、单位变动成本都不止一个。只有在产品组合不变的情况下，采用一定的数学处理方法，将销售价格和单位变动成本加权得到一个综合加权值，才可以绘图，比较麻烦。所以图解法一般不用于多品种的分析。

## 二、单一品种的保利分析

保利分析是在保本分析的基础上，对销售量、成本、利润三者之间的关系作进一步的分析和研究。

### （一）保利分析的意义和方法

保本分析是以企业利润为零、不盈不亏为前提的，但企业如果没有盈利就无法生存和发展，因此，盈利才是企业的目标，通过保利分析，可以确定为了实现目标利润而应达到的目标销售量和目标销售额，从而帮助企业管理者进行相应决策。

保利分析就是在盈利条件下的本—量—利分析。实际经营过程中，销售量、成本、利润之间的关系是很复杂的，为了简化研究，在分析一个因素时，一般假定其他因素是确定的或不变的。

### （二）保利点的确定方法

保利点就是在单价和成本水平一定的情况下，为确保预先制定的目标利润可以实现，而必须达到的销售量和销售额的总称。

本—量—利分析的基本公式为：

营业利润 = 销量 ×（单价 - 单位变动成本）- 固定成本

即：$OP = (SP - VC) \cdot Q - FC$

当营业利润为目标利润时，保利量的计算公式可以表示为：

$$保利量 = \frac{固定成本 + 目标利润}{单价 - 单位变动成本}$$

$$即：Q = \frac{TP + FC}{SP - VC} = \frac{TP + FC}{m}$$

保利额是在保利量的基础上乘以单价得到的，用公式表示为：

$$保利额 = \frac{固定成本 + 目标利润}{单价 - 单位变动成本} \times 单价$$

$$= \frac{固定成本 + 目标利润}{边际贡献率}$$

即：$S=\dfrac{TP+FC}{mr}$

其中，TP 为目标利润，Q 为保利量，S 为保利额，其他符号含义同前。

【例 5－5】某企业预计下月 A 产品的目标利润为 100 000 元，每件售价 8 元，单位变动成本为 6 元，该月固定成本为 20 000 元。要求计算该月的保利点。

$$保利量=\frac{固定成本+目标利润}{单价-单位变动成本}=\frac{20\,000+100\,000}{8-6}=60\,000\text{（件）}$$

保利额 = 保利量 × 单价 = 60 000 × 8 = 480 000（元）

公式中，目标利润采用的是税前利润的形式，如果企业的目标利润采用的是税后利润的形式，就需要将税后利润转为税前利润，再代入公式中计算。税后利润除以（1－所得税税率）即为税前利润。

## 第三节 多品种本—量—利分析

上一节介绍了单一品种的本—量—利分析，但在实际的生产经营中，大部分企业生产和销售的产品有很多种，因此，需要了解和掌握多品种下的本—量—利分析。由于各个品种的产品计量单位可能不同，不能将各品种产品的销售量进行简单加减，应根据多品种产品的保本点销售额进行保本分析，主要介绍两种方法。

### 一、联合单位法

联合单位法是指按多种产品之间相对稳定的产销实物量比例组成一组产品，以此确定每一联合单位的单价和单位变动成本的本—量—利分析方法。

如果企业生产的多种产品的实物产出量之间存在着比较稳定的数量比例关系，就可以用联合单位作为保本点的计算单位。如企业生产甲、乙、丙三种产品的销量比为 1∶2∶3，即 1 个甲产品、2 个乙产品、3 个丙产品的组合可以构成一个联合单位，再按这种销量比计算出每一组合的联合单价和联合单位变动成本，并据以确定联合单位保本点，然后按单一品种的本—量—利分析法计算出各产品的保本点。有关计算公式为：

$$联合保本销售量=\frac{固定成本}{联合单价-联合单位变动成本}$$

其中，

联合单价 = Σ（各产品单价 × 该产品销量比）

联合单位变动成本 = Σ（各产品单位变动成本 × 该产品销量比）

联合保本销售额 = 联合保本销售量 × 联合单价

某产品保本销售量 = 联合保本销售量 × 该产品销量比

某产品保本销售额 = 该产品保本销售量 × 该产品单价

【例 5 - 6】某企业生产和销售 A、B、C 三种产品，年固定成本为 60 万元，其他资料如表 5 - 3 所示。

表 5 - 3　　产品资料

| 产品 | 销量（万件） | 单价（元） | 单位变动成本（元） |
|---|---|---|---|
| A | 40 | 20 | 17 |
| B | 10 | 40 | 32 |
| C | 4 | 100 | 50 |
| 合计 | 54 | | |

要求：用联合单位法计算保本点。

根据表 5 - 3 中的数据，可以得到 A、B、C 三种产品的销量比为 10∶2.5∶1，可以计算得：

联合单价 = 20 × 10 + 40 × 2.5 + 100 × 1 = 400（元）

联合单位变动成本 = 17 × 10 + 32 × 2.5 + 20 × 1 = 300（元）

$$联合保本销售量 = \frac{600\ 000}{400 - 300} = 6\ 000（联合单位）$$

A 产品保本销售量 = 6 000 × 10 = 60 000（件）

A 产品保本销售额 = 60 000 × 20 = 1 200 000（元）

B 产品保本销售量 = 6 000 × 2.5 = 15 000（件）

B 产品保本销售额 = 15 000 × 40 = 600 000（元）

C 产品保本销售量 = 6 000 × 1 = 6 000（件）

C 产品保本销售额 = 6 000 × 100 = 600 000（元）

## 二、加权平均法

加权平均法，也称边际贡献法，是以每种产品的边际贡献率为基础，按各产品销售额占总销售额的比重进行加权平均，计算出综合边际贡献率，以此反映企业多品种综合创利能力的本—量—利分析方法。因此，关键在于综合边际贡献率的计算，用公式表示为：

$$\begin{aligned}综合边际贡献率 &= \frac{所有产品的边际贡献总额}{所有产品销售收入总额} \\ &= \frac{\sum 该产品的销售额 \times 该产品的边际贡献率}{所有产品的销售额} \\ &= \sum（该产品的销售百分比 \times 该产品的边际贡献率）\end{aligned}$$

$$综合保本销售额 = \frac{固定成本总额}{综合边际贡献率}$$

若要具体求某种产品的保本销售额，应先求出该产品的销售百分比，然后乘以综合保本销售额即可。即：

某种产品的销售百分比 = $\frac{\text{该产品的销售额}}{\text{所有产品的销售额}} \times 100\%$

某种产品的保本销售额 = 综合保本销售额 × 某种产品的销售百分比

用求得的具体保本销售额除以该产品的单价，就得到了该产品的保本销售量：

某种产品的保本销售量 = $\frac{\text{该产品的保本销售额}}{\text{该产品的销售单价}}$

综上所述，在已知多品种中每一产品的单价、销售量、单位变动成本以及整体固定成本的前提下，多品种条件下保本分析的具体步骤如下：

第一步，计算各产品的单位边际贡献和边际贡献率。

$m_i = SP_i - VC_i$

$mr_i = \frac{m_i}{SP_i}$

第二步，计算各种产品的销售额 $S_i$。

$S_i = SP_i \times Q_i$

第三步，计算各产品销售额占总销售额的权重 $w_i$。

$w_i = \frac{S_i}{S}$

第四步，计算综合边际贡献率 $mr'$。

$$mr' = \sum_{i=1}^{n} w_i \times mr_i$$

第五步，计算综合保本销售额 $S'_{BEP}$。

$S'_{BEP} = \frac{FC}{mr'}$

第六步，计算某产品的保本销售额 $S_{BEP_i}$。

$S_{BEP_i} = S'_{BEP} \times w_i$

第七步，计算某产品的保本销售量 $Q_{BEPi}$。

$Q_{BEP_i} = \frac{S_{BEP_i}}{SP_i}$

**【例 5 -7】**沿用〖例 5 -6〗中的数据，用加权平均法计算各产品的保本点。

根据题目已知条件，可以求出各产品的边际贡献、边际贡献率、销售百分比；利用多品种保本点的公式，可以求出综合保本点。计算结果如表 5 -4 所示。

**表 5 -4　　各产品计算结果**

| 产品 | 销量（万件） | 单价（元） | 销售收入（万元） | 销售百分比 | 单位变动成本（元） | 单位边际贡献（元） | 边际贡献率 |
|---|---|---|---|---|---|---|---|
| A | 40 | 20 | 800 | 50% | 17 | 3 | 15% |
| B | 10 | 40 | 400 | 25% | 32 | 8 | 20% |
| C | 4 | 100 | 400 | 25% | 50 | 50 | 50% |
| 合计 | 54 | | 1 600 | 100% | | | |

$$综合边际贡献率=\frac{所有产品边际贡献总额}{所有产品销售收入总额}=\frac{3\times40+8\times10+50\times4}{1\ 600}=25\%$$

或：

$$\begin{aligned}综合边际贡献率&=\sum（该产品的销售百分比\times该产品的边际贡献率）\\&=50\%\times15\%+25\%\times20\%+25\%\times50\%\\&=25\%\end{aligned}$$

$$综合保本销售额=\frac{固定成本总额}{综合边际贡献率}=\frac{600\ 000}{25\%}=2\ 400\ 000（元）$$

$$\begin{aligned}A产品保本销售额&=综合保本销售额\times A产品销售百分比\\&=2\ 400\ 000\times50\%=1\ 200\ 000（元）\end{aligned}$$

$$\begin{aligned}A产品保本销售量&=\frac{A产品保本销售额}{A产品单价}\\&=\frac{1\ 200\ 000}{20}=60\ 000（件）\end{aligned}$$

$$\begin{aligned}B产品保本销售额&=综合保本销售额\times B产品销售百分比\\&=2\ 400\ 000\times25\%=600\ 000（元）\end{aligned}$$

$$\begin{aligned}B产品保本销售量&=\frac{B产品保本销售额}{B产品单价}\\&=\frac{600\ 000}{40}=15\ 000（件）\end{aligned}$$

$$\begin{aligned}C产品保本销售额&=综合保本销售额\times C产品销售百分比\\&=2\ 400\ 000\times25\%=600\ 000（元）\end{aligned}$$

$$\begin{aligned}C产品保本销售量&=\frac{C产品保本销售额}{C产品单价}\\&=\frac{600\ 000}{100}=6\ 000（件）\end{aligned}$$

联合单位法的本质是将多品种条件下的本—量—利分析转化为单一产品本—量—利分析，但要求企业生产的多个品种之间实物产出量存在比较稳定的数量关系，因此，在实务中加权平均法更具通用性。

## 第四节　敏感性分析

通过以上章节的学习，了解了保本点和保利点的因素，明确了哪些因素的变化会导致保本点和保利点的变化，但要进一步分析相关因素的变动会导致保本点和保利点发生多大程度的变化，就需要进行敏感性分析。

### 一、敏感性分析的原理

敏感性分析是一种分析技术，它不仅用于本—量—利分析，还用于考察有关参数变化对决策的影响。假设分析是与敏感性分析相近的一个概念，它考察一个因素变化对结果的影响。如销售额仅是计划的90%，利润将变化多少，是一种假设分析，它仅仅研究销售量变化时利润的变化程度；销售量变化到什么程度利润将为负数，则是一种敏感性分析，它研究的是销售量的变化将会导致利润由正转为负。

本—量—利分析中的敏感性分析主要研究和分析有关参数发生多大变化时，会使企业由盈利转为亏损，各参数变化对利润的影响程度，以及参数变化时，如何通过销量的调整，保证原目标利润的实现。

敏感性分析能够帮助经营者了解各个参数影响的大小，可以使经营者决定应对哪些参数重点控制，对影响较大的参数应进行重点控制，当这些参数发生变化后，能及时采取措施，调整企业的计划，将经营活动控制在最有利的状态下。

## 二、保本点敏感性分析

保本点的敏感性分析是指使企业盈利转为亏损的有关参数的变动程度。

利润由单价、单位变动成本、产销量和固定成本决定。其他条件不变时，只有一个因素变动，当利润为零时即为变动因素的临界值（极值）。

**【例5-8】**Z企业只生产一种铅笔，单价为4.5元，单位变动成本为3元，预计固定成本为75 000元，预计产销量为80 000件。要求计算企业要盈利，相关参数应该在哪个范围内变化？

当参数不变时，企业预计的利润为：

$$OP=(SP-VC)\cdot Q-FC=(4.5-3)\times 80\,000-75\,000=45\,000\text{（元）}$$

当 $OP=0$ 时：

（1）单价的最小值为：

$$SP=\frac{FC}{Q}+VC=\frac{75\,000}{80\,000}+3=3.9375\text{（元）}$$

这说明企业的单价不能低于3.9375元，即降价幅度不能超过12.5%[(4.5－3.9375)/4.5]，否则，企业会发生亏损。

（2）单位变动成本的最大值为：

$$VC=SP-\frac{FC}{Q}=4.5-\frac{75\,000}{80\,000}=3.5625\text{（元）}$$

这说明企业的单位变动成本如果上升到3.5625元，利润就会变为零；单位变动成本最大上升幅度为18.75%，超过这个幅度，企业就会亏损。

（3）固定成本的最大值为：

$$FC=(SP-VC)\cdot Q=(4.5-3)\times 80\,000=120\,000\text{（元）}$$

这说明企业的固定成本最多可达到120 000元，超过这个金额，企业会产生亏损。

（4）销售量的最小值（保本点）为：

$$Q=\frac{FC}{SP-VC}=\frac{75\ 000}{4.5-3}=50\ 000\text{（件）}$$

这说明企业实际销售量只要达到 50 000 件，即完成预计销售量的 62.5%，企业就可以保本。

通过以上分析可知，只要控制了相关因素的变化范围，就可以保证企业不发生亏损。

## 三、保利点的敏感性分析

保利点的敏感性分析是指参数变化对利润的影响程度。

利润对参数变化的敏感程度可以用敏感系数衡量，它是利润变化百分比与参数变化百分比的比值。计算公式为：

$$\text{敏感系数}=\frac{\text{利润变化百分比}}{\text{参数变化百分比}}$$

敏感系数越大，说明利润对该参数越敏感，即该参数微小幅度的变动，将会引起利润更大幅度的变动，因此，应对该参数进行重点控制，反之，控制程度应降低。一般敏感系数的绝对值大于 1 即为敏感性高的因素，敏感系数的绝对值小于 1 则为敏感性低的因素。

**【例 5－9】**企业生产一种产品，单价 50 元，单位变动成本 30 元，全年固定成本为 100 万元，计划销售量 50 万件，全年利润为 900 万元。假设单价、单位变动成本、销售量和固定成本均增长 10%。要求计算敏感系数。

（1）单价的敏感系数。

$$\text{单价变动后的利润}=50\times[50\times(1+10\%)-30]-100=1\ 150\text{（万元）}$$

$$\text{利润变动百分比}=\frac{1\ 150-900}{900}\times100\%=27.78\%$$

$$\text{单价的敏感系数}=\frac{27.78\%}{10\%}=2.78$$

上述计算表明，单价变动 1%，利润呈同方向变动，变动 2.78%，利润变动率是单价变动率的 2.78 倍，说明单价的变动对利润的影响程度较大。因此，提高产品的价格是增加企业利润的主要手段。当然，降价也是企业利润下降的主要原因。

（2）单位变动成本的敏感系数。

$$\text{单位变动成本变动后的利润}=50\times[50-30\times(1+10\%)]-100=750\text{（万元）}$$

$$\text{利润变动百分比}=\frac{750-900}{900}\times100\%=-16.67\%$$

$$\text{单位变动成本的敏感系数}=\frac{-16.67\%}{10\%}=-1.67$$

上述计算表明，单位变动成本变动 1%，利润呈反方向变动，变动 1.67%，利润变动率是单位变动成本变动率的 1.67 倍，说明单位变动成本的变动对利润的影响程度比单价的影响程度略小。

（3）销售量的敏感系数（也称经营杠杆系数）。

销售量变动后的利润 = 50 × (1 + 10%) × (50 − 30) − 100 = 1 000（万元）

$$利润变动百分比 = \frac{1\ 000 - 900}{900} \times 100\% = 11.11\%$$

$$销售量的敏感系数 = \frac{11.11\%}{10\%} = 1.11$$

上述计算表明，销售量变动 1%，利润呈同方向变动，变动 1.11%，利润变动率是销售量变动率的 1.11 倍，说明销售量的变动对利润的影响程度较小。

（4）固定成本的敏感系数。

固定成本变动后的利润 = 50 × (50 − 30) − 100 × (1 + 10%) = 890（万元）

$$利润变动百分比 = \frac{890 - 900}{900} \times 100\% = -1.11\%$$

$$固定成本的敏感系数 = \frac{-1.11\%}{10\%} = -0.11$$

上述计算表明，固定成本变动 1%，利润呈反方向变动，变动 0.11%，利润变动率是固定成本变动率的 0.11 倍，说明固定成本的变动对利润的影响程度很小。

敏感系数为正值，表示该变量与利润呈同方向变动；敏感系数为负值，表示该变量与利润呈反向变动。

敏感系数的高低以其绝对值来表示，与其正值还是负值无关。绝对值越大，敏感程度越高。

当敏感系数的绝对值大于 1 时，该因素为敏感系数高的因数；敏感系数绝对值小于等于 1 时，该因素为敏感性低的因素。将上面例题中的敏感系数按绝对值的大小排列，依次为单价、单位变动成本、销售量、固定成本，说明利润对单价的变动最为敏感，其次是单位变动成本和销售量，固定成本的影响程度最小。

需要注意的是，上述各因素敏感系数的排列是在〖例 5 − 9〗所假设条件的基础上得到的，假设条件变化了，则各因素敏感程度的排列顺序也有可能发生变化。此外，敏感分析中的临界值问题和敏感系数问题，实际上是一个问题的两个方面。某一因素达到临界值前的允许值越高，利润对该因素就越不敏感；反之，某一因素达到临界值前的允许值越低，利润对该因素就越敏感。

## 第五节　本—量—利分析法在决策分析中的基本应用

利用本—量—利分析中边际贡献的概念，能为不同方案的选择提供重要的衡量依据，因此，本—量—利分析被广泛地用于企业的经营决策。在经营决策的分析中，哪种方法能为企业提供更多的边际贡献，更好地弥补和维持现有生产能力所需支付的固定成本，使企业获得更多的利润，那个方案就是最佳方案。本—量—利分析在经营决策中主要可用于不同生产方法选择、购置某项生产设备的选择等。

## 一、不同生产方法的选择

不同的生产方法虽然可以生产出同样质量和同样价格的产品，但在成本上会存在差异。为了能充分利用不同生产方法的优越性，可应用本—量—利分析的原理进行选择。

**【例5-10】** 假设某企业生产一种产品，产销平衡。产品单价为600元，单位变动成本为450元，固定成本总额为150万元，年生产能力为2万件。如果采用一种新的生产方法，单位变动成本可降低50元，但固定成本总额增加30万元，生产能力保持不变。请问新旧两种生产方法应该如何进行选择？

（1）原生产方法：

单位边际贡献 = 600 - 450 = 150（元）

保本销售量 $= \frac{1\ 500\ 000}{150} = 10\ 000$（件）

（2）新生产方法：

单位边际贡献 = 600 - 400 = 200（元）

保本销售量 $= \frac{1\ 800\ 000}{200} = 9\ 000$（件）

可以看出，由于新的生产方法使单位边际贡献增加了50元，其保本销售量比原生产方式的保本销售量降了1 000件。如果企业的生产能力可以充分利用，并且生产出来的产品能全部出售，则新的生产方法比原生产方法多实现利润70万元［200×(2-0.9)-150×(2-1)］，即新的生产方法可以获得较大的盈利。但如果企业的生产能力不能得到充分利用，或者生产出来的产品不能按照既定价格出售，则新的生产方法无法发挥出它的优势。

图5-6是采用图解法进行本—量—利分析，图中两种生产方法的总成本的交点，是新生产方法发挥优势的起点，因此，销售量在6 000件以下时，适合采用原生产方法；销售量在6 000件以上时，适合采用新生产方法。

## 二、购置某项生产设备的选择

**【例5-11】** 某企业生产一种产品，产销平衡，产品单价为120元，年生产能力为2 000件，其成本构成如表5-5所示。

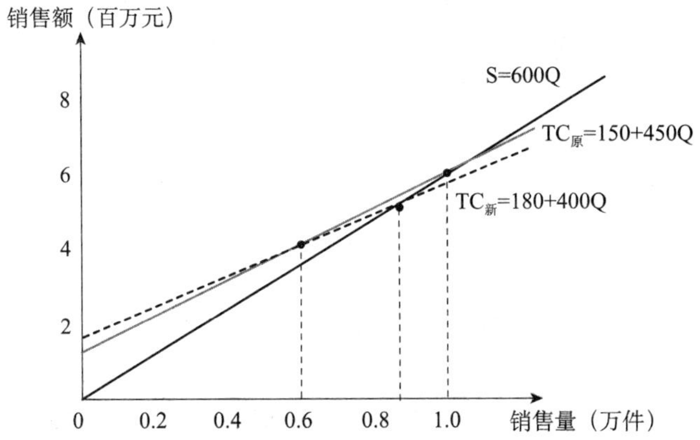


图 5－6 本—量—利分析

表 5－5　　某产品的成本构成金额　　单位：元

| 项目 | 变动成本 | 固定成本 |
|---|---|---|
| 直接材料 | 32 000 | |
| 直接人工 | 48 000 | 32 000 |
| 设备折旧 | | 48 000 |
| 其他 | | |
| 合计 | 80 000 | 80 000 |

现准备购置一台专用设备，购置费为 21 200 元，可使用 10 年，无残值，用直线法计提折旧。该设备投产后可使变动成本下降 30%。请问是否应该购买这台设备？

购置前：

单位变动成本＝80 000÷2 000＝40（元/件）

单位边际贡献＝120－40＝80（元）

保本量＝80 000÷80＝1 000（件）

实现利润＝1 000×80＝80 000（元）

购置后：

单位变动成本＝40×(1－30%)＝28（元）

单位边际贡献＝120－28＝92（元）

增加的年折旧额＝212 000÷10＝21 200（元）

保本量＝(80 000＋21 200)÷92＝1 100（件）

实现利润＝900×92＝82 800（元）

购置专用设备后，虽然保本点销售量比原来的保本点销售量上升了 100 件，但单位边际贡献增加了 12 元，因此，企业每年仍可增加 2 800 元（82 800－80 000）利润，说明购置专用设备是可行的。

## 三、综合案例分析

"虚亏产品应否停产"的决策分析。

亏损产品是继续生产、停产还是转产，需要企业的管理层及时作出决策。亏损产品依据亏损性质分为实亏产品和虚亏产品。实亏产品是指剩余边际贡献（销售收入－变动成本－可避免固定成本）小于零的产品，虚亏产品则是指剩余边际贡献大于零但小于不可避免固定成本的产品。实亏产品因其剩余边际贡献为负数，生产越多，亏损越多，因此，应该停产；而虚亏产品则不然，由于其提供正的剩余边际贡献，可以补偿部分不可避免固定成本，因此，不能简单地停产，而应当综合考虑企业的经营状况和生产能力后再作决定。

M公司2020年8月产销A、B、C三种产品。这三种产品的专用设备、广告费、职工培训费等可避免固定成本当月共花费6 000元，其中A产品占用2 000元、B产品占用3 000元、C产品花费1 000元。此外，M公司8月份还发生原有厂房、机器设备等固定资产的折旧费、财产保险费等不可避免固定成本共计108 000元，并规定将其按各种产品销售收入的比例进行分摊。其销售量、销售单价及成本资料如表5－6所示。

表5－6 销售量、销售单价及成本资料数据

| 项目 | 月销售量 | 销售单价（元） | 单位变动成本（元） | 可避免固定成本（元） | 不可避免固定成本（元） |
|---|---|---|---|---|---|
| A产品 | 3 000 | 40 | 18 | 2 000 | 108 000（按产品销售额比例分摊） |
| B产品 | 1 500 | 120 | 92 | 3 000 | |
| C产品 | 1 200 | 50 | 30 | 1 000 | |

运用本—量—利分析法，计算得三种产品的盈亏情况，如表5－7所示。

表5－7 A、B、C产品损益表 单位：元

| 项目 | 销售收入 | 变动成本 | 边际贡献 | 可避免固定成本 | 剩余边际贡献 | 不可避免固定成本 | 税前利润 |
|---|---|---|---|---|---|---|---|
| A产品 | 120 000 | 54 000 | 66 000 | 2 000 | 64 000 | 36 000 | 28 000 |
| B产品 | 180 000 | 138 000 | 42 000 | 3 000 | 39 000 | 54 000 | －15 000 |
| C产品 | 60 000 | 36 000 | 24 000 | 1 000 | 23 000 | 18 000 | 5 000 |
| 合计 | 360 000 | 228 000 | 132 000 | 6 000 | 126 000 | 108 000 | 18 000 |

表5－7显示，A产品获利28 000元，B产品亏损15 000元，C产品获利5 000元，因此，M公司税前利润总额为18 000元。显然，B产品的税前利润（－15 000元）小于零，而剩余边际贡献（39 000元）大于零，因此，B产品是虚亏产品。那么，该企业应否停产B产品呢？

【虚亏产品是否停产的决策分析】

1. 相关生产能力无法转移。假设M公司的相关生产能力无法转移，既不能

承揽零星加工业务，又不能转产其他产品，也不能将生产 B 产品的设备出租。

（1）机会成本分析法分析。此种情况下，意味着该相关生产能力只能生产 B 产品，没有其他选择，因此，生产 B 产品的机会成本等于零。由于 B 产品提供的剩余边际贡献（39 000 元）大于其机会成本零，即生产 B 产品可以为企业多创造 39 000 元的利润；而停产 B 产品，企业将会减少 39 000 元的利润。因此，选择继续生产 B 产品。

（2）本—量—利分析法分析。从表 5－7 可知，B 产品能够提供 39 000 元的剩余边际贡献，可以弥补 39 000 元的不可避免固定成本，但是，由于 B 产品分担了 54 000 元（占不可避免固定成本总额的 50%）的不可避免固定成本，因此，尚有 15 000 元的不可避免固定成本得不到补偿，这是 B 产品亏损的真正原因所在，最终导致 M 公司利润减少 15 000 元，但就整个企业而言仍有 18 000 元的盈利。如果停止生产 B 产品，将会发生什么情况呢？停产 B 产品后，A、C 两种产品的盈亏情况如表 5－8 所示。

**表 5－8　　停产 B 产品后的损益表**　　单位：元

| 项目 | 销售收入 | 变动成本 | 边际贡献 | 可避免固定成本 | 剩余边际贡献 | 不可避免固定成本 | 税前利润 |
|---|---|---|---|---|---|---|---|
| A 产品 | 120 000 | 54 000 | 66 000 | 2 000 | 64 000 | 72 000 | －8 000 |
| C 产品 | 60 000 | 36 000 | 24 000 | 1 000 | 23 000 | 36 000 | －13 000 |
| 合计 | 360 000 | 228 000 | 132 000 | 6 000 | 126 000 | 108 000 | －21 000 |

对比表 5－7 和表 5－8 可知，生产 B 产品可使整个企业获利 18 000 元，停产 B 产品则会使企业亏损 21 000 元，因此，选择继续生产 B 产品。导致企业由盈变亏的原因在于，停产 B 产品后，其所提供的 39 000 元的剩余边际贡献随之消失，但它所负担的 54 000 元的不可避免固定成本依然照常发生，并全部转嫁给 A、C 产品，使得这两种产品负担的不可避免固定成本均翻番（A 产品由原来的 36 000 元增加到 72 000 元，C 产品由原来的 18 000 元提高到 36 000 元），而这两种产品的收入、变动成本及可避免固定成本即剩余边际贡献并没有因为 B 产品停产而发生任何变动，最终导致 A 产品亏损 8 000 元，C 产品亏损 13 000 元，致使整个企业全面亏损 21 000 元。继续生产 B 产品与停产 B 产品给企业带来 39 000 元的损益差等于 B 产品创造的剩余边际贡献。

运用机会成本分析法、本—量—利分析法得出的结论是一致的，即：在相关生产能力无法转移时，只要虚亏产品有销售渠道，就应该继续生产该产品。同时，企业也应当采取切实可行的措施使其扭亏为盈，以改善企业的盈利状况。

2. 相关生产能力可以转移。假设 M 公司停产 B 产品，闲置下来的生产能力可以生产 D 产品，预计 D 产品的月销售量为 1 000 件，销售单价为 180 元/件，单位变动成本为 122 元/件，发生职工培训费等可避免固定成本 2 000 元。根据市场预测，D 产品有充足的销售渠道。

（1）机会成本分析法分析。B 产品停产后，闲置下来的生产能力可以转移，此时必须考虑机会成本对备选方案的影响。这是因为在一定时期内企业的经济资源是有限的，如果选择了某个方案，势必要放弃其他方案，丧失的其他方案所取得的潜在收益就是所选定方案的机会成本。显然，机会成本是一种潜在收益，不是企业的实际支出，在会计账户中也不予以登记，但它往往与某一特定的决策方案相关联，且在一定程度上影响该方案，因而在决策分析时要予以考虑。

如果M公司继续生产B产品，势必会放弃转产D产品，因此，生产B产品的机会成本等于转产D产品产生的剩余边际贡献。即：

生产B产品的机会成本 = D产品提供的剩余边际贡献

= 1 000 × 180 − 1 000 × 122 − 2 000 = 56 000（元）

由于B产品提供的剩余边际贡献（39 000元）小于其机会成本，因此，停产B产品、转产D产品是可行的，可以为企业多获利17 000元（56 000 − 39 000）。

（2）本—量—利分析法分析。停产B产品、转产D产品后，生产A、C、D三种产品的盈亏损益如表5－9所示。

**表5－9　　产品A、C、D的损益表**　　单位：元

| 项目 | 销售收入 | 变动成本 | 边际贡献 | 可避免固定成本 | 剩余边际贡献 | 不可避免固定成本 | 税前利润 |
|---|---|---|---|---|---|---|---|
| A产品 | 120 000 | 54 000 | 66 000 | 2 000 | 64 000 | 36 000 | 28 000 |
| C产品 | 60 000 | 36 000 | 24 000 | 1 000 | 23 000 | 18 000 | 5 000 |
| D产品 | 180 000 | 122 000 | 58 000 | 2 000 | 56 000 | 54 000 | 2 000 |
| 合计 | 360 000 | 228 000 | 132 000 | 6 000 | 126 000 | 108 000 | 35 000 |

对比表5－7和表5－9可知，生产B产品使整个企业仅获利18 000元，而转产D产品则使企业获利35 000元，由此可见，转产D产品可为企业多创造17 000元的利润，因此应该停产B产品、转产D产品。

运用机会成本分析法、本—量—利分析法得出的结论相同，即虚亏产品提供的剩余边际贡献大于相关生产能力转移产生的机会成本（即转产其他产品所提供的剩余边际贡献等），就应继续生产虚亏产品；否则，应停止生产该产品。

综上所述，为实现利润最大化，企业应当对虚亏产品应否停产的决策视不同情况进行具体分析，以期为管理层正确决策提供有力的支持，引导企业健康有序地发展。通过分析M公司的情况，得出以下结论：

（1）当虚亏产品的相关生产能力无法转移时，因虚亏产品提供正的剩余边际贡献，只要有销售渠道，就应继续生产该产品。

（2）当虚亏产品的相关生产能力可以转移时，视虚亏产品提供的剩余边际贡献是否大于相关生产能力转移产生的机会成本而定。如果虚亏产品提供的剩余边际贡献大于相关生产能力转移产生的机会成本，就应继续生产该产品，否则应停止生产该产品。如果两者相等，则继续生产或停产该产品均可。

资料来源：孟秀蕊."虚亏产品应否停产"的决策分析——以M公司为例［J］.当代会计，2021（5）.

# 【本章小结】

本章介绍了本—量—利分析的概念、基本原理和基本假设，本—量—利分析主要用于计算保本点和保利点，其模型被广泛应用于经营决策。

## 课后作业

### 一、单项选择题

1. 按照本—量—利分析的假设，销售收入函数和成本函数的自变量均为同一个，即（　　）。

A. 单位变动成本　　B. 销售单价

C. 固定成本　　D. 业务量

2. 在本—量—利关系图中，总成本线与变动成本线之间的距离所代表的是（　　）。

A. 边际贡献　　B. 固定成本

C. 利润区　　D. 亏损区

3. 按多种产品之间相对稳定的产销实物量比例组成一组产品，确定每一联合单位的单价和单位变动成本的本—量—利分析方法是（　　）。

A. 综合边际贡献率法　　B. 联合单位法

C. 分算法　　D. 主要品种法

4.（　　）表示每增加 1 元销售可为企业带来的贡献。

A. 边际贡献率　　B. 变动成本率

C. 单位边际贡献　　D. 单位变动成本

### 二、多项选择题

1. 单一品种保本点的表现形式有（　　）。

A. 保本量　　B. 保本额

C. 单价　　D. 边际贡献

2. 下列方法中，属于多品种条件下本—量—利分析方法的有（　　）。

A. 综合保本图法　　B. 联合单位法

C. 分算法　　D. 主要品种法

3. 在下列各项中，属于本—量—利分析基本假设的有（　　）。

A. 相关范围假设　　B. 模型线性化假设

C. 产销平衡假设　　D. 品种结构不变假设

4. 在下列项目中，能够决定保本点大小的因素有（　　）。

A. 固定成本　　B. 单位变动成本

C. 现有销售量　　D. 销售单价

## 三、判断题

1. 本—量—利分析是建立在成本按性态分析基础上的一种分析方法。（ ）

2. 边际贡献等于固定成本，企业不亏不盈，利润为1。（ ）

3. 变动成本率高，边际贡献率就低，盈利能力就低。（ ）

4. 保本分析主要确定使企业既不亏损又不盈利的保本点。（ ）

## 四、案例分析题

某培训中心正考虑开设一个为期20天的会计师考前辅导班，预计每人收费200元，需要支付临时管理人员工资和宣传费用共计4 000元，教室租金为3 000元，此外还需要支付教师的讲课报酬8 000元。预计学习提纲、学员证的印刷等变动成本为每人40元。

（1）预计招生人数至少应当达到多少人时才能开班？

（2）由于教室容量的限制，每班的人数不能超过70人，则至少应将学费提高到多少才能开班？

（3）根据预测，学费超过250元后就不太容易吸引到生源，所以打算维持原收费标准，但租赁可容纳150人的教室，不过租金将增加3 000元。此时至少应该招到多少人才能开班？

（4）如果维持原学费标准，但多开一个班（分为白天班和夜晚班），由于教室是按天计租的，因此租金不变，但是需要额外支付教师的讲课报酬5 000元，则至少应招收多少人？

# 第六章 短期经营决策

## 素养目标

生产经营决策的原则是努力实现低成本、高效率，在此基础上培养学生贯彻“创新、协调、绿色、开放、共享”的发展理念，充分、有效地使用资源，杜绝浪费和过剩，将成本控制落在实处。树立“企业为人民、生产为大众”的经营理念，在有效控制成本的基础上，降低产品或服务的价格。

## 知识目标

1. 了解短期经营决策的定义、内容以及必须考虑的重要因素；
2. 熟悉短期经营决策的一般方法；
3. 掌握是否生产、生产什么、怎样生产和定价的决策方法。

## 情景导航

消费者在上海市南京路的J酒店吃饭或者喝茶的时候，往往会有销售人员过来向消费者推销该酒店的会员年卡，费用2 688元，其中包括两个晚上的酒店住房，四张双人次的游泳健身卡，四张300元的餐饮抵用券，一张双人自助餐券和一个价格300元的生日蛋糕。而在携程中的J酒店的房价，基本上都是每晚1 300～1 400元，故此，如果单独在J酒店住两个晚上，就已经要花费2 600～2 800元了。所以很多消费者觉得会员年卡非常合适，纷纷购买。但也有消费者提出疑问：“J酒店的会员年卡不仅包括房费，还有免费的游泳健身券、自助餐券和餐饮抵用券及生日蛋糕，把这些成本都算上，J酒店难道不会赔钱吗?”

从财务会计角度分析，会员年卡成本中仅两晚住宿成本、四张餐饮抵用券和生日蛋糕的成本就超过了一张会员年卡办理费用2 688元，显而易见，酒店是亏本的。但如果运用管理会计的相关成本进行分析后，可以发现，会员年卡成本中，两晚的住宿成本和提供泳池健身的成本等，基本上是固定成本。酒店的房屋折旧，相应管理人员、服务人员和厨师的工资，都属于沉没成本，无论现在如何决策都无法改变或挽回，应将其视为决策无关成本。所以仅需要考虑的是当消费者真正入住时直接产生的变动成本，如提供餐饮服务、生日蛋糕中原材料的成本，住宿时消耗的一次性洗漱用品等。只要会员年卡办得够多，把上述固定成本分担开来，不仅不会亏本，相反，所创造的收益还是很可观的。且办理会员卡后还可以帮助酒店锁住客源，增加现金流，所以使用会员年卡策略是非常明智的。

# 第一节 短期经营决策的相关概念

## 一、短期经营决策的定义及目标

### （一）短期经营决策的定义

短期经营决策是指决策结果只会影响或决定企业近期（一年或一个经营周期）经营实践的方向、方法和策略，侧重于从资金、成本和利润等方面对如何充分利用企业现有资源和经营环境以取得尽可能大的经济效益而实施的决策，简称短期决策。

### （二）短期经营决策的目标

短期经营决策的直接目标是尽可能取得最大的经济效益。判断某决策方案优劣的主要标志就是看该方案能否使企业在一年内获得更多的利润。

## 二、短期经营决策的特点及内容

### （一）短期经营决策的特点

其决策目标可以在较短的时间内得以实现，一般不超过一年。

### （二）短期经营决策的内容

短期经营决策的具体内容较多，概括地说主要包括生产决策和定价决策两大类。

1. 生产决策。生产决策包括：新产品开发的品种决策；亏损产品的决策；是否转产或增产某种产品的决策；是否接受特殊价格追加订货的决策；半成品是否进一步加工的决策；零部件是自制还是外购的决策；等等。

2. 定价决策。定价决策包括：以成本为导向的定价决策；以需求为导向的定价决策；等等。

决策过程实质上就是通过对具体决策对象进行分析并作出选择的过程。没有选择就没有决策，没有决策方案也就没有选择的对象。决策方案是指在具体的经营问题已经明确、决策目标已经确定的前提下，根据具体的决策条件而提出的各种可供选择的未来行动方案的统称，又称备选方案。必须按照不同的经营决策内容，设计不同的决策方案，但任何决策分析至少应当具备或涉及某一个具体的备选方案。

## 三、短期经营决策必须考虑的重要因素

短期经营决策必须考虑四大因素：生产经营能力、相关业务量、相关收入和相关成本。

### （一）生产经营能力

生产经营能力（capacity，以下简称产能）是指在一定时期（通常为一年）内和一定生产技术、组织条件下，企业内部各个环节直接参与生产过程的生产设备、劳动手段、人力资源和其他服务条件，能够生产各类产品的产量或加工处理一定原材料的能力。它是企业生产经营活动的基础，是企业自身各种条件综合配置和平衡的结果，也是企业技术能力和管理能力的综合体现。

企业产能的利用程度，由企业管理部门根据当前经营计划，结合工程、经济和环境要求等因素来确定。产能具体包括以下几种表现形式。

1. 最大产能。最大产能又称理论产能，是指企业在不追加资金投入的前提下，百分之百有效利用工程技术、人力及物力资源而可能实现的产能，它是产能的上限。

2. 正常产能。正常产能又称计划产能，即已经纳入企业年度计划，充分考虑到现有市场容量、生产技术条件、人力资源状况、管理水平以及可能实现的各种措施等情况下，应该达到的产能。

3. 剩余产能。剩余产能又分绝对剩余产能和相对剩余产能两种形式。

（1）绝对剩余产能，也称暂时未被利用的产能，它是企业最大产能与正常产能之差，属于生产经营的潜力。

（2）相对剩余产能，是指由于受市场容量或经济效益原因的影响，决策规划的未来生产经营规模少于正常产能而形成的差量，也可以理解为因临时转变经营方向而闲置的那部分产能。

4. 追加产能。追加产能是指根据需要和可能，通过追加资金投入等措施而增加的，超过最大产能的那部分产能，具体又包括临时性追加的产能和永久性追加的产能两种类型。

（1）临时性追加的产能，是指通过临时性租赁而形成的产能。

（2）永久性追加的产能，是指通过追加固定资产投资而形成的产能。显然，永久性追加的产能会改变企业未来期间的最大产能。

企业产能受到薄弱生产环节的制约，但其他生产环节，特别是主导生产环节的产能大于薄弱环节的产能时，企业便具备一定的生产经营潜力。这时，若将生产场地、生产设备和劳动力等要素实施优化组合，就能合理地利用并不断提高企业的综合产能。

在短期经营决策中，产能是决定相关业务量和确认机会成本的重要参数。

### （二）相关业务量

相关业务量（relevant volume）是指在短期经营决策中必须认真考虑的与特定决策方案相联系的产量或销量。

相关业务量对决策方案的影响往往是通过对相关收入和相关成本的影响实现的。在以后我们将要介绍的半成品是否深加工的决策和是否接受特殊价格追加订货的决策中，都需要认真考虑相关业务量问题，而不是笼统地考虑全部产量，并且有时计算某一产品的相关收入与相关成本所使用的相关业务量也不一定相同。

实践表明，在短期经营决策过程中，许多在具体决策方案的相关收入和相关成本的确认和计量方面发生的失误，往往是由于对相关业务量的判断错误导致的。因此，相关业务量是短期经营决策中一个不容忽视的重要因素。

### （三）相关收入

相关收入（relevant revenue）是指与特定决策方案相联系的、能对决策产生重大影响的、在短期经营决策中必须予以充分考虑的收入，又称有关收入。如果某项收入只属于某个经营决策方案，即若有这个方案存在，就会发生这项收入，若该方案不存在，就不会发生这项收入，那么，这项收入就是相关收入。相关收入的计算，要以特定决策方案的单价和相关销售量为依据。

与相关收入相对立的概念是无关收入。如果无论是否存在某决策方案，均会发生某项收入，那么就可以断定该项收入是上述方案的无关收入。显然，在短期经营决策中，不能考虑无关收入；否则，就有可能导致决策失误。

### （四）相关成本

相关成本（relevant cost）是指与特定决策方案相联系的、能对决策产生重大影响的、在短期经营决策中必须予以充分考虑的成本。又称有关成本。如果某项成本只属于某个经营决策方案，即若有这个方案存在，就会发生这项成本，若该方案不存在，就不会发生这项成本，那么，这项成本就是相关成本。相关成本包括增量成本、边际成本、机会成本、估算成本、付现成本、专属成本、加工成本和可分成本等。

1. 增量成本。增量成本（increrent cost）又称狭义的差量成本（differential cost），是指单一决策方案由于产能利用程度的不同而表现在成本方面的差额。在一定条件下，某一决策方案的增量成本就是该方案的相关变动成本，即等于该方案的单位变动成本与相关业务量的乘积。

在短期经营决策的生产决策中，增量成本是较为常见的相关成本。如在亏损产品的决策、是否转产或增产某种产品的决策和是否接受特殊价格追加订货的决策中，最基本的相关成本就是增量成本。

2. 边际成本。从理论上讲，边际成本（marginal cost）是指产量（业务量）发生无限小变化时成本的变动数额。当然，这是从纯经济学角度来讲的，事实上，产量不可能发生无限小变化，至少应为 1 个单位的产量。因此，边际成本也就是产量每增加或减少 1 个单位所引起的成本变动数额。

【例 6－1】某企业每增加 1 件产量的生产引起总成本的变化及追加成本的变化，如表 6－1 所示。

表 6－1　　每增加 1 件产量的生产引起总成本的变化

| 产量（件） | 总成本（元） | 边际成本（元） |
|---|---|---|
| 80 | 400 | — |
| 81 | 403 | 3 |
| 82 | 406 | 3 |
| 84 | 409 | 3 |
| 85 | 519 | 110 |
| 86 | 522 | 3 |
| 87 | 525 | 3 |

从表 6－1 中可以看出，产量每增加 1 件，边际成本并不总是固定的数值。当产量从 80 件至 84 件递增时，每增加 1 件的边际成本为 3 元；但从 84 件增加到 85 件时，增加 1 件的边际成本就上升为 110 元；接着，总成本又以每增加 1 件边际成本为 3 元的趋势变化。这是因为，产量从 80 件增加到 84 件时在相关范围内，固定成本不随产量发生变化，只是变动成本随产量发生变化；而当产量从 84 件增加到 85 件时，边际成本上升为 110 元，这表明第 85 件产品已超出了原来的相关范围。要达到这个产量需增加固定成本。在这之后，边际成本又以一个固定的数值（3 元）在新的相关范围内，随着单位产量的增加而增加。

边际成本和变动成本是有区别的，变动成本反映的是增加单位产量所追加成本的平均变动，而边际成本反映的是每增加 1 个单位产量所追加成本的实际数额。所以，只有在相关范围内，增加 1 个单位产量的单位变动成本才和边际成本相一致。

此外，如果把不同产量作为不同方案来理解的话，边际成本实际就是不同方案形成的差量成本。

3. 机会成本。机会成本（opportunity cost）原是经济学术语。它以经济资源的稀缺性和多种选择机会的存在为前提，是指在经济决策中应由中选的最优方案负担的、按放弃的次优方案潜在收益计算的那部分资源损失，又称机会损失。许多经济资源均可有多方面用途，但在一定时空条件下资源又总是相对有限的，选择某一方案必然意味着其他方案可能获利的机会被放弃或者丧失。因此，以次优方案的可能收益作为中选最佳方案的“损失”，可以全面评价决策方案所得与所失的关系。所以，机会成本应当作为管理会计决策的相关成本来考虑。但由于机会成本并没有构成企业的实际成本支出，所以，在财务会计实务中，对机会成本并不在任何会计账户中予以登记。

在短期经营决策的生产决策中，机会成本也是较为常见的相关成本。在进行亏损产品的决策、是否转产或增产某种产品的决策、是否接受特殊价格追加订货的决策和有关产品是否深加工的决策时，若现已具备的相关产能可以用于其他方面（即剩余的产能可以转移），那么将这些产能用于其他方面（即实现产能转移）的方案所能获得的收益，对于继续利用这些产能（即不转移产能）的方案来说就是它们的机会成本。同样，在是否接受特殊价格追加订货的决策中，对于接受追加订货的方案来说，因为加工能力不足而挪用正常订货产能所放弃的有关收入也属于机会成本。

4. 估算成本。估算成本（estimated cost）又称假计成本（imputed cost），是机会成本的特殊形式。凡需要经过假定推断才能确定的机会成本就是估算成本。估算成本的典型形式就是利息。如在货币资金使用的决策中，不论该项资金是借入的还是自有的，也不管其是否真的存入银行，均可将可能取得的存款利息视为该项资金的机会成本，这种假设存在的利息就属于估算成本。

5. 付现成本。付现成本又称现金支出成本（out - of - pocket cost）。在进行短期经营决策时，付现成本就是动用现金支付的有关成本。在企业现金短缺、支付能力不足而筹资又十分困难的情况下，对于那些急需上马的方案进行决策时，必须以付现成本而不是以总成本作为方案取舍的标准，因为在资金紧张的条件下，尽管付现成本较低方案的总成本较高，但可以用较少的资金及时取得急需的资产，一旦把握住时机，就可以提前取得利益，抵偿多支出的成本，甚至及时开发并占领市场，获得货币时间价值的好处。而总成本低的方案往往付现成本较高，若企业不能及时筹集到足够的现金，就无法使方案上马，导致坐失良机。

6. 专属成本。专属成本（specific cost）是指那些能够明确归属于特定决策方案的固定成本或混合成本。它往往是为了弥补产能不足的缺陷，增加有关装置、设备、工具等长期资产而发生的。专属成本的确认与取得上述装置、设备、工具的方式有关，若采用租入的方式，则专属成本就是与此相关联的租金成本。若采用购买方式，则专属成本的确认还必须考虑有关装置、设备、工具本身的性质：如果取得的装备等是专用的，即只能用于特定方案，则专属成本就是这些装备的全部取得成本；如果取得的装备等是通用的，则专属成本就是与使用这些装备有关的主要使用成本（如折旧费等）。

7. 加工成本。这里的加工成本是指在半成品是否深加工决策中必须考虑的、由于对半成品进行深加工而追加发生的变动成本。它的计算通常要考虑单位加工成本与相关的深加工业务量两大因素。至于深加工所需要的固定成本，在经营决策中应当列作专属成本。

8. 可分成本。可分成本是指在联产品生产决策中必须考虑的、由于对已经分离的联产品进行深加工而追加发生的变动成本。它的计算通常要考虑单位可分成本与相关的联产品深加工业务量两大因素。

与相关成本对立的概念是无关成本。凡不受决策结果影响，与决策关系不大，已经发生或注定要发生的成本就是无关成本。如果无论是否存在某决策方案，均会发生某项成本，那么就可以断定该项成本是上述方案的无关成本。在短期经营决策中，不能考虑无关成本，否则，可能会导致决策失误。因此，了解和区分哪些成本是无关成本是十分必要的。

无关成本主要包括沉没成本、共同成本、联合成本等类型。

沉没成本（sunk cost）又称沉入成本或旁置成本，是指由过去决策结果引起并已经实际支付过款项的成本。企业大多数固定成本（尤其是其中的固定资产折旧费、无形资产摊销费）均属于沉没成本，但并不是说所有的固定成本都属于沉没成本，如与决策方案有关的新增固定资产的折旧费就属于相关成本。另外，某些变动成本也属于沉没成本，如在半成品是否深加工的决策中，半成品本身的成本中的固定成本和变动成本均为沉没成本。

共同成本（common cost）是与专属成本相对立的成本，是指应当由多个方案共同负担的注定要发生的固定成本或混合成本。由于它的发生与特定方案的选择无关，因此，在决策中可以不予考虑，也属于比较典型的无关成本。

联合成本是与可分成本相对立的成本，是指在未分离前的联产品生产过程中发生的应由所有联产品共同负担的成本。

## 第二节　短期经营决策的一般方法

短期经营决策的一般方法是指在决策过程中通过计算、分析和比较有关短期经营决策方案的评价指标，据以作出选择的一系列方法的统称。主要包括单位资源贡献边际分析法、贡献边际总额分析法、相关损益分析法、差别损益分析法、相关成本分析法、成本无差别点法、利润无差别点法和直接判断法等类型。

### 一、单位资源贡献边际分析法

单位资源贡献边际分析法是指以有关方案的单位资源贡献边际指标作为决策评价指标的一种方法。

当企业生产只受到某一项资源（如某种原材料、人工工时或机器工时等）的约束，并已知备选方案中各种产品的单位贡献边际和单位产品资源消耗定额（如材料消耗定额、工时定额）的条件下，可考虑采用单位资源贡献边际法进行短期经营决策。

单位资源贡献边际分析法的决策评价指标就是单位资源所能创造的贡献边际指标，该指标的计算公式为：

$$\text{单位资源贡献边际} = \frac{\text{单位贡献边际}}{\text{单位产品资源消耗定额}} \tag{6.2.1}$$

单位资源贡献边际是个正指标，根据它作出决策的判断标准是：哪个方案的该项指标大，哪个方案为优。

单位资源贡献边际分析法比较简单，经常被应用于生产经营决策中的互斥方案决策，如新产品开发的品种决策。

## 二、贡献边际总额分析法

贡献边际总额分析法是指以有关方案的贡献边际总额指标作为决策评价指标的一种方法。

当有关决策方案的相关收入均不为零，相关成本全部为变动成本时，可以将贡献边际总额作为决策评价指标。

贡献边际总额等于相关的销售收入与相关的变动成本之差，该指标是个正指标，根据它作出决策的判断标准是：哪个方案的该项指标大，哪个方案为优。

贡献边际总额分析法经常被应用于生产经营决策中不涉及专属成本和机会成本的单一方案决策或多方案决策中的互斥方案决策，如是否转产某种产品的决策。

## 三、相关损益分析法

相关损益分析法是指在进行短期经营决策时，以相关损益指标作为决策评价指标的一种方法。

某方案的相关损益是指该方案相关收入与相关成本之差。

应用相关损益分析法通常需要编制相关损益分析表，其格式如表 6－2 所示。

**表 6－2　　相关损益分析表**

| 项目 | 方案 | | | |
|---|---|---|---|---|
| | A | B | … | N |
| 相关收入 | $R_A$ | $R_B$ | … | $R_N$ |
| 相关成本 | $C_A$ | $C_B$ | … | $C_N$ |
| 相关损益 | $P_A$ | $P_B$ | … | $P_N$ |

资料来源：吴大军．管理会计［M］．大连：东北财经大学出版社，2018.

相关损益指标是一个正指标，根据它作出决策的判断标准是：哪个方案的相关损益最大，哪个方案就是最优。

此法可以同时用于两个以上方案的排队决策，但无法直接反映中选的方案比放弃的方案多获得的利润。

## 四、差别损益分析法

差别损益分析法是指在进行两个相互排斥方案（以下简称互斥方案）的决策时，以差别损益指标作为评价方案取舍标准的一种决策方法。

应用该法要求将掌握的有关方案的相关收入和相关成本作为基本数据，一旦相关收入和相关成本的内容界定得不准确、不完整，就会直接影响决策质量，甚至会得出错误结论。因此，必须进行细致的相关分析，尤其对相关成本项目必须逐一列出具体的明细项目。

差别损益分析法的决策评价指标是差别损益，需要通过编制差别损益分析表才能求得该指标。差别损益分析表的一般格式如表6－3所示。

表6－3　　差别损益分析表

| 项目 | 方案 | | 差异额（Δ） |
|---|---|---|---|
| | A | B | |
| 相关收入 | $R_A$ | $R_B$ | ΔR |
| 相关成本 | $C_A$ | $C_B$ | ΔC |
| 差别损益 | | | ΔP |

资料来源：吴大军．管理会计［M］．大连：东北财经大学出版社，2018.

表6－3中的差别损益等于差别收入与差别成本之差，即 $\Delta P=\Delta R-\Delta C$，其绝对值表示企业多获得的利润或少发生的损失；差别收入等于两方案相关收入之差，即 $\Delta R=R_A-R_B$；差别成本等于两方案相关成本之差，即 $\Delta C=C_A-C_B$。

根据差别损益作出决策的判断标准是：若差别损益ΔP大于零，则A方案优于B方案；若差别损益ΔP等于零，则A方案与B方案的效益相同；若差别损益ΔP小于零，则B方案优于A方案。

差别损益分析法比较科学、简单、实用，能够直接揭示中选的方案比放弃的方案多获得的利润或少发生的损失（即差别损益的绝对值）。通常适用于单一方案决策或只有两个备选方案的互斥决策，但要按此法对两个以上互斥方案作出决策，就必须逐个筛选，故比较麻烦。

## 五、相关成本分析法

相关成本分析法是指在短期经营决策中，当各备选方案的相关收入均为零时，通过比较各方案的相关成本指标，作出方案选择的一种方法。该法实质上是相关损益分析法的特殊形式。

相关成本分析法也可以通过编制相关成本分析表进行决策，其格式如表6－4所示。

表6－4　　相关成本分析表

| 项目 | 方案 | | | |
|---|---|---|---|---|
| | A | B | … | N |
| 增量成本 | $C_{A1}$ | $C_{B1}$ | … | $C_{N1}$ |
| 机会成本 | $C_{A2}$ | $C_{B2}$ | … | $C_{N2}$ |
| 专属成本 | $C_{A3}$ | $C_{B3}$ | … | $C_{N3}$ |
| ⋮ | ⋮ | ⋮ | ⋮ | … |
| 相关成本合计 | $\sum C_A$ | $\sum C_B$ | … | $\sum C_N$ |

资料来源：吴大军．管理会计［M］．大连：东北财经大学出版社，2018.

相关成本是个反指标，根据它作出决策的判断标准是：哪个方案的相关成本最低，哪个方案最优。

此法可以同时用于两个以上方案的决策，如业务量确定的零部件取得方式的决策。

## 六、成本无差别点法

成本无差别点法是指在各备选方案的相关收入均为零，相关的业务量为不确定因素时，通过判断处于不同水平上的业务量与成本无差别点业务量之间的关系，来作出互斥方案决策的一种方法。

此法要求各方案的业务量单位必须相同，方案之间的相关固定成本水平与单位变动成本水平恰好相互矛盾（如第一个方案的相关固定成本大于第二个方案的相关固定成本，而第一个方案的单位变动成本又恰恰少于第二个方案的单位变动成本），否则无法应用该法。

成本无差别点业务量是指能使两方案总成本相等的业务量，又称成本分界点。若令 A 方案固定成本为 $a_1$，单位变动成本为 $b_1$；B 方案固定成本为 $a_2$，单位变动成本为 $b_2$，且满足 $a_1 > a_2$，$b_1 < b_2$，则成本无差别点业务量 $x_0$ 的基本公式为：

$$\text{成本无差别点业务量 } x_0 = \frac{\text{两方案相关固定成本之差}}{\text{两方案相关单位变动成本之差}} = \frac{a_1 - a_2}{b_2 - b_1} \tag{6.2.2}$$

（1）当业务量大于成本分界点 $x_0$ 时，则固定成本较高的 A 方案优于 B 方案；

（2）当业务量小于成本分界点 $x_0$ 时，则固定成本较低的 B 方案优于 A 方案；

（3）当业务量恰好等于成本分界点 $x_0$ 时，则两方案的成本相等，效益无差别。

成本无差别点法通常被应用于业务量不确定的零部（配）件取得方式的决策和生产工艺技术方案的决策。

## 七、利润无差别点法

利润无差别点法是指利用调价后可望实现销量与利润无差别点销量之间的关系进行调价决策的一种方法，也称为价格无差别点法。

利润无差别点销量是指某种产品为确保原有盈利能力 P，在调价后应至少达到的销售量指标。其公式为：

$$\text{利润无差别点销量} = \frac{\text{固定成本} + \text{调价前可获利润}}{\text{拟调单价} - \text{单位变动成本}} = \frac{a + P}{p_1 - b} \tag{6.2.3}$$

$$= \frac{调价前可获贡献边际}{拟调单价 - 单位变动成本} = \frac{Tcm}{p_1 - b} \quad (6.2.4)$$

可望实现销量需要根据企业现有最大产能和调价后预计市场容量两个指标中较小的一个来确定。在应用利润无差别点法进行调价决策时，应遵循以下标准：

（1）若调价后可望实现销量大于利润无差别点销量，则可以考虑调价；

（2）若调价后可望实现销量小于利润无差别点销量，则不能调价；

（3）若调价后可望实现销量等于利润无差别点销量，则调价与不调价效益一样。

在决策中应当注意：如果调低价格，需要考虑是否追加专属成本投入以提高企业产能；如果调高价格，则需要考虑能否转移相关的相对剩余产能。

### 八、直接判断法

直接判断法是指通过比较方案是否具备有关判断条件直接作出决策的方法，又称简单法。

这种方法以事先掌握的有关判断条件与决策结论之间的内在关系为应用的条件，往往不需要进行复杂的计算，比较简单，可以广泛应用于各类短期经营决策。但不同的决策方案判定的条件不同，在应用时，必须具体问题具体分析，不得生搬硬套。

## 第三节　生产决策——是否生产的决策

是否生产决策是指在进行生产决策时针对组织有关产品生产的方案和拒绝组织该产品生产的方案所作的选择。本节介绍亏损产品的决策和是否接受低价追加订货的决策。

### 一、亏损产品的决策

#### （一）亏损产品的含义

在亏损产品决策中，亏损产品必须同时满足以下两个条件：第一，企业组织多品种（至少两个品种，暂不考虑单一品种）生产经营，并按完全成本法组织成本和损益核算；第二，在确认损益时，只有一个特殊品种按完全成本法确定的成本费用大于该产品的收入。满足上述两个条件，则该特殊品种就是亏损产品决策中的亏损产品。

## （二）亏损产品决策的含义及方案设计

亏损产品决策，是指围绕特定的亏损产品在未来“是否继续生产”或“是否增产”而开展的决策分析，属于“是否生产”的决策。具体包括：是否继续生产亏损产品的决策、是否增产亏损产品的决策以及增产多少的决策三部分内容。

可供选择的亏损产品决策备选方案包括三种基本类型：第一，“停止生产亏损产品”方案，简称“停产”方案；第二，“继续按原规模生产亏损产品”方案，简称“继续生产亏损产品”方案，又称“不停不增”方案；第三，“增产亏损产品”方案，简称“增产”方案。其中，按增产产量的不同，增产方案又包括不同规模的具体方案。

而对于是否增产亏损产品决策的备选方案有两组：一组是“增产亏损产品”方案和“继续按原有规模生产亏损产品”方案；另一组是“增产亏损产品”方案和“不增产该产品”方案。

## （三）亏损产品决策的相关损益分析法

在亏损产品决策中，相关损益分析表的标准模板如表 6－5 所示。

**表 6－5　　亏损产品决策相关损益分析表标准模板**

| 项目 | 方案 | | |
|---|---|---|---|
| | 增产 | 不停不增 | 停产 |
| 相关收入 | 单价×新销量 | 单价×原销量 | 单价×0 |
| 相关成本 | 以下四项合计 | 以下四项合计 | 0 |
| 其中：增量成本 | 单位变动成本×新销量 | 单位变动成本×原销量 | 单位变动成本×0 |
| 机会成本Ⅰ | 与可转移的相对剩余产能有关 | 同左 | 0 |
| 机会成本Ⅱ | 与可转移的绝对剩余产能有关 | 0 | 0 |
| 专属成本 | 与弥补增产能力不足有关 | 0 | 0 |
| 相关损益 | $P_1$ | $P_2$ | 0 |

资料来源：吴大军．管理会计［M］．大连：东北财经大学出版社，2018.

**【例 6－2】**利用相关损益分析法进行亏损产品决策。

已知：丰华企业组织多品种经营，有关盈亏按完全成本法计算。其中有一种产品 2020 年的产销量为 1 000 件，销售收入为 1 000 万元，完全销售成本为1 100 万元，亏损 100 万元。其单位变动成本为 80 万元/件。假定企业 2021 年市场销路、成本水平均不变。

要求：（1）假定企业 2021 年与该亏损产品有关的产能无法转移。利用相关损益分析法作出 2021 年是否继续生产该产品的决策。

（2）假定企业与该亏损产品有关的产能可用于临时对外出租，租金收入为

250 万元；企业已具备增产 50% 该亏损产品的能力，且无法转移。利用相关损益分析法在增产该产品、不增产也不停产和停止生产该产品三个备选方案中作出决策。

解：(1) 依题意，编制相关损益分析表，如表 6－6 所示。

**表 6－6**　　相关损益分析表　　单位：万元

| 项目 | 方案 | |
|---|---|---|
| | 继续生产 | 停产 |
| 相关收入 | 1 000 | 0 |
| 相关成本 | 800 | 0 |
| 其中：增量成本 | 800 | 0 |
| 机会成本 | 0 | 0 |
| 相关损益 | 200 | 0 |

根据表 6－6 中的相关损益指标，可得出以下决策结论：因为继续生产和停产两个方案的相关损益分别为 200 万元和 0，所以，应该选择继续生产该产品。

(2) 依题意，编制相关损益分析表，如表 6－7 所示。

**表 6－7**　　相关损益分析表　　单位：万元

| 项目 | 方案 | | |
|---|---|---|---|
| | 增产 50% | 不停不增 | 停产 |
| 相关收入 | 1 000 × (1 + 0.5) = 1 500 | 1 000 | 0 |
| 相关成本 | 1 450 | 1 050 | 0 |
| 其中：增量成本 | 800 × (1 + 0.5) = 1 200 | 800 | 0 |
| 机会成本 | 250 | 250 | 0 |
| 相关损益 | 50 | －50 | 0 |

根据表 6－7 中的相关损益指标，可得出以下决策结论：因为三个方案相关损益依次为 50 万元、－50 万元和 0，所以，可以断定，增产 50% 为最优方案，其次为停产，不停不增的方案为最差。

### (四) 亏损产品决策的差别损益分析法

差别损益分析法不能同时用于增产亏损产品、不停不增亏损产品和停产亏损产品三个方案的比较决策，只能两两比较。通常先作出是否继续生产亏损产品的决策，然后根据决策结论再作出是否增产亏损产品的决策。

应用差别损益分析法，需要先编制差别损益分析表，在亏损产品决策中主要有三种标准模板。

模板 I 的格式如表 6－8 所示，适用于是否继续按原规模生产亏损产品决策(简称是否停产决策)。

表 6-8　　差别损益分析表（模板Ⅰ：是否停产决策）　　单位：元

| 项目 | 方案 | | |
|---|---|---|---|
| | 继续按原规模生产亏损产品 | 停产亏损产品 | 差异额 |
| 相关收入 | 单价×原销量 | 单价×0 | 差别收入 |
| 相关成本 | 以下两项合计 | 0 | 差别成本 |
| 其中：增量成本 | 单位变动成本×原销量 | 单位变动成本×0 | — |
| 机会成本Ⅰ | 与可转移的相对剩余产能有关 | 0 | — |
| 差别损益 | | | ΔP |

资料来源：吴大军．管理会计［M］．大连：东北财经大学出版社，2018.

模板Ⅱ的格式如表 6-9 所示，适用于是否增产亏损产品决策（以不停产为前提）。

表 6-9　　差别损益分析表（模板Ⅱ：以不停产为前提的是否增产决策）　　单位：元

| 项目 | 方案 | | |
|---|---|---|---|
| | 增产亏损产品 | 不停不增亏损产品 | 差异额 |
| 相关收入 | 单价×增产量 | 单价×0 | 差别收入 |
| 相关成本 | 以下三项合计 | 0 | 差别成本 |
| 其中：增量成本 | 单位变动成本×增产量 | 单位变动成本×0 | — |
| 机会成本Ⅱ | 与可转移的绝对剩余产能有关 | 0 | — |
| 专属成本 | 不具备增产能力或能力不足 | 0 | — |
| 差别损益 | | | ΔP |

资料来源：吴大军．管理会计［M］．大连：东北财经大学出版社，2018.

注意：在是否增产决策中，不停不增亏损产品方案中的相关销量不是原销量，而是零；而且该方案的相关成本中不包括与可以转移的相对剩余产能有关的机会成本Ⅰ。

模板Ⅲ的格式如表 6-10 所示，适用于是否增产亏损产品决策（以停产为前提）。

表 6-10　　差别损益分析表（模板Ⅲ：以停产为前提的是否增产决策）　　单位：元

| 项目 | 方案 | | |
|---|---|---|---|
| | 增产亏损产品 | 停产亏损产品 | 差异额 |
| 相关收入 | 单价×增产后的新销量 | 单价×0 | 差别收入 |
| 相关成本 | 以下四项合计 | 0 | 差别成本 |
| 其中：增量成本 | 单位变动成本×增产后的新销量 | 单位变动成本×0 | — |
| 机会成本Ⅰ | 与可转移的相对剩余产能有关 | 0 | — |
| 机会成本Ⅱ | 与可转移的绝对剩余产能有关 | 0 | — |
| 专属成本 | 不具备增产能力或能力不足 | 0 | — |
| 差别损益 | | | ΔP |

资料来源：吴大军．管理会计［M］．大连：东北财经大学出版社，2018.

注意：增产后的新销量等于原销量与增产量之和。

【例 6-3】利用差别损益分析法进行亏损产品决策。

已知：仍按〖例 6-2〗中的相关资料。

要求：假定 2021 年企业与该亏损产品有关的产能无法转移；企业已具备增产 50% 该亏损产品的能力能够转移，可用于临时承揽零星加工业务，可获得 150 万元的贡献边际。在企业不停产的前提下，利用差别损益分析法作出是否应当增产 50% 该亏损产品的决策。

解：依题意，编制差别损益分析表，如表 6-11 所示。

表 6-11　差别损益分析表　单位：万元

| 项目 | 方案 | | |
|---|---|---|---|
| | 增产亏损产品 | 不停不增亏损产品 | 差异额 |
| 相关收入 | 1 000 × 0.5 = 500 | 0 | +500 |
| 相关成本 | 550 | 0 | +550 |
| 其中：增量成本 | 800 × 0.5 = 400 | 0 | — |
| 机会成本Ⅱ | 150 | 0 | — |
| 差别损益 | | | -50 |

根据表 6-11 中的差别损益指标，可得出以下决策结论：因为差别损益小于零，所以不应当增产亏损产品，这样可以比增产少发生 50 万元的损失。

### （五）亏损产品决策的直接判断法

通过观察差别损益分析法在亏损产品决策中应用的前两个标准模板，可以概括出是否继续生产亏损产品决策和是否增产亏损产品决策（以继续生产亏损产品为前提）的直接判断标准。

在亏损产品决策中应用直接判断法，若只有两个备选方案，应当掌握以下决策标准：

1. 是否停产决策。

（1）相对剩余产能无法转移时，不停产的判定标准：销售收入大于变动成本；贡献边际大于零；单价大于单位变动成本；单位贡献边际大于零；贡献边际率大于零；变动成本率小于 1。

注意：在相对剩余产能无法转移时，只要满足任意一个判定标准，就不应停产。

（2）相对剩余产能可以转移时，不停产的判定标准：贡献边际大于与相对剩余生产经营能力转移有关的机会成本Ⅰ。

2. 是否增产决策（不应停产）。

（1）已经具备增产能力，且无法转移时，应增产的判定标准：不停产就应当增产。

（2）已经具备增产能力，且可以转移时，应增产的判定标准：增加的贡献边际大于与绝对剩余生产经营能力转移有关的机会成本Ⅱ。

（3）尚不具备增产能力时，应增产的判定标准：增加的贡献边际大于专属成本。

由于只有在满足特定条件时，才可以应用直接判断法，导致该法的应用范围比较小。但由于不需要计算大量指标，应用时比较简单。

在相对剩余产能无法转移的条件下，亏损产品决策应当首先考虑采用直接判断法。可结合本节相关例题数据，对符合直接判断法应用条件的例题，按此法进行决策，并验证决策结论的正确性。

**【例 6－4】**利用直接判断法进行亏损产品决策。

已知：仍按〖例 6－2〗的相关资料。

要求：假定企业 2021 年与该亏损产品有关的产能无法转移。利用直接判断法作出 2021 年是否继续生产该产品的决策。

解：因为该亏损产品 2020 年的销售收入 1 000 万元大于变动成本 800 万元；该亏损产品 2020 年的贡献边际 200 万元大于零。符合继续生产亏损产品的条件。所以，2021 年应当继续生产该产品，否则企业将多损失 200 万元的利润。意味着，只要亏损产品能够提供贡献毛益额，就能弥补一部分固定成本，因此，除特殊情况，一般不应停产。

## 二、是否接受低价追加订货的决策

### （一）相关概念

1. 订货的概念。订货（order）是指客户向产品供应厂家发出的采购某种商品的要约，也称订单。供需双方一旦就某一特定订货签订了合同，就意味着围绕该商品的数量、质量、销售单价、结算方式、交货时间地点等一系列事先约定的条款，均以法律的形式确定下来。

对供货单位来说，组织日常的产品生产和销售，必须根据事先与客户签署的订货合同行事。

2. 正常订货的概念。正常订货是指企业在组织一定时期生产之前争取到的已纳入该期生产经营计划的订货，又称正常任务。

企业事先编制的销售预算、生产预算等业务预算，主要是根据预算期以前召开的订货会上取得的正常订货信息作出的。

我们所关注的正常订货信息主要有正常订货量、成交价格、交货期和违约罚款等。

3. 追加订货的概念。追加订货通常是指企业在生产经营计划的执行过程中，由客户临时提出的额外订货任务，即正常订货以外的订货。

我们所关注的追加订货信息主要有追加订货量、特殊价格、交货期和违约罚款，以及是否有特殊工艺要求等。

4. 正常价格的含义。与正常订货相联系的售价为正常价格。

即使所有的正常订货都是在同一个订货会上签订确认的，对同一种产品的不同订单而言，其单位售价的水平也不可能完全一致，往往出现差异。这是因为与购货数量相联系的商业折扣和企业与客户的关系密切程度不同等多方面因素，都会对订货价格产生这样或那样的影响。

为了简化分析过程，假定在决策中，正常价格是经过加权平均处理的正常订货的平均单价。

5. 特殊价格的含义。追加订货的价格与正常订货的价格相比，可能有以下三种情况：前者高于后者，前者等于后者和前者低于后者。

我们将低于正常订货价格的追加订货价格称为特殊价格。

6. 是否接受低价追加订货决策的含义。是否接受低价追加订货决策简称追加订货决策，是指企业在正常经营过程中对于是否安排低于正常订货价格的追加订货生产任务所作的决策。它属于“接受或拒绝方案”的决策类型。

在这类追加订货中，订货方提出的订货价格水平偏低，甚至低于正常订货的单位完全生产成本，属于特殊价格。

### （二）开展是否接受低价追加订货决策需要掌握的信息

开展是否接受低价追加订货决策需要掌握以下四个方面的信息，如表 6－12 所示。

**表 6－12　　是否接受低价追加订货决策需要掌握的信息**

| 已知的正常订货信息 | 已知的追加订货信息 |
|---|---|
| 正常单价<br>最大产能<br>正常订货量（注意与最大产能的关系①）<br>绝对剩余产能能否转移及其转移方向②<br>机会成本Ⅰ③<br>不能及时交货的违约条款（违约罚金④）<br>单位完全生产成本<br>固定生产成本 | 特殊单价<br>追加订货量<br>不能如期交货的违约条款（违约罚金等⑧）<br>与弥补产能不足有关的专属成本⑨<br>与特殊工艺要求有关的专属成本⑩ |
| **根据正常订货资料计算的信息** | **根据正常订货和追加订货综合计算的信息** |
| 绝对剩余产能⑤<br>单位固定生产成本⑥<br>单位变动生产成本⑦ | 增量成本⑪<br>机会成本Ⅱ⑫<br>因违约而形成的专属成本⑬ |

注：①最大产能可能大于或等于正常订货量。

②只有在最大产能大于正常订货量的条件下才会有剩余产能能否转移的问题。

③当绝对剩余产能不是零，而且能够转移，就会发生相应的机会成本，我们称为机会成本Ⅰ。这种与可以转移的剩余产能有关的机会成本的计量方法与亏损产品决策、有关产品是否深加工决策中有关内容相类似，这里假定机会成本Ⅰ为已知数据。如果剩余产能等于零，或者虽然它不等于零，但无法转移，就不会发生机会成本Ⅰ。

④与正常订货有关的违约罚金，是指如果不能按正常订货合同如期交货，必须由企业向客户支付的罚金。

⑤绝对剩余产能 = 最大产能 - 正常订货量

⑥单位固定生产成本 = 固定生产成本/正常订货量

当事先没有提供单位固定生产成本资料时，需要利用这个公式。注意分母是正常订货量，而不是最大产能。计算这个指标是为了进一步计算单位变动生产成本。

⑦单位变动生产成本 = 单位完全生产成本 - 单位固定生产成本

当事先没有提供单位变动生产成本资料时，需要利用这个公式。

⑧与追加订货有关的违约罚金，是指如果不能按追加订货合同如期交货，必须由企业向客户支付的罚金。

⑨当追加订货量大于绝对剩余产能，需要弥补产能时，才会发生。

⑩通常是已知数据。

⑪增量成本 = 单位变动生产成本 × 相关产量

其中，相关产量是剩余产能和追加订货量中较小的数值。

⑫机会成本Ⅱ是指因冲击正常任务而引起的机会成本，计算公式为：

机会成本Ⅱ = 正常单价 × 冲击正常任务量

其中，冲击正常任务量 = 追加订货量 - 剩余产能。所谓冲击正常任务，就是指由于追加订货量大于剩余产能，只得用一部分正常订货来弥补产能的不足，而导致这部分产品不能按正常单价来出售。在这种情况下，就会发生不能按正常价格出售的正常订货收入，就应当作为接受追加订货的机会成本。

⑬因违约而形成的专属成本 = 因冲击正常任务有关的违约罚金 + 因追加订货无法如期交货的罚金

资料来源：吴大军. 管理会计［M］. 大连：东北财经大学出版社，2018.

### （三）追加订货量与剩余产能的关系

如果追加订货量小于或等于剩余产能时，企业就可以利用现有的绝对剩余产能来完成追加订货量的任务，这是比较正常的。

但是，一旦出现了追加订货量大于剩余产能，也就是剩余产能不足以完成追加订货，就要考虑不同的处理方案，情况就会变得十分复杂。

假定某企业只生产一种产品，最大产能为 1 000 件，正常订货量为 900 件。那么，绝对剩余产能等于 100 件。现有一位客户要求追加订货 150 件。因为 150 件大于 100 件，说明剩余产能不足。在剩余产能不足的情况下，企业要解决这个问题有三种方法：

第一，与客户进行协商，减少追加订货量。但如果对方坚持按原定数量追加订货，而且有相应的违约条款，那么企业只能按剩余产能提供部分追加订货。根据追加订货合同的违约条款，向客户支付因在经营期内不能如数及时交货而发生的违约罚款。

第二，通过租入设备或购买设备的方式，追加资金投入，弥补产能的不足，这样也会发生相应的专属成本。

第三，既不减少追加订货量，也不追加专属成本，而是将正常订货的一部分挪作追加订货，以弥补剩余产能的不足。仍用上面举的例子，假设追加订货 150 件必须在计划期内交货，不能延迟，那么只能利用剩余产能多生产 100 件产品，然后从正常订货的 900 件里拿出 50 件，按照低价出售，以满足追加订货量的要求。这样就会发生冲击正常任务的现象。

### （四）是否接受低价追加订货决策的相关损益分析法

进行是否接受低价追加订货决策，相关损益分析法适用于任何复杂情况。可以利用相关损益分析法的标准模板，如表 6－13 所示，作出低价追加订货决策。

**表 6－13　相关损益分析法的标准模板（复杂情况下的低价追加订货决策）**

| 项目 | 方案 | | | |
|---|---|---|---|---|
| | 无条件接受全部追加订货① | 有条件接受全部追加订货② | 接受部分追加订货③ | 拒绝接受全部追加订货 |
| 相关收入 | 特殊价格 × 全部追加订货量 | 特殊价格 × 全部追加订货量 | 特殊价格 × 部分追加订货量 | 0 |
| 相关成本 | 以下各项合计 | 以下各项合计 | 以下各项合计 | 0 |
| 其中：增量成本 | 单位变动生产成本 × 剩余产能④ | 单位变动生产成本 × 全部追加订货量⑤ | 单位变动生产成本 × 部分追加订货量 | 0 |
| 机会成本Ⅰ | 与可转移的绝对剩余产能有关 | 与可转移的绝对剩余产能有关 | 与可转移的绝对剩余产能有关 | 0 |
| 机会成本Ⅱ | 正常价格 × 冲击正常任务量 | 0 | 0 | 0 |
| 专属成本Ⅰ | 与特殊工艺要求有关 | 与特殊工艺要求有关 | 与特殊工艺要求有关 | 0 |
| 专属成本Ⅱ | 正常任务违约罚金 | 与增加产能有关 | 因追加订货无法如期交货的罚金 | 0 |
| 相关损益 | $P_1$ | $P_2$ | $P_3$ | 0 |

注：①无条件接受全部追加订货是指不增加产能，冲击正常任务，接受全部追加订货。

②有条件接受全部追加订货是指增加产能，不冲击正常任务，接受全部追加订货。

③接受部分追加订货是指不增加产能，不冲击正常任务，接受部分追加订货。

④此时，因为不增加产能，剩余产能小于追加订货量，所以相关产量选择剩余产能。

⑤此时，因为通过增加产能完成全部追加订货，所以相关产量是全部追加订货量。

资料来源：吴大军．管理会计［M］．大连：东北财经大学出版社，2018.

**【例 6－5】**利用相关损益分析法进行低价追加订货决策。

已知：某企业只生产一种产品，全年最大生产能力为 1 200 件。

（1）基本资料：年初已按 100 元/件的价格接受正常任务 1 000 件。该产品的单位完全生产成本为 80 元/件，单位固定生产成本为 25 元/件。现有一客户要求以 70 元/件的价格追加订货。

（2）补充资料一：追加订货量为 300 件，剩余能力无法转移。因无法履约正常任务需支付的违约金为 800 元。

（3）补充资料二：若追加 1 000 元专属成本，可使最大产能达到 1 500 件。

（4）补充资料三：若追加订货无法如期交货，需支付违约金 900 元。

要求：利用相关损益法作出是否接受低价追加订货的决策，同时说明理由。

解：单位变动生产成本＝80－25＝55（元/件）

剩余产能＝1 200－1 000＝200（件）

冲击正常任务量＝300－200＝100（件）

依题意，编制相关损益分析表，如表 6－14 所示。

表 6-14　　相关损益分析表（低价追加订货决策）　　单位：元

| 项目 | 方案 | | | |
|---|---|---|---|---|
| | 无条件接受全部追加订货 | 有条件接受全部追加订货 | 接受部分追加订货 | 拒绝接受全部追加订货 |
| 相关收入 | 70×300=21 000 | 70×300=21 000 | 70×200=14 000 | 0 |
| 相关成本 | 21 800 | 17 500 | 11 900 | 0 |
| 其中：增量成本 | 55×200=11 000 | 55×300=16 500 | 55×200=11 000 | 0 |
| 机会成本Ⅰ | 0 | 0 | 0 | 0 |
| 机会成本Ⅱ | 100×100=10 000 | 0 | 0 | 0 |
| 专属成本Ⅰ | 0 | 0 | 0 | 0 |
| 专属成本Ⅱ | 800 | 1 000 | 900 | 0 |
| 相关损益 | -800 | 3 500 | 2 100 | 0 |

从表 6-14 中的相关损益数据可见，四个备选方案的相关损益依次为 -800 元、3 500 元、2 100 元和 0，据此可以断定，方案二最优，其次为方案三，再次为方案四，方案一最差。建议企业选择有条件接受全部追加订货的方案。

### （五）是否接受低价追加订货决策的差别损益分析法

在追加订货决策中，如果不考虑增加产能的问题，也不考虑接受部分追加订货的方案，那么，不论剩余产能能否转移，也不管追加订货量是否大于剩余产能，只能有“接受追加订货”和“拒绝接受追加订货”两个备选方案可供选择。本教材中将这种情况称为“简单情况”，与此相对应，凡同时涉及“增加产能”和“接受部分追加订货”的情况称为“复杂情况”。

在简单情况下，建议优先考虑应用更为简单的差别损益分析法作出决策。

应用差别损益分析法决策时，可参考差别损益分析表的标准模板，如表 6-15 所示。

表 6-15　　差别损益分析表标准模板（简单情况下的低价追加订货决策）

| 项目 | 方案 | | |
|---|---|---|---|
| | 接受追加订货* | 拒绝接受全部追加订货 | 差异额 |
| 相关收入 | 特殊价格×全部追加订货量 | 0 | 差别收入 |
| 相关成本 | 以下各项合计 | 0 | 差别成本 |
| 其中：增量成本 | 单位变动生产成本×min {追加订货量，剩余产能} | 0 | — |
| 机会成本Ⅰ | 与可转移的绝对剩余产能有关 | 0 | — |
| 机会成本Ⅱ | 因冲击正常任务而引起的机会成本 | 0 | — |
| 专属成本Ⅰ | 与特殊工艺要求有关 | 0 | — |
| 专属成本Ⅱ | 正常任务违约罚金 | 0 | — |

续表

| 项目 | 方案 | | |
|---|---|---|---|
| | 接受追加订货* | 拒绝接受全部追加订货 | 差异额 |
| 差别损益 | | | ΔP |

注：* 不考虑增加产能，也不考虑接受部分追加订货。此时，接受追加订货，意味着要接受全部追加订货，而且当追加订货量大于剩余产能时，要冲击正常任务。

资料来源：吴大军．管理会计［M］．大连：东北财经大学出版社，2018.

**【例6－6】**利用相关损益分析法进行低价追加订货决策。

已知：沿用〖例6－5〗中的基本资料。若追加订货量为200件；剩余能力可用于对外出租，可获租金收入5 000元；因有特殊要求，企业追加500元专属成本。

要求：利用差别损益法作出是否接受低价追加订货的决策。

解：依题意，编制差别损益分析表，如表6－16所示。

**表6－16　差别损益分析表（低价追加订货决策）**　单位：元

| 项目 | 方案 | | |
|---|---|---|---|
| | 接受追加订货 | 拒绝接受追加订货 | 差异额 |
| 相关收入 | 70×200＝14 000 | 0 | 14 000 |
| 相关成本 | 16 500 | 0 | 16 500 |
| 其中：增量成本 | 55×200＝11 000 | 0 | — |
| 机会成本Ⅰ | 5 000 | 0 | — |
| 机会成本Ⅱ | 0 | 0 | — |
| 专属成本Ⅰ | 500 | 0 | — |
| 专属成本Ⅱ | 0 | 0 | — |
| 差别损益 | | | －2 500 |

决策结论：应当拒绝接受追加订货，否则，企业将损失2 500元的利润。

### （六）是否接受低价追加订货决策的直接判断法

应用直接判断法，必须同时满足以下两个条件：

第一，只考虑100%追加订货量，不考虑接受部分订货方案；

第二，追加订货量小于或等于企业的绝对剩余产能。在这种情况下，企业就有可能利用其绝对剩余产能来组织追加订货的生产，而不冲击正常任务的完成，无机会成本Ⅱ，无专属成本Ⅱ。

此时，接受订货的判断标准为：

（1）当剩余产能无法转移（无机会成本Ⅰ），没有特殊工艺要求（无专属成本Ⅰ）时，只要特殊价格大于单位变动生产成本，就应当接受追加订货。

（2）当剩余产能可以转移（有机会成本Ⅰ），有特殊工艺要求（有专属成本Ⅰ）时，只要增量贡献边际大于机会成本Ⅰ和专属成本Ⅰ，就应当接受追加订货。

【例6-7】利用直接判断法进行低价追加订货决策。

已知：沿用〖例6-5〗中的基本资料。若追加订货量为200件；剩余能力可用于对外出租，可获租金收入5 000元；因有特殊要求，企业追加500元专属成本。

要求：利用直接判断法作出是否接受低价追加订货的决策。

解：(1) 根据〖例6-5〗中的资料，本题没有考虑部分接受订货方案，而且机会成本Ⅱ和专属成本Ⅱ均为零，接受追加订货的判断标准为："增量贡献边际大于机会成本Ⅰ和专属成本Ⅰ之和。"

增量贡献边际 =（特殊价格 - 单位变动生产成本）× 追加订货量
=（70 - 55）× 200 = 3 000（元）

机会成本Ⅰ + 专属成本Ⅰ = 5 000 + 5 00 = 5 500（元）

因为3 000元小于5 500元，可直接得出"拒绝接受追加订货"的结论。

## 三、亏损产品决策的案例分析

### （一）亏损产品决策案例基本资料

HG公司常年组织甲、乙、丙三种产品的生产经营，每年按上一年召开的订货会上与购货方签订的供货合同中约定的销量和价格组织生产和销售，故每种产品都能实现产销平衡。成本计算采用完全成本法，但为了加强预测和决策管理，公司已尝试对各年的总成本进行成本性态分析。

2×23年甲产品的单价为200元/件，单位变动生产成本为170元/件，单位变动非生产成本为20元/件，产销量为1 000件。根据对计划数据的整理，按完全成本法编制的2×23年分品种利润测算表（简称原表）如表6-17所示。

**表6-17　　2×23年分品种利润测算表（原表）　　单位：元**

| 项目 | 产品 | | | |
|---|---|---|---|---|
| | 甲产品 | 乙产品 | 丙产品 | 合计 |
| 营业收入 | 200 000 | 2 200 000 | 400 000 | 2 800 000 |
| 减：营业成本 | | | | |
| 其中：变动生产成本 | 170 000 | 1 320 000 | 120 000 | 1 610 000 |
| 固定生产成本 | 40 000 | 440 000 | 80 000 | 560 000 |
| 营业成本合计 | 210 000 | 1 760 000 | 200 000 | 2 170 000 |
| 营业毛利 | -10 000 | 440 000 | 200 000 | 630 000 |
| 减：非生产成本 | | | | |
| 其中：变动非生产成本 | 20 000 | 176 000 | 10 000 | 206 000 |
| 固定非生产成本 | -5 000 | 220 000 | 100 000 | 315 000 |
| 非生产成本合计 | 15 000 | 396 000 | 110 000 | 521 000 |
| 营业利润 | -25 000 | 44 000 | 90 000 | 109 000 |

说明：表中的全厂固定生产成本按营业收入的比重在各品种之间分配，为了能计算每种产品的营业利润，公司将固定非生产成本按营业毛利的比重在各品种之间分配。

2×24 年度订货会定于 2×23 年第三季度末召开。会前，公司组织了一次有生产、营销和财务等部门代表参加的 2×24 年产品生产经营规划务虚会。假定 2×24年各产品的产销量、销售单价、成本费用水平均与 2×23 年相同。

会上，大家围绕 2×24 年是否继续生产甲产品展开了激烈的争论，主要形成了三种观点：

第一种观点以李会计师为代表。他认为，如果 2×24 年继续生产甲产品，则该年的分品种利润测算表数据就与 2×23 年的原表完全一致，只需将表 6-17 中的时间“2×23 年”改为“2×24 年”即可。

从表 6-17 中能清晰地看出，甲产品亏损了 25 000 元。如果 2×24 年停止生产甲产品，就可以消灭 25 000 元的亏损，能使公司相应增加这么多的利润。故建议停止生产甲产品。

第二种观点是生产部门的张经理提出来的，他认为 2×24 年应当继续生产甲产品。为了寻求数据依据，他请财会部门帮助编制了 2×24 年停产甲产品后分品种利润测算表（简称张表），如表 6-18 所示。

**表 6-18　　2×24 年停产甲产品后分品种利润测算表（张表）　　单位：元**

| 项目 | 产品 | | | |
|---|---|---|---|---|
| | 甲产品 | 乙产品 | 丙产品 | 合计 |
| 营业收入 | 0 | 2 200 000 | 400 000 | 2 600 000 |
| 减：营业成本 | | | | |
| 其中：变动生产成本 | 0 | 1 320 000 | 120 000 | 1 440 000 |
| 固定生产成本 | 0 | 474 000 | 86 000 | 560 000 |
| 营业成本合计 | 0 | 1 794 000 | 206 000 | 2 000 000 |
| 营业毛利 | 0 | 406 000 | 194 000 | 600 000 |
| 减：非生产成本 | | | | |
| 其中：变动非生产成本 | 0 | 176 000 | 10 000 | 186 000 |
| 固定非生产成本 | 0 | 213 000 | 102 000 | 315 000 |
| 非生产成本合计 | 0 | 389 000 | 112 000 | 501 000 |
| 营业利润 | 0 | 17 000 | 82 000 | 99 000 |

从表 6-18 中的数据可见，停止生产甲产品后，虽然甲产品的亏损被消灭了，但乙产品和丙产品的利润都降低了，导致企业总利润由原来的 109 000 元降低至 99 000 元，损失额达到 10 000 元，因此，不应停产甲产品。

第三种观点是营销部王经理提出来的。他针对甲产品市场需求大，且公司已具备增产四成甲产品的产能，建议 2×24 年不但不能停止甲产品的生产，反而应当增产甲产品。他的根据是委托财会部门帮助测算的 2×24 年增产甲产品后分品种利润测算表（简称王表），如表 6 – 19 所示。

表 6 – 19　　2 × 24 年增产甲产品后分品种利润测算表（王表）　　单位：元

| 项目 | 产品 | | | |
|---|---|---|---|---|
| | 甲产品 | 乙产品 | 丙产品 | 合计 |
| 营业收入 | 280 000 | 2 200 000 | 400 000 | 2 880 000 |
| 减：营业成本 | | | | |
| 其中：变动生产成本 | 238 000 | 1 320 000 | 120 000 | 1 678 000 |
| 固定生产成本 | 54 000 | 428 000 | 78 000 | 560 000 |
| 营业成本合计 | 292 000 | 1 748 000 | 198 000 | 2 238 000 |
| 营业毛利 | – 12 000 | 452 000 | 202 000 | 642 000 |
| 减：非生产成本 | | | | |
| 其中：变动非生产成本 | 28 000 | 176 000 | 10 000 | 214 000 |
| 固定非生产成本 | – 6 000 | 222 000 | 99 000 | 315 000 |
| 非生产成本合计 | 22 000 | 398 000 | 109 000 | 529 000 |
| 营业利润 | – 34 000 | 54 000 | 93 000 | 113 000 |

从表 6 – 19 中的数据可见，增产甲产品，不但不能消灭甲产品 25 000 元的亏损额，反而使其达到 34 000 元，但企业的总利润却由原来的 109 000 元增加到 113 000 元，净增 4 000 元。因此，对企业而言，选择增产甲产品，可以吃小亏占大便宜。

对此，大家纷纷发表看法。

有人说甲产品之所以亏损，是因为原表（表 6 – 17）中固定生产成本的分配依据错误，不应该以营业收入的比重为分配依据；另外该成本属于无关成本，在决策时不需要考虑。

有人对原表（表 6 – 17）中按营业毛利的比重分配固定非生产成本提出异议，认为固定非生产成本属于期间成本，不需要分配。

有人指出，张表（表 6 – 18）的计算存在问题，没有考虑到相对剩余产能可以转移的事实，因为生产甲产品的产能能够转移，可分别用于对外经营租赁或临时承揽零星加工业务。在决策时应当考虑相关的机会成本。

还有人说，可用于增产甲产品的绝对剩余产能也存在可以转移的问题，在王表（表 6 – 19）中也没有考虑相关的机会成本。

有人质问：既然甲产品的市场容量不受限制，为什么不追加投入一定数额的专属成本，使甲产品的产销量达到 2 × 23 年的两倍。

更多的参会人反映，无论是原表（表 6 – 17），还是张表（表 6 – 18）或王表（表 6 – 19），都过于复杂，不容易看懂，而且还存在对乙产品和丙产品的重复计算。建议编制更为科学、简便、易懂的分析表作为决策的依据。

另外，大家对于发言中涉及的一些专业术语也不大明白，希望有人进行解释。

### （二）亏损产品决策案例分析要求

已知：根据亏损产品决策案例的基本资料，假定读者是 HG 公司聘请的财务咨询人员，并参加了会议。

要求：请你对上例中的相关问题作出合理的解释，并帮助该公司最终作出科学的决策。

### （三）亏损产品决策案例分析

1. 对总额法的评价。亏损产品决策案例基本资料中的三种观点都是以基于完全成本法编制的利润表数据提出来的，这种根据利润总额进行决策的方法，在管理会计中称为总额法。

由于应用总额法时涉及与决策无关的无关收入和无关成本，不仅重复计算量过大，还容易导致决策失误，因此，在短期经营决策中，不建议应用总额法。

2. 相关损益分析法在亏损产品决策中的应用（基于基本资料）。

已知：亏损产品决策案例基本资料中与三种观点有关的数据。

要求：用相关损益分析法作出亏损产品决策，并说明理由。

解：（1）备选方案的设计。

根据案例的基本资料，可设计以下三个备选方案：

第一个方案，是王经理提出的“增产四成甲产品”的方案。

第二个方案，是张经理提出的“继续按原规模生产甲产品”的方案。

第三个方案，是李会计师提出的“停产甲产品”的方案。

（2）相关指标的计算。

增产四成甲产品方案的相关指标：

相关业务量 $=1\ 000\times(1+4\div10)=1\ 400$（件）

相关收入 $=200\times1\ 400=280\ 000$（元）

增量成本 $=(170+20)\times1\ 400=266\ 000$（元）

机会成本Ⅰ $=0$

机会成本Ⅱ $=0$

专属成本 $=0$

继续按原规模生产甲产品方案的相关指标：

相关业务量为 1 000 件

相关收入 $=200\times1\ 000=200\ 000$（元）

增量成本 $=(170+20)\times1\ 000=190\ 000$（元）

机会成本Ⅰ $=0$

机会成本Ⅱ $=0$

专属成本 $=0$

停产甲产品方案的相关指标：

相关业务量为 0

相关收入 =200 ×0 =0

增量成本 =(170 +20) ×0 =0

机会成本Ⅰ =0

机会成本Ⅱ =0

专属成本 =0

将以上三个方案的相关指标填入相关损益分析表标准模板，如表 6 –20 所示。

**表 6 –20　　相关损益分析表（基于基本资料）**　　单位：元

| 项目 | 方案 | | |
|---|---|---|---|
| | 增产四成甲产品 | 继续按原规模生产甲产品 | 停产甲产品 |
| 相关收入 | 280 000 | 200 000 | 0 |
| 相关成本 | 266 000 | 190 000 | 0 |
| 其中：增量成本 | 266 000 | 190 000 | 0 |
| 机会成本Ⅰ | 0 | 0 | 0 |
| 机会成本Ⅱ | 0 | 0 | 0 |
| 专属成本 | 0 | 0 | 0 |
| 相关损益 | 14 000 | 10 000 | 0 |

根据表 6 –20 中的相关损益指标，可得出以下决策结论：因为根据基本资料确定的三个方案相关损益依次为 14 000 元、10 000 元和 0，所以，可以断定，增产四成甲产品为最优方案，其次为继续按原规模生产甲产品，停产甲产品的方案最差。

3. 相关损益分析法在亏损产品决策中的应用（基于拓展资料）。

已知：仍按亏损产品决策案例基本资料，考虑与会者的意见，补充以下拓展资料：

拓展资料Ⅰ：针对表 6 –18（张表）中没有考虑可以转移的相对剩余产能问题，补充假定 HG 公司生产甲产品的产能（相对剩余产能）能够转移，可分别用于对外经营租赁或临时承揽零星加工业务，分别可获得 10 400 元租金收入或 9 200 元贡献边际。

拓展资料Ⅱ：针对表 6 –19（王表）中没有考虑可以转移的绝对剩余产能问题，补充假定 HG 公司已具备的增产四成甲产品有关的绝对剩余产能能够转移，可分别用于对外经营租赁或临时承揽零星加工业务，分别可获得租金收入 2 600 元或 5 600 元贡献边际。相对剩余产能无法转移。

拓展资料Ⅲ：针对表 6 –19（王表）中没有考虑增产能力不足的问题，补充假定相对剩余产能与增产四成甲产品有关的绝对剩余产能均无法转移。如果要增产一倍的甲产品，必须临时租入一台设备，追加 6 000 元的成本投入。此时，方案一的名称应改为增产一倍甲产品。

要求：根据各种拓展资料，重新计算相关方案的相关指标，并按相关损益分析法作出亏损产品决策。

解：（1）根据拓展资料Ⅰ，需要重新确认方案一和方案二中的机会成本Ⅰ（与能够转移的相对剩余产能有关），其他指标不变。

机会成本Ⅰ $=\max\{10\ 400,\ 9\ 200\}=10\ 400$（元）

据此编制的相关损益分析表如表6－21所示。

表6－21　相关损益分析表（基于拓展资料Ⅰ）　单位：元

| 项目 | 方案 | | |
|---|---|---|---|
| | 增产四成甲产品 | 继续按原规模生产甲产品 | 停产甲产品 |
| 相关收入 | 280 000 | 200 000 | 0 |
| 相关成本 | 276 400 | 200 400 | 0 |
| 其中：增量成本 | 266 000 | 190 000 | 0 |
| 机会成本Ⅰ | 10 400 | 10 400 | 0 |
| 机会成本Ⅱ | 0 | 0 | 0 |
| 专属成本 | 0 | 0 | 0 |
| 相关损益 | 3 600 | －400 | 0 |

根据表6－21中的相关损益指标，可得出以下决策结论：因为根据拓展资料Ⅰ确定的三个方案相关损益依次为3 600元、－400元和0，所以，可以断定，增产四成甲产品为最优方案，其次为停产甲产品，继续按原规模生产甲产品的方案最差。

（2）根据拓展资料Ⅱ，需要重新确认方案一中的机会成本Ⅱ（与能够转移的绝对剩余产能有关），其他指标不变。

机会成本Ⅰ $=\max\{2\ 600,\ 5\ 600\}=5\ 600$（元）

据此编制的相关损益分析表如表6－22所示。

表6－22　相关损益分析表（基于拓展资料Ⅱ）　单位：元

| 项目 | 方案 | | |
|---|---|---|---|
| | 增产四成甲产品 | 继续按原规模生产甲产品 | 停产甲产品 |
| 相关收入 | 280 000 | 200 000 | 0 |
| 相关成本 | 271 600 | 190 000 | 0 |
| 其中：增量成本 | 266 000 | 190 000 | 0 |
| 机会成本Ⅰ | 0 | 0 | 0 |
| 机会成本Ⅱ | 5 600 | 0 | 0 |
| 专属成本 | 0 | 0 | 0 |
| 相关损益 | 8 400 | 10 000 | 0 |

根据表6－22中的相关损益指标，可得出以下决策结论：因为根据拓展资料Ⅱ确定的三个方案相关损益依次为8 400元、10 000元和0，所以，可以断定，继续按原规模生产甲产品为最优方案，其次为增产四成甲产品，停产甲产品的方案最差。

(3) 根据拓展资料Ⅲ，需要重新计算增产一倍甲产品方案的相关指标：

相关业务量 = 1 000 × 2 = 2 000（件）

相关收入 = 200 × 2 000 = 400 000（元）

增量成本 = (170 + 20) × 2 000 = 380 000（元）

专属成本 = 6 000（元）

据此编制的相关损益分析表如表 6 – 23 所示。

表 6 – 23　　相关损益分析表（基于拓展资料Ⅲ）　　单位：元

| 项目 | 方案 | | |
|---|---|---|---|
| | 增产一倍甲产品 | 继续按原规模生产甲产品 | 停产甲产品 |
| 相关收入 | 400 000 | 200 000 | 0 |
| 相关成本 | 386 000 | 190 000 | 0 |
| 其中：增量成本 | 380 000 | 190 000 | 0 |
| 机会成本Ⅰ | 0 | 0 | 0 |
| 机会成本Ⅱ | 0 | 0 | 0 |
| 专属成本 | 6 000 | 0 | 0 |
| 相关损益 | 14 000 | 10 000 | 0 |

根据表 6 – 23 中的相关损益指标，可得出以下决策结论：因为根据拓展资料Ⅲ确定的三个方案相关损益依次为 14 000 元、10 000 元和 0，所以，可以断定，增产一倍甲产品为最优方案，其次为继续按原规模生产甲产品，停产甲产品的方案最差。

4. 相关损益分析法在亏损产品决策中的应用（基于全部资料）。

已知：按亏损产品决策案例基本资料和拓展资料Ⅰ、Ⅱ、Ⅲ，假设可以同时考虑增产一倍、增产四成、继续按原规模生产和停产甲产品等四个备选方案，相对剩余产能和绝对剩余产能都可以转移。

要求：用相关损益分析法作出亏损产品决策，并说明理由。

解：依题意，编制的相关损益分析表，如表 6 – 24 所示。

表 6 – 24　　相关损益分析表（基于全部资料）　　单位：元

| 项目 | 方案 | | | |
|---|---|---|---|---|
| | 增产一倍甲产品 | 增产四成甲产品 | 继续按原规模生产甲产品 | 停产甲产品 |
| 相关收入 | 400 000 | 280 000 | 200 000 | 0 |
| 相关成本 | 402 000 | 282 000 | 200 400 | 0 |
| 其中：增量成本 | 380 000 | 266 000 | 190 000 | 0 |
| 机会成本Ⅰ | 10 400 | 10 400 | 10 400 | 0 |
| 机会成本Ⅱ | 5 600 | 5 600 | 0 | 0 |
| 专属成本 | 6 000 | 0 | 0 | 0 |
| 相关损益 | –2 000 | –2 000 | –400 | 0 |

资料来源：吴大军．管理会计［M］．大连：东北财经大学出版社，2018.

根据表6－24中的相关损益指标，可得出以下决策结论：因为根据全部资料确定的四个方案相关损益依次为－2 000元、－2 000元、－400元和0，所以，可以断定，停产甲产品为最优方案，其次为继续按原规模生产甲产品，无论是增产一倍还是增产四成甲产品都比较差。

## 四、低价追加订货决策的案例分析

### （一）低价追加订货决策案例基本资料

精锐工业有限公司是国内颇具规模的模具标准件生产厂家，专门从事翅片模的生产与开发，以其优异的质量、合理的价格在业内知名，是模具行业的翘楚。产品已通过ISO 9001：2000质量管理体系认证，符合ROHS指令的要求。2001～2004年公司的业绩曾经一度下滑，2005年6月起，公司一车间投入一批从日本购置的新设备，派技术人员赴日本学习新技术。自从开始批量生产和不断拓宽销售市场，产品的净利润逐年攀升。

翅片模的每年最大产能为12 000套。在2019年第三季度召开的下年度订货会上，该公司共签订了为用户提供10 000套翅片模的供货合同，翅片模的平均价格为1 200元/套，单位完全生产成本为1 000元/套，单位固定生产成本为200元/套。合同约定，若精锐工业有限公司违约，必须赔付违约金（按延迟交货货值的5%计算）。

2019年12月3日，一家日本厂商要求以900元/套的价格向精锐工业有限公司追加订货2 500套翅片模，并声明：若不能在年底前足量交货，精锐工业有限公司必须支付违约金（按延迟交货货值的5%计算）。对日本厂商的订货行为，财务部和销售部产生了分歧：

销售部的王明认为，根据前期市场调查结果，以低于我们售价25%的价格购买2 500套翅片模，生产翅片模产品的毛利率才17%，而降价却达到25%，不能做亏本生意，应该慎重考虑日本厂商的追加订货。

而财务部张芳认为，根据市场调查和现有的订单来看，目前生产线产能达到80%，有能力接受追加订货。通过计算，接受订货将使企业的利润增加。

### （二）低价追加订货决策案例分析要求

已知：根据低价追加订货决策案例的基本资料，假定你是销售部的经理，面对日本厂商的追加订货行为。

要求：请你对上述问题作出合理的解释，并帮助该公司最终作出科学的决策，是否可以接受该笔特殊追加订货？计算并分析原因。

### （三）低价追加订货决策案例分析

1. 低价追加订货决策的思路。在对日本厂商的追加订货进行决策时，要同时考虑剩余产能是否可以转移、追加订货量是否大于剩余产能、追加订货是否有特殊的工艺要求、是否可以增加产能，以及是否可以在全部接受或部分接受追加订货的方案中作出选择等特殊条件，而不同的条件会改变特定方案中的相关业务量、相关收入和相关成本的数值，从而影响决策分析的结果。

2. 相关损益分析法在低价追加订货决策中的应用（基于补充资料）。

已知：低价追加订货决策中案例基本资料中有关的数据。

补充资料一：精锐工业有限公司计划 2020 年将绝对剩余产能用于对外承揽零星加工业务，预计可获得 150 000 元的贡献边际。

补充资料二：因日本厂商的追加订货有特殊工艺要求，需要精锐工业有限公司额外支付 5 000 元的专属成本。

补充资料三：如果 2020 年精锐工业有限公司追加投入 20 000 元的专属成本，可使最大产能达到 15 000 套。

要求：（1）为精锐工业有限公司设计所有备选方案。

（2）计算精锐工业有限公司 2020 年的剩余产能、单位变动生产成本。

（3）计算方案一的冲击正常任务量。

（4）计算方案一和方案三的违约量。

（5）计算前三个方案的相关收入和相关成本。

（6）编制相关损益分析表。

（7）为精锐工业有限公司作出是否接受低价追加订货的决策，并说明理由。

解：（1）可供精锐工业有限公司选择的方案包括：第一个方案：无条件接受全部追加订货（不增加产能、冲击正常任务，接受 2 500 套追加订货）；第二个方案：有条件接受全部追加订货（增加产能，不冲击正常任务，接受 2 500 套追加订货）；第三个方案：接受部分追加订货（不增加产能，不冲击正常任务，接受 2 000 套追加订货）；第四个方案：拒绝接受全部追加订货。

（2）剩余产能 = 12 000 − 10 000 = 2 000（套）

单位变动生产成本 = 1 000 − 200 = 800（元/套）

（3）方案一冲击正常任务量 = 2 500 − 2 000 = 500（套）

（4）方案一的违约量 = 500（套）（等于冲击正常任务量）

方案三的违约量 = 全部追加订货量 − 实际接受的追加订货量 = 2 500 − 2 000 = 500（套）

（5）方案一的相关收入 = 900 × 2 500 = 2 250 000（元）

相关产量 = min {2 000，2 500} = 2 000（套）

增量成本 = 800 × 2 000 = 1 600 000（元）

机会成本Ⅰ为 150 000 元（已知：与可转移的绝对剩余产能有关）

机会成本Ⅱ = 1 200 × 500 = 600 000（元）（因冲击正常任务而引起的机会成

本）

专属成本Ⅰ为5 000元（已知：与特殊工艺要求有关）

专属成本Ⅱ＝1 200×500×5%＝30 000（元）（因冲击正常任务引起的违约罚金）

方案二的相关收入为2 250 000（元）

相关产量为2 500套

增量成本＝800×2 500＝2 000 000（元）

机会成本Ⅰ为150 000元（同方案一）

机会成本Ⅱ为0元（不存在）

专属成本Ⅰ为5 000元（同方案一）

专属成本Ⅱ为20 000元（已知：与增加产能有关）

方案三的相关收入＝900×2 000＝1 800 000（元）

增量成本＝800×2 000＝1 600 000（元）

机会成本Ⅰ为150 000元（同方案一）

机会成本Ⅱ为0元（不存在）

专属成本Ⅰ为5 000元（同方案一）

专属成本Ⅱ＝900×500×5%＝22 500（元）（因追加订货无法如期交货的罚金）

（6）将相关数据填入相关损益分析表标准模板，如表6－25所示。

**表6－25　　相关损益分析表（低价追加订货决策）**　　单位：元

| 项目 | 方案 | | | |
|---|---|---|---|---|
| | 无条件接受全部追加订货 | 有条件接受全部追加订货 | 接受部分追加订货 | 拒绝接受全部追加订货 |
| 相关收入 | 2 250 000 | 2 250 000 | 1 800 000 | 0 |
| 相关成本 | 2 385 000 | 2 175 000 | 1 777 500 | 0 |
| 其中：增量成本 | 1 600 000 | 2 000 000 | 1 600 000 | 0 |
| 机会成本Ⅰ | 150 000 | 150 000 | 150 000 | 0 |
| 机会成本Ⅱ | 600 000 | 0 | 0 | 0 |
| 专属成本Ⅰ | 5 000 | 5 000 | 5 000 | 0 |
| 专属成本Ⅱ | 30 000 | 20 000 | 22 500 | 0 |
| 相关损益 | －135 000 | 75 000 | 22 500 | 0 |

资料来源：①胡向丽．管理会计实训［M］．上海：上海财经大学出版社，2017.
②吴大军．管理会计［M］．大连：东北财经大学出版社，2018.

（7）从表6－25中的相关损益数据可见，四个备选方案的相关损益依次为－135 000元、75 000元、22 500元和0，据此可以断定，方案二最优，其次为方案三，再次为方案四，方案一最差。建议精锐工业有限公司采取有条件接受全部追加订货的方案。

## 第四节 生产决策——生产什么的决策

生产什么的决策，是指在生产决策中针对生产哪种产品的备选方案所作的选择。包括新产品开发的品种决策、是否转产某种产品的决策、半成品是否深加工的决策、联产品是否深加工的决策和其他产品是否深加工的决策。

### 一、新产品开发的品种决策

#### （一）新产品开发的品种决策的含义

新产品开发的品种决策是指企业在利用现有的绝对剩余产能开发新产品的过程中，在两个或两个以上可供选择的多个新品种中选择一个最优品种的决策。

#### （二）不追加专属成本条件下的新产品开发的品种决策

在新产品开发的品种决策中，如果有关方案均不涉及追加专属成本，可以用单位资源贡献边际分析法直接进行新产品开发的品种决策。如果已知业务量，可以采用贡献边际总额分析法进行决策。

**【例 6-8】**单位资源贡献边际分析法在新产品开发的品种决策中的应用。

已知：某企业具备利用某种数量有限的 A 材料开发一种新产品的生产经营能力，现有甲、乙两个品种可供选择。甲品种的预计单价为 400 万元/件，单位变动成本为 320 万元/件，消耗 A 材料的单耗定额为 20 千克/件；乙品种的预计单价为 200 万元/台，单位变动成本为 140 万元/台，消耗 A 材料的消耗定额为 12 千克/台。开发新品种不需要追加专属成本。

要求：作出开发何种新品种的决策。

解：甲品种的单位贡献边际 = 400 - 320 = 80（万元/件）

乙品种的单位贡献边际 = 200 - 140 = 60（万元/台）

开发甲品种时可获得的单位资源贡献边际 = 80/20 = 4（万元/千克）

开发乙品种时可获得的单位资源贡献边际 = 60/12 = 5（万元/千克）

∵ 5 > 4

∴ 开发乙品种比开发甲品种更有利。

**【例 6-9】**贡献边际总额法在开发何种新品种的决策中的应用。

已知：仍按〖例 6-8〗中的资料，假定企业现有 A 材料 120 000 千克。

要求：（1）计算利用 A 材料分别开发甲、乙品种方案的相关业务量。

（2）用贡献边际总额法作出开发何种新品种的决策。

解：（1）开发甲品种的相关业务量 = 120 000/20 = 6 000（件）

开发乙品种的相关业务量 = 120 000/12 = 10 000（台）

（2）开发甲品种方案可获得的贡献边际 =80 ×6 000 =480 000（万元）

开发乙品种方案可获得的贡献边际 =60 ×10 000 =600 000（万元）

∵ 600 000 >480 000

∴ 开发乙品种比开发甲品种更有利。

### （三）追加专属成本条件下的新产品开发的品种决策

当新产品开发的品种决策方案中涉及追加专属成本时，可以考虑使用差别损益分析法进行决策。

**【例 6 –10】** 差别损益分析法在开发新产品的品种决策中的应用。

已知：开发甲品种和开发乙品种的相关产销量、单价与单位变动成本等资料均同〖例 6 –8〗，但假定开发过程中需要装备不同的专用模具，相应地分别需要追加专属成本 16 000 万元和 140 000 万元。

要求：用差别损益分析法作出开发新产品的品种决策。

解：依题意，编制的差别损益分析表，如表 6 –26 所示。

**表 6 –26** **差别损益分析表** 单位：万元

| 项目 | 方案 | | |
|---|---|---|---|
| | 开发甲品种 | 开发乙品种 | 差异额 |
| 相关收入 | 400 ×6 000 =2 400 000 | 200 ×10 000 =2 000 000 | +400 000 |
| 相关成本 | 1 936 000 | 1 540 000 | +396 000 |
| 其中：增量成本 | 320 ×6 000 =1 920 000 | 140 ×10 000 =1 400 000 | — |
| 专属成本 | 16 000 | 140 000 | — |
| 差别损益 | | | +4 000 |

由表 6 –26 可见，差别损益为 +4 000 万元，大于零，可以据此断定应当开发甲品种，这样可以使企业多获 4 000 万元的利润。

## 二、是否转产某种产品的决策

转产，是指在不改变企业经营方向的前提下，利用现有生产经营条件调整个别品种结构，停止某一产品的生产，将其产能用于开发其他产品或增加其他产品产重。“是否转产某种产品的决策”的备选方案包括：“继续生产原产品”和“转产其他产品”。其中，“转产其他产品”包括“转产某种产品”和“增产某种老产品”等方案。

这类决策一般可采用贡献边际总额分析法。

**【例 6 –11】** 贡献边际总额分析法在是否转产其他产品决策中的应用。

已知：某企业原来生产甲、乙、丙三种产品，它们的变动成本率分别为 70%、50% 和 40%；它们的年收入分别为 25 000 万元、40 000 万元和 50 000 万元。

如果将生产甲产品的产能转移，可分别用于以下用途：（1）增产现有产品乙产品，可使其年收入增加16 000万元；（2）增产现有产品丙产品，使其年收入增加15 000万元；（3）开发变动成本率为30%的丁产品，每年可实现13 500万元收入。

要求：用贡献边际总额分析法作出是否转产其他产品的决策；如果企业决定转产，应当转产哪种产品，转产将给企业带来什么好处。

解：依题意，编制贡献边际总额分析表，如表6－27所示。

表6－27　贡献边际总额分析表　单位：万元

| 项目 | 方案 | | | |
|---|---|---|---|---|
| | 转产其他产品 | | | 继续生产甲产品 |
| | 增产乙产品 | 增产丙产品 | 开发丁产品 | |
| 相关收入 | 16 000 | 15 000 | 13 500 | 25 000 |
| 变动成本 | 16 000×50%＝8 000 | 15 000×40%＝6 000 | 13 500×30%＝4 050 | 25 000×70%＝17 500 |
| 贡献边际总额 | 8 000 | 9 000 | 9 450 | 7 500 |

由表6－27可见，无论是增产乙产品，还是增产丙产品，还是开发丁产品，都比继续生产甲产品有利可图。结论：无论如何都应当考虑转产。由于评价指标贡献边际总额按大小顺序为：9 450万元、9 000万元、8 000万元和7 500万元，所以应当转产开发丁产品，这样可使企业多获得1 950万元（9 450－7 500）的利润。

## 三、半成品是否深加工的决策

### （一）半成品的含义

半成品是一个与产成品相对立的概念，是指那些经过初步加工而形成的，已具备独立使用价值，但尚未最终完成全部加工过程的特殊产品表现形式。半成品经过进一步深加工就可以变成产成品，从这个意义上说半成品是产成品的原料（但必须注意的是，未经过加工的原材料不能说是半成品）。产成品是已经完成全部加工过程的产品，两者的完工程度不同。

半成品属于广义在产品的范畴，但它的存在形式暂时不处于加工过程中，又不同于正处于加工过程中的、尚不具备独立使用价值的狭义在产品。

以棉纺织企业为例，棉花经过初步加工，可生产出棉纱，棉纱经过深加工可以进一步加工成布匹。这里，棉花是原材料，棉纱是半成品，布匹是产成品。

显然，把原材料经过初加工生产出半成品，与把半成品经过深加工生产出产成品的工艺是完全不同的。

### （二）半成品是否深加工决策的含义

半成品是否深加工的决策，是指企业对于那种既可以直接对外出售，又可以经过深加工变成产成品之后再出售的半成品所作的决策，简称半成品深加工决策，又称是否直接出售半成品的决策。

在本决策中，必须以企业已经具备一定的深加工能力为前提，能够满足将全部或部分半成品深加工为产成品的要求。

无论何种情况下的决策，半成品成本均属于沉没成本，决策中不予考虑。只有追加的加工成本才属于决策的相关成本。

### （三）半成品是否深加工决策的相关损益分析法

半成品是否深加工决策可选用的方法有相关损益分析法和差别损益分析法。如果决策中不仅涉及是否深加工问题，而且同时涉及深加工多少半成品的选择时，建议选用相关损益分析法进行决策，否则，最好采用差别损益分析法。

应用相关损益分析法，应设计以下三个方案：其一，将全部半成品深加工为产成品；其二，将部分半成品深加工为产成品；其三，直接出售全部半成品。编制的相关损益分析表的标准模板如表 6 – 28 所示。

**表 6 – 28　　相关损益分析表标准模板（半成品深加工决策）**　　单位：元

| 项目 | 方案 | | |
|---|---|---|---|
| | 将全部半成品深加工为产成品 | 将部分半成品深加工为产成品 | 直接出售全部半成品 |
| 相关收入 | 产成品的单价 × 全部产成品数量① | 部分产成品的收入⑤ + 部分半成品的收入⑥ | 半成品的单价 × 全部半成品数量 |
| 相关成本 | 以下各项合计 | 以下各项合计 | 0⑧ |
| 其中：加工成本 | 单位加工成本 × 相关加工量② | 单位加工成本 × 相关加工量⑦ | 0 |
| 机会成本 | 已知③ | 同左 | 0 |
| 专属成本 | 已知④ | 0 | 0 |
| 相关损益 | $P_1$ | $P_2$ | $P_3$ |

注：①全部产成品数量 = 全部半成品数量 × 投入产出比

②当加工成本按投入量计算时，相关加工量等于全部半成品数量；当加工成本按产出量计算时，相关加工量等于全部产成品数量；投入产出比为 1∶1 时，两者一致。

③当深加工能力可以转移时，存在该指标；当深加工能力无法转移时，该指标为零。

④当只具备部分深加工能力时，与弥补不足的深加工能力有关；当具备全部深加工能力时，该指标为零。

⑤部分产成品收入 = 产成品单价 × 部分半成品深加工得到的产成品数量

⑥部分半成品收入 = 半成品单价 ×（全部半成品数量 – 部分深加工的半成品数量）

⑦当加工成本按投入量计算时，相关加工量等于部分半成品数量；当加工成本按产出量计算时，相关加工量等于部分产成品数量；投入产出比为 1∶1 时，两者一致。

⑧在“直接出售半成品”方案中，无论半成品成本中的固定成本还是变动成本，都属于与决策方案无关的沉没成本，故不予考虑。

资料来源：吴大军．管理会计［M］．大连：东北财经大学出版社，2018.

**【例 6 – 12】**相关损益分析法在半成品是否深加工决策中的应用。

已知：某企业生产某半成品，年产销量为 20 000 件，可销售给其他厂商作为原材料进一步加工，单位售价为40元，其单位制造成本如下：直接材料8元，直接人工12元，变动性制造费用4元，固定性制造费用6元，合计30元。

基本资料：该厂正考虑利用剩余生产能力将该半成品继续深加工。加工后每单位售价为56元，继续加工20 000件所增加的单位成本如下：直接人工5元，变动性制造费用3元。

补充资料：增加专属固定成本32 000元，可将全部半成品深加工为产成品；半成品与产成品的投入产出比为1∶1。

要求：利用相关损益分析法作出半成品是直接出售全部半成品还是将全部半成品深加工为产成品后再出售的决策。

解：依题意，编制的相关损益分析表，如表6－29所示。

**表6－29　　相关损益分析表**　　单位：元

| 项目 | 方案 | |
|---|---|---|
| | 将全部半成品深加工为产成品 | 直接出售全部半成品 |
| 相关收入 | 20 000 × 56 = 1 120 000 | 20 000 × 40 = 800 000 |
| 相关成本 | 192 000 | 0 |
| 其中：加工成本 | 20 000 × 8 = 160 000 | 0 |
| 机会成本 | 0 | 0 |
| 专属成本 | 32 000 | 0 |
| 相关损益 | 928 000 | 800 000 |

比较表6－29中两个方案的相关损益，因为第一个方案的指标最高，因此，所得到的决策结论是：应当将全部半成品深加工为产成品。

### （四）半成品是否深加工决策的差别损益分析法

如果决策时不考虑深加工的数量多少，即不将“全部深加工”和“部分深加工”两个方案放在一起比较，则应用差别损益分析法相对更为简单，其标准模板如表6－30所示。

**表6－30　　差别损益分析表标准模板（半成品深加工决策）**　　单位：元

| 项目 | 方案 | | |
|---|---|---|---|
| | 将半成品深加工为产成品 | 直接出售半成品 | 差异额 |
| 相关收入 | 产成品的单价 × 全产成品相关销售量 | 半成品的单价 × 半成品相关销售量 | 差别收入 |
| 相关成本 | 以下各项合计 | 0 | 差别成本 |
| 其中：加工成本 | 单位加工成本 × 相关加工量 | 0 | — |
| 机会成本 | 已知 | 0 | — |
| 专属成本 | 已知 | 0 | — |
| 差别损益 | | | $\Delta P$ |

资料来源：吴大军．管理会计［M］．大连：东北财经大学出版社，2018.

【例6－13】差别损益分析法在半成品是否深加工决策中的应用。

已知：仍按〖例6－12〗中的基本资料。

补充资料：企业已具备将全部半成品深加工为产成品的能力，半成品与产成品的投入产出比为1∶1。但如果可以将与此有关的设备对外出租，预计一年可获得10 000元租金收入。

要求：利用差别损益分析法作出半成品是直接出售还是继续深加工后再出售的决策。

解：依题意，编制的差别损益分析表，如表6－31所示。

表6－31　差别损益分析表　单位：元

| 项目 | 方案 | | |
|---|---|---|---|
| | 将半成品深加工为产成品 | 直接出售半成品 | 差异额 |
| 相关收入 | 20 000×56＝1 120 000 | 20 000×40＝800 000 | 320 000 |
| 相关成本 | 170 000 | 0 | 170 000 |
| 其中：加工成本 | 20 000×8＝160 000 | 0 | — |
| 机会成本 | 10 000 | 0 | — |
| 专属成本 | 0 | 0 | — |
| 差别损益 | | | 150 000 |

因为表6－31中的差别损益大于零，可作出以下决策：应当将半成品深加工为产成品，这样可使企业多获得150 000元的利润。

## 四、联产品是否深加工的决策

### （一）联产品的含义

联产品是指通过对同一种原料按照同一工艺过程加工，产出的性质相近、价值相差不多的多种产品的统称。

有的联产品经过深加工可以加工为其他产品。如石油化工企业对原油进行催化、裂化处理，生产出的汽油、柴油、重油等油品，就属于联产品。其中，有些联产品如汽油经过进一步深加工，可生产出不同规格的油品。

必须注意的是，如果同一种原料经过相同的工艺加工过程，形成了使用价值差别非常大、市场价格相差悬殊的不同产品，那么，这些产品就分别为主产品和副产品。我们把这些产品中那些使用价值比较大或者能集中体现生产目的的产品，称为主产品，与之相对立的产品为副产品。

### （二）联产品是否深加工决策的含义

联产品是否深加工的决策是围绕究竟是选择“深加工联产品”方案还是选择“直接出售联产品”方案而展开的决策。

并非所有的联产品都属于是否深加工决策的对象。只有那些既可以深加工为其他产品，又可以直接对外出售的联产品才属于决策的对象。那些不能深加工为其他产品的联产品不属于深加工决策的研究对象。

联产品是否深加工决策与半成品是否深加工决策十分相似，但联产品与最终产品之间的投入产出比通常不是1∶1；在深加工能力方面，可能完全具备这种能力，也可能只具备部分能力，甚至完全不具备深加工能力。另外，决策需要考虑的变动性深加工成本称为“可分成本”（属于相关成本），通常按产出量计算；联产品本身的成本称为“联合成本”（属于无关成本）。

### （三）联产品是否深加工决策的相关损益分析法

联产品是否深加工决策中不仅涉及是否深加工问题，而且涉及深加工多少联产品的选择时，建议选用相关损益分析法进行决策，否则，最好采用差别损益分析法。

应用相关损益分析法应设计以下三个方案：其一，将全部联产品深加工为最终产品；其二，将部分联产品深加工为最终产品；其三，直接出售全部联产品。编制的相关损益分析表的标准模板如表6-32所示。

**表6-32　相关损益分析表标准模板（联产品深加工决策）**　单位：元

| 项目 | 方案 | | |
|---|---|---|---|
| | 将全部联产品深加工为最终产品 | 将部分联产品深加工为最终产品 | 直接出售全部联产品 |
| 相关收入 | 最终产品的单价×全部最终产品数量① | 部分最终产品的收入⑤+部分联产品的收入⑥ | 联产品的单价×全部联产品数量 |
| 相关成本 | 以下各项合计 | 以下各项合计 | 0⑧ |
| 其中：加工成本 | 单位可分成本×相关加工量② | 单位可分成本×相关加工量⑦ | 0 |
| 机会成本 | 已知③ | 同左 | 0 |
| 专属成本 | 已知④ | 0 | 0 |
| 相关损益 | $P_1$ | $P_2$ | $P_3$ |

注：①全部最终产品数量=全部联产品数量×投入产出比

②相关加工量=全部最终产品数量×投入产出比

③当深加工能力可以转移时，存在该指标；当深加工能力无法转移时，该指标为零。

④当只具备部分深加工能力时，与弥补不足的深加工能力有关；当具备全部深加工能力时，该指标为零。

⑤部分最终产品的收入=最终产品单价×部分联产品深加工得到的最终产品数量

⑥部分联产品收入=联产品单价×(全部联产品数量-部分深加工的联产品数量)

⑦相关加工量=部分深加工的联产品数量×投入产出比

⑧在“直接出售全部联产品”方案中，联产品的成本称为联合成本，其中，不论固定成本还是变动成本，都属于与决策方案无关的沉没成本，故不予考虑。

资料来源：吴大军．管理会计［M］．大连：东北财经大学出版社，2018.

**【例6-14】**差别损益分析法在联产品是否深加工决策中的应用。

已知：某企业对同一种原料进行加工，可同时生产出甲、乙、丙三种联产品，年产量分别为5 000千克、3 000千克、2 000千克。全年共发生600 000万元联合成本，每种联产品承担的联合成本分别是300 000万元、180 000万元、

120 000 万元。其中丙联产品可直接出售。企业已经具备将 80% 的丙联产品深加工为丁产品的能力，且无法转移。每深加工 1 千克丙产品需额外追加可分成本 30 万元。丙联产品与丁产品的投入产出比例为 1∶0.7。如果企业每年额外支付 25 000 万元租金租入一台设备，可以使深加工能力达到 100%。甲、乙、丙三种联产品的单价分别是 220 万元、230 万元和 150 万元，丁产品的单价为 260 万元。计划年度企业可以在以下三个方案中作出选择：（1）将全部丙联产品深加工为丁产品；（2）将 80% 的丙联产品深加工为丁产品；（3）直接出售全部丙联产品。

要求：（1）确定各个方案的相关业务量、相关收入和相关成本；

（2）用相关损益分析法作出丙联产品是否深加工为丁产品的决策。

解：（1）依题意，"将全部丙联产品深加工为丁产品"方案确认相关收入的相关业务量就是丁产品的产销量，即：

2 000 ×0.7 =1 400（千克）

相关收入 =260 ×1 400 =364 000（万元）

该方案确认可分成本的相关业务量是丙联产品的产量，即 2 000 千克。

可分成本 =30 ×2 000 =60 000（万元）

专属成本 =25 000（万元）

"将 80% 的丙联产品深加工为丁产品"方案确认相关收入的相关业务量包括丁产品的产销量和直接出售的丙联产品销量：

丁产品的产销量 =2 000 ×0.7 ×80% =1 120（千克）

直接出售的丙联产品销量 =2 000 ×（1 −80%）=400（千克）

相关收入 =260 ×1 120 +150 ×400 =351 200（元）

该方案确认可分成本的相关业务量是丙联产品 80% 的产量，即 1 600 千克。

可分成本 =30 ×1 600 =48 000（万元）

"直接出售全部丙联产品"方案的相关业务量为 2 000 千克。

相关收入 =150 ×2 000 =300 000（元）

相关成本 =0

（2）依题意，编制的相关损益分析表，如表 6 −33 所示。

**表 6 −33　　相关损益分析表　　单位：万元**

| 项目 | 方案 | | |
| --- | --- | --- | --- |
| | 将丙联产品深加工为丁产品 | | 直接出售全部联产品 |
| | 深加工 100% | 深加工 80% | |
| 相关收入 | 364 000 | 351 200 | 300 000 |
| 相关成本 | 85 000 | 48 000 | 0 |
| 其中：加工成本 | 60 000 | 48 000 | 0 |
| 机会成本 | 0 | 0 | 0 |
| 专属成本 | 25 000 | 0 | 0 |
| 相关损益 | 279 000 | 303 200 | 300 000 |

资料来源：吴大军．管理会计［M］．大连：东北财经大学出版社，2018.

比较表 6 - 33 中三个方案的相关损益，因为第二个方案的指标最高，因此，所得到的决策结论是：应当将 80% 丙联产品加工成丁产品后再出售。

### （四）联产品是否深加工决策的差别损益分析法

联产品是否深加工的决策中的差别损益分析法的标准模板如表 6 - 34 所示。

**表 6 - 34　　差别损益分析表标准模板（联产品是否深加工决策）**　　单位：元

| 项目 | 方案 | | |
|---|---|---|---|
| | 将联产品深加工为最终产品 | 直接出售联产品 | 差异额 |
| 相关收入 | 最终产品的单价 × 最终产品销售量 | 联产品的单价 × 联产品的销售量 | 差别收入 |
| 相关成本 | 以下各项合计 | 0 | 差别成本 |
| 其中：加工成本 | 单位加工成本 × 联产品深加工量 | 0 | — |
| 机会成本 | 已知 | 0 | — |
| 专属成本 | 已知 | 0 | — |
| 差别损益 | | | ΔP |

资料来源：吴大军．管理会计［M］．大连：东北财经大学出版社，2018.

## 五、半成品是否深加工决策的案例分析

### （一）半成品是否深加工决策案例基本资料

辉格公司是一家生产电子元器件的企业，生产工序为两个阶段（初加工和成品加工），经过两个不同的车间加工成产成品。每个车间的详情及费用具体如下：

第一车间：初加工部门，全部产品在这里进入初加工阶段形成半成品甲，每年能生产出 100 000 件半成品。每件半成品耗用原材料成本为 20 元，劳动力成本为 20 元，制造费用为 20 元。如果半成品直接出售，市场售价为 100 元/件。

第二车间：成品加工部门，从第一车间生产出来的半成品在这里进入成品加工阶段。经过深加工可将其加工成市场售价为 200 元的乙产成品。每产出一件乙产成品，需追加耗用直接劳动力成本 50 元，变动性制造费用 30 元。

### （二）半成品是否深加工决策案例分析要求

已知：半成品是否深加工决策案例基本资料中有关的数据。

补充资料一：假定甲半成品与乙产成品的投入产出比为 1∶0.9。

补充资料二：辉格公司已具备 80% 的深加工能力，2020 年计划将其对外经营性出租，预计可获得年租金收入 150 000 元，年折旧为 60 000 元。

补充资料三：如果追加投入 200 000 元专属成本，可使深加工能力达到 100%。

要求：（1）根据以上所有资料，为辉格公司设计是否深加工决策的备选方案。

（2）计算确定各方案的相关业务量。

（3）计算确定各方案的相关收入和相关成本。

（4）请替辉格公司用相关损益分析法作出是否将全部甲半成品深加工为乙产成品的决策。

### （三）半成品是否深加工决策案例分析

解：（1）辉格公司可供选择的方案包括：将全部甲半成品深加工为乙产成品、只深加工 80% 的甲半成品、直接出售全部甲半成品。

（2）方案一：

乙产成品数量 = 100 000 × 0.9 = 90 000（件）

相关加工量为 90 000 件（当加工成本按产出量计算时，相关加工量等于全部产成品数量）。

方案二：

乙产成品数量 = 100 000 × 0.9 × 0.8 = 72 000（件）

直接出售甲半成品的数量 = 100 000 ×（1 − 0.8）= 20 000（件）

相关加工量为 72 000 件（当加工成本按产出量计算时，相关加工量等于部分产成品数量）。

方案三：相关业务量为 100 000 件。

（3）方案一：

相关收入 = 200 × 90 000 = 18 000 000（元）

增量成本 = 80 × 90 000 = 7 200 000（元）

机会成本 = 150 000（元）（只考虑相关的租金收入，不考虑无关的折旧）

专属成本 = 200 000（元）

方案二：

相关收入 = 200 × 72 000 + 100 × 20 000 = 16 400 000（元）

增量成本 = 80 × 72 000 = 5 760 000（元）

机会成本 = 150 000（元）

专属成本 = 0

方案三：

相关收入 = 100 × 100 000 = 10 000 000（元）

相关成本均为零。

（4）依题意，编制的相关损益分析表，如表 6 − 35 所示。

表 6-35　相关损益分析表（半成品深加工决策）　单位：元

| 项目 | 方案 | | |
|---|---|---|---|
| | 将全部半成品深加工为产成品 | 将部分半成品深加工为产成品 | 直接出售全部半成品 |
| 相关收入 | 18 000 000 | 16 400 000 | 10 000 000 |
| 相关成本 | 7 550 000 | 5 910 000 | 0 |
| 其中：增量成本 | 7 200 000 | 5 760 000 | 0 |
| 机会成本 | 150 000 | 150 000 | 0 |
| 专属成本 | 200 000 | 0 | 0 |
| 相关损益 | 10 450 000 | 10 490 000 | 10 000 000 |

资料来源：①胡向丽．管理会计实训［M］．上海：上海财经大学出版社，2017.
②吴大军．管理会计［M］．大连：东北财经大学出版社，2018.

比较表 6-35 中各方案的相关损益，因为第二个方案该指标最高，因此，所得到的辉格公司决策结论是：应当将 80% 的甲半成品深加工为乙产成品。

# 第五节　生产决策——怎样生产的决策

怎样生产的决策是指在进行生产决策时针对如何完成生产任务的备选方案所作的选择。包括零部件自制或外购的决策、不同生产工艺技术方案的决策和追加任务交给谁独立完成的决策等。

## 一、零部件自制或外购的决策

### （一）零部件自制或外购决策的含义

零部件自制或外购的决策，是指企业围绕既可自制又可外购的零部件的取得方式而开展的决策，又称零部件取得方式的决策。通常涉及“自制零部件”和“外购零部件”两个备选方案。这些方案不涉及相关收入，只需要考虑相关成本因素。

### （二）企业已经具备自制能力且零部件的全年需用量为固定常数时的决策

如果企业已经有能力自制零部件，则与自制能力有关的固定生产成本就属于沉没成本，在决策中，不应予以考虑。具体又分以下两种情况。

1. 自制能力无法转移时。在企业已经具备的自制能力无法转移的情况下，“自制零部件”方案的相关成本只包括按零部件全年需用量计算的变动生产成本。

由于“外购零部件”方案的相关成本也是按零部件全年需用量计算的，因此，只要直接比较自制零部件的单位变动生产成本和外购单价的大小，就可以作出相应决策，即应当选择上述两个因素中水平较低的方案。中选方案比放弃方案节约的成本等于上述两个因素之差与零部件全年需用量的乘积。

**【例6－15】**直接判断法在零部件自制或外购决策中的应用。

已知：某企业生产甲产品每年需用A零件60 000件。该零件既可以自制，又可以外购。目前企业已具备自制能力，且自制能力无法转移。自制A零件的单位完全生产成本为28元，其中：直接材料10元，直接人工6元，变动性制造费用4元，固定性制造费用8元。若外购A零件，单价为24元/件。

要求：(1) 计算自制A零件的单位变动生产成本；

(2) 利用直接判断法作出自制或外购A零件的决策；

(3) 计算有关的成本节约额。

解：(1) 自制A零件的单位变动生产成本＝10＋6＋4＝20（元/件）

(2) 自制A零件的单位变动生产成本20元＜外购A零件的单价24元，所以应当自制A零件。

(3) 自制比外购节约的成本＝（24－20）×60 000＝240 000（元）

2. 自制能力可以转移时。在自制能力可以转移的情况下，“自制零部件”方案的相关成本除了包括按零部件全年需用量计算的变动生产成本外，还包括与自制能力转移有关的机会成本，无法通过直接比较单位变动生产成本与外购单价作出决策，必须采用相关成本分析法。

**【例6－16】**相关成本分析法在自制或外购的决策中的应用。

已知：仍按〖例6－15〗中的资料。假定自制A零件的产能可以用于承揽零星加工业务，每年预计可获贡献边际300 000元，其他条件不变。

要求：(1) 确定自制A零件方案的机会成本；

(2) 用相关成本分析法作出自制或外购A零件的决策。

解：(1) 自制A零件的机会成本为300 000元。

(2) 依题意，编制相关成本分析表，如表6－36所示。

表6－36 **相关成本分析表** 单位：元

| 项目 | 方案 | |
|---|---|---|
| | 自制A零件 | 外购A零件 |
| 变动成本 | 20×60 000＝1 200 000 | 24×60 000＝1 440 000 |
| 机会成本 | 300 000 | |
| 相关成本合计 | 1 500 000 | 1 440 000 |

根据表6－36中的数据，可作出以下决策结论：应当安排外购A零件，这样可使企业节约60 000元成本。

### （三）企业尚不具备自制能力且零部件的全年需用量不确定时的决策

在企业尚不具备自制能力且零部件的全年需用量不确定时，可采用成本无差别点法进行决策。

【例6-17】成本无差别点法在零部件自制或外购决策中的应用。

已知：企业需用的B零件可从市场上买到，单价为30元/件；若企业安排自制，每年将发生相关固定成本35 000元，单位变动成本为25元/件。

要求：作出自制或外购B零件的决策。

解：设自制方案的固定成本为$a_1$，单位变动成本为$b_1$；外购方案的固定成本为$a_2$，单位变动成本为$b_2$。

$\because a_1 = 35\ 000 > a_2 = 0$

$b_1 = 25 < b_2 = 30$

$\therefore$ 符合应用成本无差别点法进行决策的条件

成本无差别点业务量 $= \dfrac{a_1 - a_2}{b_2 - b_1} = \dfrac{35\ 000 - 0}{30 - 25} = 7\ 000$（件）

决策结论：当B零件全年需用量在0～7 000件之间变动时，应安排外购；当超过7 000件时，则以自制为宜。

## 二、不同生产工艺技术方案的决策

### （一）不同生产工艺技术方案决策的含义

不同生产工艺技术方案的决策，是指企业在组织生产过程中围绕不同的生产工艺技术方案所作的决策。各备选方案通常只涉及相关成本，而不涉及相关收入。

### （二）不同生产工艺技术方案决策的方法

采用先进的生产工艺技术，由于劳动生产率高、劳动强度低、材料消耗少，可能导致较低的单位变动成本，但往往采用较先进的设备装置，导致固定成本高；而采用传统的生产工艺技术时，情况就会相反，因设备比较简陋，虽然固定成本较低，但单位变动成本可能较高。因此，可以采用成本无差别点法进行决策。

【例6-18】用成本无差别点法作出不同工艺技术方案的决策。

已知：某企业决定生产A部件，有甲、乙两种不同的工艺方案可供选择。甲方案的相关固定成本为400 000元，单位变动成本为90元/件；乙方案的相关固定成本为240 000元，单位变动成本为170元/件。

要求：用成本无差别点法作出采用何种工艺方案的决策。

解：设甲方案的固定成本为$a_1$，单位变动成本为$b_1$；乙方案的固定成本为$a_2$，单位变动成本为$b_2$。

$\because a_1 = 240\ 000 > a_2 = 160\ 000$

$b_1 = 80 < b_2 = 120$

∴ 符合应用成本无差别点法进行决策的条件

$$成本无差别点业务量=\frac{a_1-a_2}{b_2-b_1}=\frac{400\ 000—240\ 000}{170-90}=2\ 000（件）$$

决策结论：当 A 部件的需用量小于或等于 2 000 件时，应选择乙工艺方案；当 A 部件的需用量大于 2 000 件时，应选择甲工艺方案。

## 三、追加任务交给谁独立完成的决策

当公司下属的若干个分厂同时具备独立完成某一生产任务的剩余产能时，应将任务下达给哪个分厂呢？传统的做法是将其布置给单位成本最低的分厂。由于按完全成本法计算的单位成本中包括一部分无关的固定成本，往往导致错误的决策。正确的做法是：在不涉及追加专属成本时，以各分厂单位变动成本孰低作为取舍标准；在涉及专属成本时，则应采用相关成本分析法进行决策，即考虑各分厂相关的变动成本与专属成本的合计孰低。

**【例 6－19】** 相关成本分析法在追加任务交给谁独立完成决策中的应用。

已知：某公司现有一项需在 1 年内加工 2 000 件 A 产品的任务，其所属的甲、乙分公司目前均有独立完成该项任务的潜力。甲分公司上报的生产 A 产品的单位计划成本为 25 元（其中单位变动成本为 20 元），乙分公司上报的生产 A 产品的单位计划成本为 24 元（其中单位变动成本为 21 元）。

要求：就以下相关情况作出正确布置该项任务的决策分析。

（1）甲、乙分公司均不需追加专属成本。

（2）甲分公司若要完成该项任务，须重新启用一台封存设备（该设备原始价值 14 000 元，使用年限 10 年，期末无残值，已使用 2 年）。

解：（1）在第一种情况下，只要比较单位变动成本即可，因为甲分公司单位变动成本小于乙分公司单位变动成本，所以应安排由甲分公司生产，这样可为公司节约 2 000 元［（21－20）×2 000］成本开支。

（2）在第二种情况下，编制相关成本分析表，如表 6－37 所示。

**表 6－37　　相关成本分析表**　　单位：元

| 项目 | 方案 | |
|---|---|---|
| | 由甲分公司完成 | 由乙分公司完成 |
| 变动成本 | 20×2 000＝40 000 | 21×2 000＝42 000 |
| 机会成本 | 14 000÷10＝1 400 | |
| 相关成本合计 | 41 400 | 42 000 |

根据表 6－37 可以得出以下结论：应由甲分公司完成此任务，这样可为公司节约 600 元成本开支。

## 四、零部件自制或外购决策的案例分析

### （一）零部件自制或外购决策案例基本资料

Greencut 公司考虑在产品生产线中增加一个有覆盖物的割草机。这一新的割草机能将草切割得非常细，省略草坪垃圾的粗筛、袋装和处理过程。新产品预期能满足城市和有环境意识的家庭的需要。Greencut 公司打算利用目标成本以确定新产品的生产成本。市场调查表明，相同特性的产品，零售商愿意支付 500 美元，售价为 700 美元。因此，公司预期将新机器的批发价定为 500 美元。Greencut 公司期望的销售毛利率为 25%。

Greencut 公司组织了一个由设计工程师、制造工程师、会计师和财务专家组成的团队来确定生产新割草机的目标制造成本。为了满足这一成本目标，团队需要寻求不降低质量的同时降低成本的方法。团队的一个人建议可以将一些部件外包来代替自己生产。在研究了这个建议之后，团队得出结论：如果将那些部件外包，将能实现目标成本。

### （二）零部件自制或外购决策案例分析要求

1. 计算新的割草机的目标成本，以及 Greencut 公司所要求的溢价。
2. 讨论与自制或外购决策相关的成本类型。
3. 讨论建议部件生产外包之前管理团队应考虑的非财务问题。

### （三）零部件自制或外购决策案例分析

1. 要求的毛利 = 要求的毛利率 × 售价 = 0.25 × 500 = 125（美元）

Greencut 公司的目标成本信息如表 6 – 38 所示。

**表 6 – 38　　目标成本信息**　　单位：美元

| | |
|---|---|
| 售价（批发） | 500 |
| 要求的毛利 | 125 |
| 目标成本 | 375 |

2. 在决定自制或者外包某种部件时，管理团队应检查企业发生变化的成本。那些在两个替代方案之间变化的成本是自制或外购决策的相关成本。不发生变化的成本不影响决策，因为无论这一部件是自制还是外包，企业都将发生这些成本。

某种固定成本也可能与自制或外购决策相关。如果 Greencut 公司必须为生产有覆盖物的割草机购买一台新设备，那么新设备的折旧成本就是与决策相关的成本。如果 Greencut 公司选择将这种部件外包，它将不会购买新设备；如果 Greencut 公司选择自制，管理者必须购买新设备。因此，新设备的折旧成本是否是外包决

策的相关成本。

3. 制造商通常通过组装大量的小零部件，来生产最终产品。这些部件的一部分是车间自制的，另一部分则是从外部购买的。成本是自制或外购决策的关键因素。同时，还应该考虑供应商的可靠性和零部件的质量。

资料来源：刘金星．管理会计实训与案例［M］．大连：东北财经大学出版社，2020.

## 第六节 定价决策

### 一、定价决策的含义及应考虑的相关因素

定价决策是指短期（一年）内围绕如何确定产品销售价格水平的问题而进行的决策。这种决策经常采用的方法包括以成本为导向的定价方法、以需求为导向的定价方法、以特殊情况为导向的定价方法等。

本节主要讨论企业的定价决策方法、定价策略及相关理论。

管理会计中的定价决策只是在一定的范围内才起作用的，而并非适用于所有商品的价格确定。

西方将高度发达的市场经济环境中的价格划分为垄断价格、完全自由竞争价格和企业可控制价格三大类。其中，垄断价格（不论是国家垄断价格还是企业财团垄断价格）对于个别企业来说，始终具有强制性的支配效能，企业只有执行的义务，没有变更的权利，不存在定价决策问题。在完全自由竞争条件下，即当市场上某种商品的供应者与消费者的数量都很多，又很分散时，完全由供求规律支配所形成的价格为完全自由竞争价格。由于个别企业的市场占有率较低，若擅自提价或降价，只会失去原有市场或招致损失。因此，企业必须根据市场客观的供求规律去测定均衡价格并自觉地执行它。本教材介绍的定价决策涉及的价格是指企业可控制价格。所谓企业可控制价格，是指企业可以自行决定的价格，企业的经济效益与定价决策的好坏有着密切的联系。

企业定价决策应充分考虑如下因素：商品的价值；成本的消耗水平；商品的质量水平；供求关系与竞争形式；价格的弹性；产品所处的寿命周期阶段；定价目标的导向；商品的比价、差价与价格体系；国家的价格政策；定价的方法与策略。

### 二、以成本为导向的定价决策方法

这种方法又称按成本定价的方法。其基本点是以价格必须首先补偿成本为基础，然后再考虑利润等其他因素。定价所依据的成本，既可以是总成本指标，也

可以是单位成本指标；既可以利用完全成本法提供的成本参数，也可以使用变动成本法提供的成本参数。具体又包括以下几种定价方法。

### （一）以总成本为基础的定价决策方法

当企业只生产一种产品时，可以采用以总成本为基础的定价方法，按下面公式定价比较简单：

$$价格=\frac{预计总成本+目标利润}{预计产销数量} \tag{6.6.1}$$

不论按哪种成本计算模式，式（6.6.1）中的总成本都可以按相应的产品成本加上期间成本确定，目标利润也可以事先确定，此法的关键是预测出准确可信的销量。

### （二）以单位成本为基础的定价决策方法

1. 成本加成定价法。成本加成定价法全称为按单位成本加成定价的方法，即在单位产品成本的基础上按一定的加成率计算相应的加成额，进而确定商品的价格。

（1）完全成本法下的成本加成定价法。在完全成本法下，单位产品成本就是单位生产成本，成本加成率为生产成本毛利率。其计算公式是：

$$价格=单位产品生产成本\times(1+生产成本毛利率) \tag{6.6.2}$$

其中，

$$生产成本毛利率=\frac{利润+非生产成本}{生产成本} \tag{6.6.3}$$

（2）变动成本法下的成本加成定价法。在变动成本法下，单位产品成本就是单位变动生产成本，成本加成率为变动生产成本贡献率。其计算公式是：

$$价格=单位变动生产成本\times(1+变动生产成本贡献率) \tag{6.6.4}$$

其中，

$$变动生产成本贡献率=\frac{利润+变动性非生产成本+固定成本}{变动生产成本}\times100\% \tag{6.6.5}$$

在成本加成定价法下，无论是按完全成本法的数据，还是按变动成本法的数据，所计算出来的目标价格应当是一致的。

2. 按单位产品成本及相关收益比率定价。该法是指在单位产品成本及相关收益比率的基础上进行定价的一种方法，简称收益比率定价法。

（1）在完全成本法下，可按以下公式定价：

$$价格=\frac{单位产品成本}{1-销售毛利率}=\frac{单位材料成本+单位加工成本}{1-销售毛利率} \tag{6.6.6}$$

在完全成本法下，由于单位产品成本受到产销量的制约，按此法确定的价格精度要差一些。

（2）在变动成本法下，可按以下公式定价：

$$价格=\frac{单位变动生产成本}{1-生产阶段的贡献边际率} \tag{6.6.7}$$

其中，

$$生产阶段的贡献边际率=\frac{利润+变动性非生产成本+固定成本}{销售收入}\times 100\% \tag{6.6.8}$$

由于单位产品成本和有关收益率可借鉴历史资料或利用有关规划目标等现成资料，因而此法比较简单，尤为适合临时定价。

## 三、以市场需求为导向的定价决策方法

以市场需求为导向的定价方法又称按需定价的方法，这种定价方法优先考虑的是消费者对价格的接受程度，企业必须研究确定什么样的价格才能使企业的产品销量不仅符合社会需要，又能给企业带来最佳效益。

以需求为导向的定价方法主要包括用于最优售价决策的边际分析法和用于调价决策的利润无差别点法。

### （一）边际分析法在最优售价决策中的应用

从数学意义上看，边际收入是以销售量为自变量的销售收入函数的一阶导数；边际成本是以销售量为自变量的销售成本函数的一阶导数；边际利润是以销售量为自变量的销售利润函数的一阶导数，又等于边际收入与边际成本之差。

按照微分极值原理，如果利润的一阶导数为零，即边际利润为零，边际收入等于边际成本，此时的利润达到最大值。这时的售价就是最优售价。

如果确实无法找到能使“边际利润等于零”的售价，也可以根据“边际利润为不小于零的最小值”这个条件，来判断最优售价的位置。

**【例 6－20】**边际分析法在定价决策中的应用。

已知：企业生产某产品，售价与销量的函数关系为 $p=100-2x$；单位变动成本与销量的函数关系为 $b=40+0.5x$，固定成本 $a=120$ 万元。

要求：用边际分析法求最优售价。

解：依题意，建立总收入模型：

$TR=px=(100-2x)x=100x-2x^2$

则：边际收入 $MR=100-4x$

总成本模型为：

$TC=a+bx=120+(40+0.5x)x=120+40x+0.5x^2$

则：边际成本 $MC=40+x$

令 $MR=MC$，可得最优销量 $x_0=12$（件），将最优销量 $x_0=12$ 代入 $p=100-2x$，可求得最优售价 $p_0=76$（万元/件）。显然，当企业按 76 万元/件的价格销售 12 件产品时，可实现最大利润为：

$P_0 = (p - b)x - a = (76 - 40 - 0.5 \times 12) \times 12 - 120 = 240$（万元）

### （二）利润无差别点法在调价决策中的应用

**【例 6-21】**利润无差别点法在调价决策中的应用。

已知：某公司生产经营甲产品，当售价为 100 元/件时，可实现销售量 10 000 件，固定成本为 300 000 元，单位变动成本为 50 元/件，实现利润为 200 000 元。假定企业现有最大产能为 22 000 件。

要求：利用利润无差别点法评价以下各不相关条件下的调价方案的可行性。

（1）若将售价调低为 75 元/件，预计市场容量可达到 20 500 件左右；

（2）若将售价调低为 70 元/件，预计市场容量可达到 23 000 件以上；

（3）若调低售价为 70 元/件，预计市场容量可达到 28 000 件，但企业必须追加 40 000 元固定成本才能具备生产 28 000 件产品的能力。

解：（1）利润无差别点销量 $= \frac{a + P}{p_1 - b} = \frac{300\,000 + 200\,000}{75 - 50} = 20\,000$（件）

∵ 最大产能 22 000 件 > 预计市场容量 20 500 件

可望实现销量 20 500 件 > 利润无差别点销量 20 000 件

∴ 应当考虑调价

（2）利润无差别点销量 $= \frac{300\,000 + 200\,000}{70 - 50} = 25\,000$（件）

∵ 最大产能 22 000 件 < 预计市场容量 23 000 件

可望实现销量 22 000 件 < 利润无差别点 25 000 件

∴ 不应调价

（3）利润无差别点销量 $= \frac{(300\,000 + 40\,000) + 200\,000}{70 - 50} = 27\,000$（件）

∵ 最大产能 = 预计市场容量 = 28 000（件）

可望实现销量 = 28 000 件 > 利润无差别点销量 = 27 000 件

∴ 应当考虑调价

## 四、定价策略

定价策略是指企业在进行定价决策时，按照一定经验，最终作出特定价格定性选择分析所依据的原则或技巧，简称定价策略。

定价策略与定价决策方法的主要区别有以下两点：第一，性质不同。定价策略属于定性分析，定价决策方法属于定量分析。第二，依据不同。定价策略主要凭经验，定价决策方法必须依靠定价模型。

### （一）新产品定价策略

新产品定价策略有两种方法：一是撇脂法；二是渗透法。前者指那些初次投放市场尚未形成竞争的新产品以高价销售，以保证初期高额获利，随着市场销量提高、竞争加剧而逐步降价的方法，又称先高后低策略；后者是指以较低价格为新产品开拓市场，争取顾客，赢得竞争优势后再逐步提价的方法，又称先低后高策略。前者着眼于短期收益，后者着眼于长期利益，各有利弊。

对于那些同类竞争产品差异性较大、能满足较大市场需要、需求弹性小、不易仿制的新产品最好按撇脂法定价；而对于那些与同类产品差别不大、需求弹性大、易于仿制、市场前景光明的新产品则应考虑按渗透法定价。

### （二）系列产品定价策略

系列产品既可以指包装规格不同的产品，又可以指配套使用的产品（如化妆品系列）。对前者可采取差别定价。有些商品小包装销路好，如袋装的洗发膏；有些商品大包装销路好，如牙膏。对这些销路好的产品可适当提价。对于成套使用的商品可规定两组价格：成套价格和单件价格，前者一般应低于后者之和，可促成一次成交。

### （三）心理定价策略

心理定价策略包括以下三种形式：一是去整取余法，又称尾数定价法或取九舍十法，多用于中低档商品的定价，这种价格又称诱人的价格；二是整数定价法，对高档商品若按整数价出售，可提高商品的身价，刺激购买欲望；三是对比定价法，对于亟待出售需降价处理的商品，可将削价前后的价格同时列出，促使顾客通过对比积极购买。

### （四）分期收款定价策略

分期收款定价策略适用于价格偏高的耐用消费品的定价，如小汽车、住房等。在计价时，各期收款的价格中应包括延付利息在内。采用本策略，可促进及时销售，避免商品的大量积压。

### （五）弹性定价策略

弹性定价策略是指根据价格弹性确定价格调整方向的原则或技巧。价格弹性是指价格影响需求量的弹性系数，也称需求的价格弹性系数，其计算公式是：

$$价格弹性=\frac{需求量变动百分比}{价格变动百分比} \tag{6.6.9}$$

它能反映需求量受价格变动率影响的变动程度，表示价格每增加（或减少）1%时，需求量降低（或增加）的百分比。

在经济学上，价格弹性的绝对值可以反映需求与价格变动水平的关系，有以下三种情况：

1. 价格弹性的绝对值大于1，简称为弹性大。表明价格以较小幅度变动时，可使需求量产生较大幅度的变动。

2. 价格弹性的绝对值小于1，简称为弹性小。表明即使价格变动幅度很大，需求量的变化幅度也不会太大。

3. 价格弹性的绝对值等于1。表明需求量受价格变动影响的幅度完全与价格本身变动幅度一致。

价格弹性的大小，说明了商品价格与需求之间反方向变动水平的大小。弹性大，则价格下降会促使需求大大提高，因此，对弹性大的商品应采取调低价格的方法，薄利多销；弹性小的商品，当价格变动时，需求量的相应增减幅度很小，对这类产品不仅不应调低价格，相反，在条件允许的范围内应适当调高价格。

## 五、定价策略的案例分析

格兰仕企业（集团）公司原本是个乡镇企业，它能迅速地由小到大，由弱变强，把自己的品牌打出去，大份额地占有全国市场，原因到底在哪里？这绝不是用一句话就能回答的，其中有企业体制方面的原因、企业领导人素质方面的原因和企业经营战略决策方面的原因等。特别是价格策略运用上的独到之处，揭示了其成功的奥秘。

### （一）格兰仕微波炉定价策略案例背景资料

格兰仕原来从事的是毛纺、羽绒被、羽绒服装等劳动生产密集型产业。1991年，公司总经理梁庆德等经过历时一年的市场调查研究，发现微波炉市场有诱人的发展前景。于是，经过一番艰苦而周密详细的准备，1992年9月，通过与日本东芝集团进行技术合作，并从该公司引进具有20世纪90年代先进水平的自动生产线，开始试产微波炉。

根据国家统计局中怡康经济咨询有限公司1998年5月对全国600家商场微波炉销售情况的调查资料，看到了如下的结果：（1）全国零售量冠军是格兰仕，全国总销量市场占有率最高者是格兰仕，且高达73.85%，与第二名LG相比（7.18%），高出了近67个百分点。（2）当月微波炉十大畅销型号：格兰仕占了除第七名以外的所有名次。在我国起步较晚的微波炉行业，这样的成绩令人瞩目。

价格战可以说是格兰仕最为成功的营销策略之一，格兰仕成功地运用价格因素，经历“三大战役”，在市场中确立起霸主地位。

（1）1996年8月，格兰仕首先在上海，继而在全国范围内强力推进“40%大幅度降价”的策略以抢占市场，确立市场领先者地位。当月，格兰仕的微波炉市场占有率达到了50.2%的最高纪录。在上海市场，据74家亿元大商场统计，格兰仕市场占有率高达69.1%。尽管1996年8月份是销售淡季，格兰仕微波炉却经常脱销断货，当天生产的产品不用进仓库就被拉走，生产线出现超负荷运行。

（2）格兰仕看到了市场形势的变化，趁洋品牌尚未在中国站稳脚跟，国内企业尚未形成气候之际，抓住时机，于 1997 年春节后发起了微波炉市场的“第二大战役”——阵地巩固战。

这次是变相的价格战。格兰仕采用买一送一的促销活动，发动新一轮的让利促销攻势，凡购买格兰仕任何一款微波炉均赠送一个豪华高档电饭煲。1997 年 5 月底，格兰仕进一步“火上加油”，突然宣布在全国许多大中城市实施“买一赠三”，甚至“买一赠四”的促销大行动。品牌消费的高度集中使得格兰仕的产销规模迅速扩大，1997 年格兰仕已经成为一个年生产能力达 260 万台微波炉的企业，市场占有率节节攀升，1998 年 3 月最高时达到 58.69%，史无前例地创了行业新纪录。

（3）在取得市场的绝对优势后，格兰仕并没有因此而停滞，反而乘胜追击，加紧了市场的冲击力度，发动了微波炉市场的“第三大战役”——品牌歼灭战。

1997 年，东南亚爆发了金融危机，韩国企业受到重创，政府下令调整亏损企业，这再度给格兰仕创造了一个绝好的市场契机。1997 年 10 月，格兰仕凭借其规模优势所创造的成本优势，再度将 12 个品种的微波炉降价 40%，全面实施“薄利多销”的策略，以抑制进口品牌的广告促销攻势，“格兰仕”微波炉在全国的市场占有率始终保持在 50% 左右，最高时达到 58.9%。1998 年 6 月 13 日，微波炉生产规模已经成为全球最大的格兰仕企业（集团）公司，在国内微波炉市场又一次实施“组合大促销”：购买微波炉除了可获得高档豪华电饭煲、电风扇、微波炉饭煲等赠品外，还有 1998 年世界杯世界顶级球星签名的足球赠品和千万元名牌空调大抽奖。这种以同步组合重拳打向市场的策略，被同行业称之为毁灭性的市场营销策略，再度在全国市场引起巨大震动。

### （二）格兰仕微波炉定价策略案例分析要求

1. 分析格兰仕定价策略的特点。
2. 分析企业在定价决策中应该注意的问题。
3. 谈谈你对格兰仕定价策略的体会。

### （三）格兰仕微波炉定价策略案例分析

1. 格兰仕的定价采用渗透策略，它曾经使用“价格竞争”，用无人可敌的价格战来打退竞争对手。1993 年格兰仕进入了微波炉行业，在 1996 年 8 月和 1997 年 10 月分别进行了两次大规模的降价活动，每次降幅都高达 40%，使微波炉行业竞争格局发生了巨大变化，格兰仕靠打价格战，赢得了市场和竞争优势，也在行业内被称为“价格屠夫”。格兰仕降低成本的最有效的手段是扩大规模，在家电产业中，产品成本会随生产规模的扩大而迅速降低，产品的规模效应非常明显。2000 年其实现销售收入 58 亿元，2001 年达到 68 亿元，国内市场占有率为 70% 左右。但也带来了企业投资回收速度放慢，企业在投入期经济效益较差等问题。

2. 价格是产品的货币表现，是附加在交易产品中的价值。在历史上，多数情况下，价格是消费者作出选择的主要因素，在最近的几年里，尽管在消费者选择的行为中，价格因素已经变得不太重要了，但价格仍然是决定企业市场份额和盈利率的重要因素之一。企业进行定价决策的时候，面临的问题主要有三个方面：第一，对第一次销售的产品如何定价；第二，怎样随时间和空间进行转移，运用一定的策略来调整产品的价格，从而适应各种环境和市场的要求；第三，如何面对竞争者的价格调整，适时地作出正确的反应。

3. 格兰仕微波炉的定价策略和国内对微波炉的巨大需求造就了格兰仕，它曾经使用“价格竞争”，用无人可敌的价格来打退竞争对手。格兰仕降低成本的最有效手段是扩大规模，依靠微波炉生产本身的规模经济效应和成本控制措施，迅速成为国内最大的微波炉生产销售企业，市场占有率第一。但在目前的经济大环境中，微波炉利润相当微薄。作为格兰仕的领头产品，微波炉规模效应几乎达到饱和点，基本上不能再以“薄利多销”来获得更大的利润，其他小家电的情况也类似。因此，格兰仕已无法再进行价格战。格兰仕空调因品牌、技术和需求问题，低价策略不再能发挥作用。因此，定价策略应随时间和空间的转移，运用一定的策略来调整产品的价格，从而适应各种环境和机会的需求。

资料来源：刘金星. 管理会计实训与案例［M］. 大连：东北财经大学出版社，2020.

## 课后作业

### 一、单项选择题

1. 在经济决策中应由中选的最优方案负担的、按所放弃的次优方案潜在受益计算的那部分资源损失，就是所谓（　　）。

A. 增量成本　　B. 机会成本　　C. 专属成本　　D. 沉没成本

2. 下列各项中，属于无关成本的是（　　）。

A. 沉没成本　　B. 增量成本　　C. 机会成本　　D. 专属成本

3. 下列决策方法中，能够直接揭示中选的方案比放弃的方案多获得利润或少发生损失的方法是（　　）。

A. 单位资源贡献边际分析法　　B. 贡献边际总额分析法
C. 差别损益分析法　　D. 相关损益分析法

4. 在管理会计的生产经营决策中，如果相关成本中涉及专属成本，同时有三个以上备选方案，则下列方法中最应当考虑选用的是（　　）。

A. 单位资源贡献边际分析法　　B. 贡献边际总额分析法
C. 差别损益分析法　　D. 相关损益分析法

5. 在新产品开发的品种决策中，如果方案不涉及追加专属成本，则下列方法中最应当选用的是（　　）。

A. 单位资源贡献边际分析法　　B. 贡献边际总额分析法
C. 差别损益分析法　　D. 相关损益分析法

6. 在零部件自制或外购的决策中，如果零部件的需用量尚不确定，应当采用的决策方法是（　　）。

A. 相关损益分析法　　B. 差别损益分析法

C. 相关成本分析法　　D. 成本无差别点法

7. 下列各项中，属于管理会计定价决策分析范围的是（　　）。

A. 垄断价格　　B. 完全自由竞争价格

C. 企业可控制价格　　D. 企业所有商品的价格

8. 在管理会计的定价决策分析中，利润无差别点法属于（　　）。

A. 以成本为导向的定价方法　　B. 以需求为导向的定价方法

C. 以特殊要求为导向的定价方法　　D. 定价策略

9. 在定价决策中，对于那些同类竞争产品差异性较大、能满足较大市场需要、弹性小、不易仿制的新产品最好采用（　　）。

A. 撇脂策略　　B. 渗透策略　　C. 弹性定价策略　　D. 先低后高策略

**二、多项选择题**

1. 下列各项中，属于生产经营决策的有（　　）。

A. 亏损产品的决策　　B. 深加工的决策

C. 生产工艺技术方案的决策　　D. 最优售价的决策

E. 调价的决策

2. 下列各项中，属于产能具体表现形式的有（　　）。

A. 最大产能　　B. 正常产能

C. 绝对剩余生产产能　　D. 相对剩余产能

E. 追加产能

3. 下列各项中，属于生产经营决策相关成本的有（　　）。

A. 增量成本　　B. 机会成本

C. 专属成本　　D. 沉没成本

E. 不可避免成本

4. 下列各项中，属于生产经营决策方法的有（　　）。

A. 差别损益分析法　　B. 相关损益分析法

C. 相关成本分析法　　D. 成本无差别点法

E. 直接判断法

5. 下列各项中，备选方案不涉及相关收入的方法有（　　）。

A. 差别损益分析法　　B. 相关损益分析法

C. 相关成本分析法　　D. 成本无差别点法

E. 直接判断法

6. 下列各项决策中，属于“是否生产决策”内容的有（　　）。

A. 亏损产品决策　　B. 追加订货决策

C. 是否转产某种产品的决策　　D. 半成品是否深加工的决策

E. 零部件自制或外购的决策

7. 下列各项中，属于联产品深加工决策方案可能需要考虑的相关成本有（　　）。

A. 加工成本　B. 可分成本　C. 机会成本　D. 增量成本

E. 专属成本

8. 在是否接受低价追加订货的决策中，如果发生了追加订货冲击正常任务的现象，就意味着（　　）。

A. 会因此而带来机会成本

B. 追加订货量大于正常订货量

C. 追加订货量大于绝对剩余生产能力

D. 因追加订货有特殊要求必须追加专属成本

E. 不可能完全利用其绝对剩余生产能力来组织追加订货的生产

9. 下列各种决策分析中，可按成本无差别点法作出决策结论的有（　　）。

A. 亏损产品的决策　B. 是否增产的决策

C. 追加订货的决策　D. 自制或外购的决策

E. 生产工艺技术方案的决策

10. 下列各项中，属于以成本为导向的定价方法的有（　　）。

A. 总成本定价法　B. 收益比率定价法

C. 成本加成定价法　D. 边际分析法

E. 利润无差别点法

11. 下列各种价格中，符合最优售价条件的有（　　）。

A. 边际收入等于边际成本时的价格

B. 边际利润等于零时的价格

C. 收入最大时的价格

D. 利润最大时的价格

E. 成本最低时的价格

三、判断题

1. 在生产经营决策中，确定决策方案必须通盘考虑生产经营能力、相关业务量、相关收入和相关成本等因素。（　　）

2. 相关业务量对决策方案的影响，通常是通过影响该方案的相关收入和相关成本来实现的。（　　）

3. 在短期经营决策中，所有的固定成本或折旧费都属于沉没成本。（　　）

4. 按照管理会计的理论，即使追加订货的价格低于正常订货的单位完全生产成本，也不能轻易作出拒绝接受该项订货的决定。（　　）

5. 在“追加订货的决策”中，如果追加订货量大于剩余生产能力，则“无条件接受全部追加订货”方案中必然会出现与冲击正常生产任务相联系的机会成本。（　　）

6. 在管理会计的调价决策中，如果调高价格后预计销量超过利润无差别点销售量，那么就应当进行调价。（　　）

## 四、论述题

1. 为什么说“应当无条件消灭亏损产品”的提法是错误的？应当停产的亏损产品就一定不应增加产量吗？

2. 为什么在半成品或联产品是否深加工的决策中，无论是半成品还是联产品本身的成本都是无关成本？

3. 在什么条件下会发生追加订货冲击正常任务的情况？在此情况下，除了会发生机会成本外，还会导致哪些相关成本的发生？

4. 利润无差别点法与成本无差别点法有何区别？

5. 如何确定最优售价？

# 第七章　平衡计分卡

## 素养目标

培养学生的创新思维能力和变革精神，提高学生团队协作、沟通交流、组织协调的能力。

## 知识目标

理解平衡计分卡的概念、优缺点及其四类指标的内容；熟悉平衡计分卡实施的要素；掌握编制平衡计分卡的具体步骤。

## 情景导航

1999 年《财富》杂志的一期封面报道指出：大多数企业（70%以上），他们失败的真正原因不是策略不好，而是贯彻执行不到位。为什么组织有了良好的战略却会在实施过程中遇到困难呢？最重要的问题是他们没有一个有效的基础架构来更好地推动战略的成功实施。而平衡计分卡能够帮助组织把愿景和战略转化为具体的运作目标。罗伯特·卡普兰（Robert S. Kaplan，哈佛商学院的领导力开发课程教授）和戴维·诺顿（David P. Norton，复兴全球战略集团创始人兼总裁）经过为期一年对在绩效测评方面处于领先地位的 12 家公司的研究后，发明了平衡计分法，并最早发表于 1992 年的《哈佛商业评论》中。最初，平衡计分卡作为一种新的绩效管理模式，用来解决很多公司面临的考核问题。

过去 10 年来，一些勇于创新的公司已经对平衡计分卡架构进行了扩展和运用，他们运用平衡计分卡作为企业的战略管理工具以成功实施企业战略，帮助企业取得了巨大成功。平衡计分卡在企业内的应用已越来越广泛。

根据加特纳集团（Gartner Group）调查表明：在《财富》杂志公布的世界前 1 000 位公司中有 70%的公司采用了平衡计分卡系统，贝恩（Bain & Company）调查也指出，50%以上的北美企业已采用它作为企业内绩效评估的方法。并且平衡计分卡所揭示的非财务的考核方法在这些公司中被广泛运用于员工奖金计划的设计与实施中。哈佛商业评论更是把平衡计分卡称为 75 年来最具影响力的战略管理工具。

# 第一节　平衡计分卡概述

## 一、平衡计分卡的概念

平衡计分卡是20世纪90年代初由哈佛商学院的会计教授罗伯特·卡普兰和复兴全球战略集团总裁戴维·诺顿发展出的一种全新的组织绩效管理方法。

平衡计分卡从财务、客户、内部业务流程、学习与成长四个角度，将组织的战略落实为可操作的衡量指标和目标值的一种新型绩效管理体系。

平衡计分卡是战略管理与执行的工具。平衡计分卡是在企业总体发展战略达成共识的基础上，通过科学的设计，将其四个维度的目标、指标，以及实施步骤有效地结合在一起的一个战略管理与实施体系。它的主要目的是将企业的战略转化为具体的行动，为企业的战略搭建执行平台，以提升企业的战略执行力。

平衡计分卡是绩效管理的工具。平衡计分卡从四个维度设计适量的绩效指标有效运作企业的战略。平衡计分卡为企业提供的绩效指标具有可量化、可测度、可评估性，有利于全面系统地监控企业战略的执行，促进企业战略与远景的目标达成。

平衡计分卡是企业各级管理者进行有效沟通的一个重要方式。为了战略的执行，必须将企业的远景规划与各级组织，包括各管理层乃至每位员工进行沟通，使企业所有员工都能够理解战略与远景规划，并及时地给予有效的反馈。

## 二、平衡计分卡的维度

平衡计分卡的设计包括四个方面：财务、客户、内部业务流程、学习与成长。这几个角度分别代表企业三个主要的利益相关者：股东、顾客、员工。每个角度的重要性取决于角度的本身和指标的选择是否与公司战略相一致。其中每一个方面，都有其核心内容。

### （一）财务层面

设定财务类指标即从财务角度来看：股东对我们的要求如何？其旨在从股东利益出发达到投资者设定的财务要求。财务业绩指标可以显示企业的战略及其实施和执行是否对改善企业盈利作出贡献。财务目标通常与获利能力有关，其衡量指标有营业收入、资本报酬率、经济增加值等，也可能是销售额的迅速提高或创造现金流量。

### （二）客户层面

设定客户类指标即从客户角度来看：客户对我们要求如何？其旨在为目标客

户和目标市场提供满意的产品和服务。平衡计分卡要求企业将使命和战略诠释为具体的与客户相关的目标和要点。企业应以目标顾客和目标市场为方向，客户最关心的不外乎五个方面：时间、质量、性能、服务和成本。企业必须为这五个方面树立清晰的目标，然后将这些目标细化为具体的指标。客户层面指标通常包括客户满意度、客户保持率、客户获得率、客户盈利率，以及在目标市场中所占的份额。客户层面使业务单位的管理者能够阐明客户和市场战略，从而创造出出色的财务回报。

### （三）内部业务流程层面

设定内部业务流程类指标即从内部运营角度思考：我们必须从哪些方面进行控制和提高？其旨在找出企业必须做好的方面和需要提高竞争优势的方面，从而保证客户类指标和财务类指标的实现。在先制定财务和客户类的目标与指标后，才制定企业内部流程类的目标与指标，这个顺序使企业能够抓住重点，专心衡量那些与股东和客户目标息息相关的流程。内部运营绩效考核应以对客户满意度和实现财务目标影响最大的业务流程为核心。内部业务流程指标既包括短期的现有业务的改善，又涉及长远的产品和服务的革新。内部业务流程类指标通常有：生产负荷率、产品合格率、存货周转率、生产周期、交货及时率、产品返工率、环保指数等。

### （四）学习与成长层面

设定学习与成长类指标即从企业的学习与成长角度思考：我们能否持续提升并创造价值？它确立了企业要创造长期的成长和改善就必须建立的基础框架，确立了未来成功的关键因素。平衡计分卡的前三个层面一般会揭示企业的实际能力与实现突破性业绩所必需的能力之间的差距，为了弥补这个差距，企业必须投资于员工技术的再造、组织程序和日常工作的理顺，这些都是平衡计分卡学习与成长层面追求的目标。如员工满意度、员工保持率、员工培训和技能等，以及这些指标的驱动因素。

平衡计分卡中的每一项指标都是一系列因果关系中的一环，既是结果又是驱动因素，通过它们把相关部门的目标同组织战略联系在一起。员工的技术素质和管理素质决定产品质量和销售业绩等；产品/服务质量决定顾客满意度和忠诚度；顾客满意度和忠诚度及产品/服务质量等决定财务状况和市场份额。为提高经营成果，必须使产品或服务赢得顾客的信赖；要使顾客信赖，必须提供顾客满意的产品或服务，为此改进内部生产过程；改进内部生产过程，必须对职工进行培训，开发新的信息系统。

通过对上述四类指标的讲解，我们可以看出，实际上，平衡计分卡方法打破了传统的只注重财务指标的业绩管理方法。平衡计分卡认为，传统的财务会计模式只能衡量过去发生的事情（落后的结果因素），但无法评估组织前瞻性的投资（领先的驱动因素）。在工业时代，注重财务指标的管理方法还是有效的。但在信息社会里，传统的业绩管理方法并不全面，组织必须通过在客户、供应商、员工、组织流程、技术和革新等方面的投资，获得持续发展的动力。正是基于这样的认识，平衡计分卡方法认为，组织应从四个角度审视自身业绩：学习与成长、内部业务流程、客户、财务。其中，平衡计分卡包含五项平衡：

第一项平衡：财务指标和非财务指标的平衡。企业考核的一般是财务指标，而对非财务指标（如客户、内部业务流程、学习与成长）的考核很少，即使有对非财务指标的考核，也只是定性的说明，缺乏量化的考核，缺乏系统性和全面性。

第二项平衡：企业的长期目标和短期目标的平衡。平衡计分卡是一套战略执行的管理系统，如果以系统的观点来看平衡计分卡的实施过程，那就是战略是输入，财务是输出。

第三项平衡：结果性指标与动因性指标之间的平衡。平衡计分卡以有效完成战略为动因，以可衡量的指标为目标管理的结果，寻求结果性指标与动因性指标之间的平衡。

第四项平衡：企业组织内部群体与外部群体的平衡。平衡计分卡中，股东和客户为外部群体，员工和内部业务流程是内部群体，平衡计分卡可以发挥在有效执行战略的过程中平衡这些群体间利益的重要性。

第五项平衡：领先指标与滞后指标之间的平衡。财务、客户、内部业务流程、学习与成长这四个方面包含了领先指标和滞后指标。财务指标就是一个典型的滞后指标，它只能反映企业以前年度发生的情况，不能告诉企业如何改善业绩和可持续发展。而对于后三项领先指标的关注，使企业达到了领先指标和滞后指标之间的平衡。

## 三、功能目标

平衡计分卡强化战略管理能力，贯通战略与预算、资源、绩效体系，提高战略专业化水平，可以明确战略在各个层面的核心衡量指标，可以有效衡量评估战略执行的状态，可以实现企业资源有效配置。

## 四、适用范围及实施原则

### （一）适用范围

平衡计分卡工具用于企业战略管理、绩效管理，适用于战略目标明确、管理制度比较完善、管理水平较高的企业。平衡计分卡的应用对象可为企业、所属单位（部门）和员工。

### （二）实施原则

一个结构严谨的平衡计分卡，应包含一连串连接的目标和量度，这些量度和目标不仅前后连贯，同时互相强化。就如同飞行仿真器，包含一套复杂的变量和因果关系，其包括领先、落后和回馈循环，并能描绘出战略的运行轨道和飞行计划。

建立一个战略为评估标准的平衡计分卡须遵守三个原则：

（1）因果关系；

（2）成果量度与绩效驱动因素；

（3）与财务联结。

此三原则将平衡计分卡与企业战略联结，其因果关系链代表目前的流程和决策，会对未来的核心成果造成哪些正面的影响。这些量度的目的是向组织表示新的工作流程规范，并确立战略优先任务、战略成果及绩效驱动因素的逻辑过程，以进行企业流程的改造。

## 第二节 平衡计分卡的实施

### 一、平衡计分卡的实施步骤

#### （一）制定企业远景目标与发展战略

平衡计分卡贯穿于企业战略管理的全过程。由于应用平衡计分卡时，把组织经营战略转化为了一系列的目标和衡量指标，因此，平衡计分卡对企业战略有较高的要求，企业应在符合和保证实现企业使命的条件下，在充分利用环境中存在的各种机会和创造机会的基础上，确定企业同环境的关系，规定企业的经营范围、成长方向和竞争对策，合理地调动企业结构和分配企业的全部资源，从而使企业获得竞争优势，制定出适合本企业成长与发展的企业远景目标与发展战略。企业战略要力求满足适合性、可衡量性、合意性、易懂性、激励性和灵活性。

#### （二）把组织经营战略转化为一系列的衡量指标

平衡计分卡是一个战略实施机制，它把组织的战略和一整套的衡量指标相联系，弥补了制定战略和实施战略间的差距，能使企业战略有效实施。为了使企业战略有效实施，我们可逐步把组织战略转化为财务、客户、内部业务流程、学习与成长四个方面的衡量指标。

1. 指标的衡量。

（1）定性数据。对指标体系中的定性数据需要设计调研问卷。为避免主观判断所引起的失误，可以将定性指标分成 7 个档次（很好、好、较好、一般、较差、差、很差），分别对应 7 ~ 1 分。7 ~ 1 分表示不同的等级，等级之间只是对指标看法的程度不同。由于在赋值判断过程中已内含标准，可以直接计算评价值。用加权平均的方法对调查结果进行计算。

（2）定量数据。定量指标的数据值按照指标的释义和公司的具体情况进行收集，数据的收集需要不同部门配合。由于各项定量指标的内容、量纲各不相同，直接综合在一起十分困难。因此，必须将这些指标进行无量纲处理，将定量指标原值转化为评价值。

2. 确定平衡计分卡的评价指标的权重。确定权重一个较为简便和合理的方法就是通过专家打分。专家的组成结构要合理，要有本企业的中高层管理人员、技术人员，也要有基层的技术和管理人员，还要有企业外的对本企业或本行业熟悉的专家，如行业协会的成员、大学或研究机构的成员。

同时，对不同的企业权重选择应根据不同行业、不同企业的特点进行打分。如高科技企业，技术更新快，因而学习与成长类指标所占的权重就较大；对大型企业而言，运作流程的顺畅就显得很重要，因而该指标所占权重也相对较大；对银行等金融企业而言，财务指标事关重大，该指标的权重自然也较大。

### （三）将战略与企业、部门、个人的短期目标挂钩

为了有效避免出现企业战略目标、部门计划目标、个人绩效考核目标的纵向矛盾，及各部门间计划的横向不和谐，我们进行战略目标分解。战略分解理论可以按以下流程来实施，将战略与部门、个人的目标挂钩。如图 7 –1 所示。

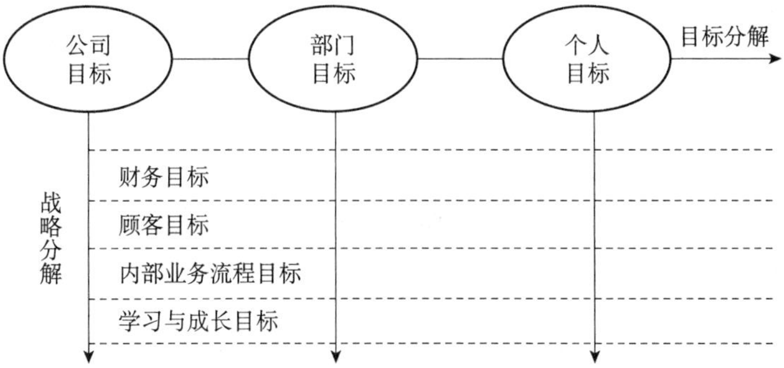


**图 7 –1　战略分解图解**

企业应将战略分解看成是整个管理体系的一个组成，而不单单是上级工作的附加部分。上级必须将制定目标的权力下放给员工，给员工自行决断的自由（但要求员工对工作结果负责）。

在实际操作过程中，我们应注意以下五点：

1. 上级和员工必须愿意一起制定目标。数据显示，这种目标的制定过程能使员工的工作绩效提高 10% ~25% 。这一过程之所以起作用，是因为这一过程帮助员工将精力集中在重要工作上，并促使员工对自己完成的工作负责。

2. 目标应该是长期和短期并存，且可量化和可测量。而且，在制定目标时还必须说明实现目标的步骤。

3. 预期的结果必须在员工的控制之中，因为可能会有标准被污染的情况。

4. 目标必须在每一个层次上保持一致。

5. 上级和员工必须留出特定的时间来对目标进行回顾和评估。

### （四）战略的具体实施、反馈和中期调整、修正

完成了绩效考核指标和目标的确定之后，系统科学的绩效考核内容设定体系便形成了，很有必要制定“绩效考核——工作计划表”，将员工绩效考核内容书面记录下来，作为绩效考核的依据。

### （五）建立健全的考核体系，根据平衡计分卡的完成情况进行奖惩

建立健全的考核体系，将员工奖金、晋升、教育培训等与员工所完成平衡计分卡的情况直接挂钩，形成有效的管理回路。在薪酬结构方面，应建立绩效考核和年终奖金，对平衡计分卡完成好的员工进行奖励，对完成不佳的员工进行惩罚；在教育培训方面，对优秀员工进行提高性深造，对不佳者进行强制性学习；在晋升方面，建立优胜劣汰、能上能下的机制，实行能者上、庸者让、平者下。使平衡计分卡的实施实现评价员工的业绩和能力，激发员工的热情和潜力，最大限度地开发和利用企业的人力资源，从而提高整个企业的绩效水平。

## 二、平衡计分卡的实施条件

1. 管理质量高。企业管理质量要较高，管理达到程序化、规范化、精细化。使企业战略的每层次都能有效实施，最后达到预期的目标。

2. 信息度高。企业应提供自动化的方法，针对纳入平衡计分卡解决方案中的所有数据加以收集与摘要，并使用现有的营运、分析及通信工具，使信息准确、可靠、及时、快捷。

3. 员工素质水平高。员工素质水平的情况影响平衡计分卡实施的效果，特别是高层和中层员工的素质水平尤其关键。

4. 对战略目标的合理分解。对企业战略的合理分解，是平衡计分卡成功实施的关键。企业战略要进行层层分解，转化成一系列可衡量、可实施的具体目标，并在实施中期作合理的调整与修正。

## 三、关注平衡计分卡的成功要素

有效利用平衡计分卡要注意以下六个方面：

第一，不能割裂平衡计分卡与战略地图的逻辑关系。平衡计分卡是对公司战略地图的进一步演绎，不能割裂两者之间的这种递进关系。

第二，平衡计分卡的衡量指标目标值要有一定突破性。平衡计分卡能帮助企业实现突破性财务目标，因此目标的设置应该有一定挑战性，否则企业的平衡计

分卡就会变得非常平庸。

第三，平衡计分卡需要各部门、各岗位的有效协同。平衡计分卡是集体的决策，而不是某个部门、某个岗位的独创。

第四，不能忽略平衡计分卡自身的因果关系。平衡计分卡的四个维度（财务、客户、内部业务流程、学习与成长）是结果和驱动的平衡，在设定衡量指标值的时候，需要从整体角度考量。

第五，按照“无管理即偏差”原则，平衡计分卡需要有配套的战略行动计划，通过战略行动计划达成平衡计分卡设定的目标。

第六，平衡计分卡需要定期修订，在执行过程中需要经常回顾、审视。

## 第三节　平衡计分卡的应用案例

### 一、平衡计分卡的应用案例

平衡计分卡（BSC）是由美国哈佛商学院教授罗伯特·卡普兰与复兴国际方案总裁戴维·诺顿创建的。1992 年，他们初始设计的平衡计分卡只是作为一个更完善的绩效评价管理工具，经过十几年的应用，两位学者将平衡计分卡延伸到了战略层面，逐渐深化为一个全新的注重企业组织整体战略实施与完善的管理系统。它在保留了传统财务指标的基础上，增加了客户、内部业务流程、学习与成长三方面的非财务指标，从而可以达到全面计量企业绩效的目的。平衡计分卡自创立以来，世界500强企业与改革开放后的中国知名企业纷纷采用，因为它不仅是一种管理手段，也体现了一种管理思想，即其对企业全方位的考核及关注企业长远发展的观念受到学术界与企业界的充分重视，越来越多的企业尝试引入平衡计分卡作为企业管理的工具。只有在公司战略和运营层面上，运用平衡计分卡探讨绩效管理的内容，掌握平衡计分卡的实质，并与企业战略经营规划很好地结合，才能全面提高绩效管理水平，支持实现战略目标，确保企业能长期健康发展。

#### （一）案例背景

HKW 公司是一家国内从事照明研发和生产制造集团的全资子公司。HKW 公司主要负责集团内销产品的生产制造。中国加入 WTO 后，其他国外的领先企业已经大举进入中国市场，加剧了照明行业的竞争。竞争使 HKW 公司在关注内部的同时，更加关注外部的影响，绩效测评指标体系也必须顺应这种变化。为使公司的经理层能及时准确地了解和掌握企业的各种绩效测评指标，并能够做到聚焦于企业的战略，从而真正有效地测评公司的绩效，带动公司向纵深发展，公司引入平衡计分卡作为绩效评估的基石。

### （二）HKW 公司平衡计分卡的设计

在引入平衡计分卡之前，HKW 公司先通过应用 SWOT 等战略分析工具，对自身的发展进行明确的定位，形成自己的战略远景和战略规划，从而建立起平衡计分卡的核心和基础。具体如图 7 – 2 所示。

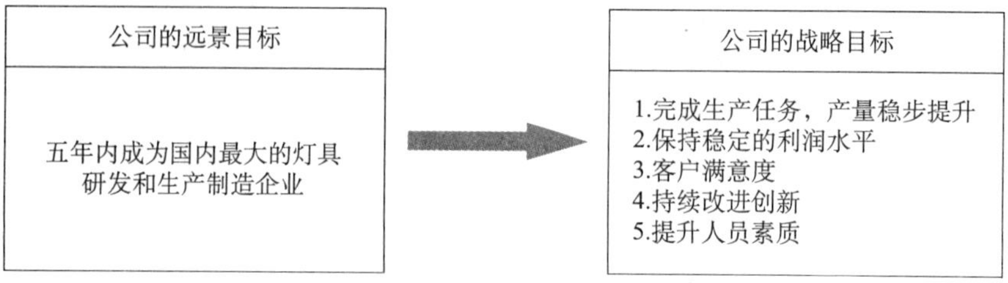


**图 7 – 2　HKW 公司的远景目标和战略目标**

在明确公司的远景和战略的前提下，把平衡计分卡看作是公司高层对公司远景和战略进行阐明、简化并使之实际运作的一条途径。平衡计分卡使经理们能从四个主要方面来考察。

1. 财务角度。财务绩效测评指标显示了公司的战略及执行是否有助于利润的增加。虽然客户满意度、内部运作绩效以及学习与成长的测评指标等，来自公司对环境的特定看法和对关键的成功因素的认识，但如果经营绩效有所改善，却又未能导致财务绩效的好转，则说明经理们应重新思考公司战略或其执行计划。因此对财务维度的有效评估是传统的，但也是必不可少的。HKW 将公司财务目标表示为：完成生产任务保持稳定的利润增长。“完成生产任务”用年产值和产品订单生产达成率来衡量；“保持稳定的利润增长”用利润率、管理费用和生产成本来衡量。具体如表 7 – 1 所示。

**表 7 – 1　HKW 公司平衡计分卡中财务角度评价指标**

| 战略目标 | 评估指标 |
|---|---|
| 完成生产任务 | 年产值 |
| 保持稳定的利润增长 | 产品订单达成率<br>利润率<br>生产成本<br>管理费用 |

除了这几个重要测评指标外，反映企业财务能力的其他指标也可根据战略目标的要求进行选择。通过定期的财务报表，可以提醒经理们在生产、质量、反应时间、提高劳动生产率等方面及时加以改进，以便各项工作的开展对公司变得更为有利。

2. 客户角度。HKW 公司是按订单生产型企业，生产照明系列产品。顾客所关心的事情有 4 类：质量、性能、供货及时性和成本。为了使平衡计分卡能发挥作用，公司明确了用以衡量质量、性能、供货及时性和成本的具体评估指标。具体如表7－2所示。

表7－2 HKW公司平衡计分卡中客户角度评价指标

| 战略目标 | 评估指标 |
|---|---|
| 建立与客户的伙伴关系 | 经销商投诉次数<br>客户满意度指数 |
| 供货及时性 | 断货规格数<br>按时交货（由顾客评定） |

3. 内部业务流程角度。优异绩效来自组织中所发生的程序、决策和行为。因此，公司还需要关注这些能满足公司整体战略实现的关键的内部经营活动。平衡计分卡的内部评估指标，应当来自对实现公司整体战略有最大影响的业务程序，包括影响循环周期、质量、雇员技能和生产率的各种因素。HKW公司的经理们断定，技术上的持续改进和创新，是公司要培养的核心能力，而良好的过程管理能力和对安全与损失的控制也是公司势在必行的努力方向。公司为这3个内部业务规定了评估指标。具体如表7－3所示。

表7－3 HKW公司平衡计分卡中内部业务流程角度评价指标

| 战略目标 | 评估指标 |
|---|---|
| 技术创新 | 技术创新效益额 |
| 提升生产管理质量 | 原材料一次性合格率<br>产品一次性合格率<br>质量成本 |
| 安全/损失控制 | 人身/设备安全事故次数<br>设备投产率、完好率 |

4. 学习与成长角度。在HKW公司设计的平衡计分卡中，以顾客为基础的测评指标和内部运作过程测评指标，确定了公司认为竞争取胜最重要的参数。在强调长期运作和未来规划发展的前提下，雇员素质的提高，公司创新能力和学习能力的加强，则是不容忽视的方面。因此，HKW公司平衡计分卡的第四部分就是从学习与成长的角度提出提升人力资源能力和构建信息沟通平台两个战略目标，并制定了对应的评估指标。具体如表7－4所示。

表7－4 HKW公司平衡计分卡中学习与成长角度评价指标

| 战略目标 | 评估指标 |
|---|---|
| 提升人力资源能力 | 核心人员保留率<br>紧缺人才指标完成率<br>培训完成率 |
| 构建信息沟通平台 | 建立管理信息系统<br>员工建议数 |

HKW公司在坚定了进行战略管理的决心之后，把平衡计分卡继续作为一个

战略管理体系去管理公司的长期战略。为此公司设计了一个两年期的工作推进计划，通过一个周而复始的行动顺序，逐步建立战略管理体系，最终成为公司整个管理体系的一个固定组成部分。这样，可以使公司每个人都集中精力于实现长期战略目标，这是单纯的财务框架所做不到的。

（三）案例分析总结

HKW 公司利用平衡计分卡之后，发现它更适合于建立许多公司都力图实现的那种组织形态。传统的测评体系是从财务职能发展而来，这些体系偏向于控制。而平衡计分卡不仅仅是控制，它用评估指标把人们导向远景规划，因此对每一个部分的正确评估和分析是最为关键的。

在平衡计分卡的应用过程中，必须让那些最了解公司远景和首要任务的经理们参与其中。同时由于平衡计分卡的测评指标是关键指标，在 HKW 公司的平衡计分卡中总共只有 20 个测评指标，其目的就是使经理们对公司绩效的评估集中到公司的战略和远景上来。事实上，平衡计分卡的出现并不是为了代替其他的评估方法，而是将各种评估方法相结合，并使其系统化，最终有利于公司战略的贯彻和远景目标的实现。

在平衡计分卡的使用频次上，通常要求经理们每月分组考察各部门上交的报告。当然，有些测评指标，如创新指标是不能每月更新的，但大多数测评指标是可以每月计算一次的。平衡计分卡与公司正在推行的管理重心是一致的，即顾客与供应商之间的伙伴关系、团队责任、ISO 9000 系列质量标准等。平衡计分卡把财务、顾客、内部运作过程和学习与成长结合起来，使经理们至少能从中悟出多种相互关系，能帮助经理们超越对职能障碍的传统观念，在决策和解决问题时有更好的表现。由此可见，平衡计分卡是推动公司前进的有效管理方法，它在 HKW 公司的应用，使公司能一直向前看，向前走，而不是向后倒退。

应用平衡计分卡作为绩效测评的工具，对企业的战略制定能力和基础管理是有较高要求的。

由于 HKW 公司本身管理水平的限制，也使平衡计分卡在实施过程中遇到一些困难。

1. 公司原有的管理基础相对薄弱，战略管理的思想刚刚被接受，而相应的一些关键职能部门也才刚刚完善，这就需要公司必须做到团结一致，统一公司的文化和价值观念，加快对有关人员的培训，同时明确岗位职责，从而为实施平衡计分卡提供有效的内部保证。

2. 公司中高层管理人员年龄偏大，总体学历水平较低，在平衡计分卡推进过程中接受新知识新概念的能力较弱，增加了实施的困难，因此，对当前中高层人员进行管理知识的培训是势在必行的。只有具备人才和知识的保证，平衡计分卡才能被较好地理解和运用。

3. 平衡计分卡推进速度过快，相应的交叉考评制度和指标评价标准体系没有得到及时修改和完善，导致在绩效评估过程中产生争议，出现了许多沟而不通的现象，影响了工作效率。因此建立相应的交叉考评制度和指标评价体系是当务之急。有了制度保障，平衡计分卡才能被更好地应用，绩效评估才能更真实客观地反映工作业绩，从而保证各项工作的开展不偏离公司的战略目标。

## 二、平衡计分卡的优点

平衡计分卡不仅是一种管理手段，也体现了一种管理思想：只有量化的指标才是可以考核的；必须将要考核的指标进行量化。组织愿景的达成要考核多方面的指标，不仅是财务要素，还应包括客户、内部业务流程、学习与成长。自平衡计分卡方法提出之后，其对企业全方位的考核及关注企业长远发展的观念受到学术界与企业界的充分重视，许多企业尝试引入平衡计分卡作为企业管理的工具。

实施平衡计分卡的管理方法主要有以下优点。

1. 战略目标逐层分解并转化为被评价对象的绩效指标和行动方案，使整个组织行动协调一致。

2. 从财务、客户、内部业务流程、学习与成长四个维度确定绩效指标，使绩效评价更为全面完整。

3. 将学习与成长作为一个维度，注重员工的发展要求和组织资本、信息资本等无形资产的开发利用，有利于增强企业可持续发展的动力。

## 三、平衡计分卡的缺点

平衡计分卡并不能在以下重要方面发挥推动企业进步的作用：它不适用于战略制定。卡普兰和诺顿特别指出，运用这一方法的前提是，企业应当已经确立了一致认同的战略。它并非流程改进的方法。类似于体育运动计分卡，平衡计分卡并不告诉如何去做，它只是以定量的方式表明做得怎样。

平衡计分卡自身不可避免地也存在一些缺点。

1. 专业技术要求高，工作量比较大，操作难度也较大，需要持续的沟通和反馈，实施比较复杂，实施成本高。

2. 各指标权重在不同层级及各层级不同指标之间的分配比较困难，且部分非财务指标的量化工作难以落实。

3. 系统性强、涉及面广，需要专业人员的指导、企业全员的参与和长期持续地修正与完善，对信息系统、管理能力有较高的要求。

## 课后作业

### 一、单项选择题

1. 甲企业是一家处于成长期的健身公司，地处高校密集的大学城。甲企业实行会员制，顾客主要通过电话和网络预约方式来门店进行健身。甲企业决定采用平衡计分卡进行绩效管理，从顾客的角度考虑，其平衡计分卡的内容包括(　　)。

A. 健身器材的维护　　B. 主要员工保留率

C. 顾客续卡率　　D. 顾客订单的增加

2. 通常，人们在设计绩效评价指标时主要有（　　）三种思路。

A. 特质、过程、行为　　B. 方式、过程、产出

C. 目标、行为、结果　　D. 特质、类型、结果

3. 下列（　　）不是细化愿景目标角度。

A. 流程角度　　B. 客户角度

C. 技术角度　　D. 财务角度

4. 下列不属于财务性指标的是（　　）。

A. 投资回报率　　B. 收益增长率

C. 每股收益率　　D. 次品回收率

**二、多项选择题**

1. 平衡计分卡的四个维度包括（　　）。

A. 学习与成长　　B. 内部业务流程

C. 客户　　D. 财务

2. 研发、生产治疗糖尿病药品的仁康公司采用平衡计分卡进行绩效管理。下列各项中，属于该公司的平衡计分卡内部流程角度包括的内容有（　　）。

A. 药品研发人员和生产技术人员的保留率

B. 新药品占销售的比例

C. 每个员工的收入

D. 收益率

**三、判断题**

1. 平衡计分卡是一个有效的绩效管理工具，但不是一个有效的战略管理根据。（　　）

2. 平衡计分卡不仅适合于企业，也适用于个人。（　　）

3. 平衡计分卡是针对公司一个战略单元的竞争战略的实施与执行。（　　）

4. 绩效反馈只是在整个绩效管理的周期结束时才进行。（　　）

# 第八章　作业成本管理

## 素养目标

培养学生秉持创新发展理念，持续优化自我，形成“计划 + 执行 + 反思”螺旋上升发展模式，树立“工匠精神”。

## 知识目标

了解作业成本法的概念及特点；了解作业成本管理的特点及与传统成本管理的区别；掌握作业成本法的计算原理；掌握作业成本管理的内容；熟悉作业成本法的计算。

## 情景导航

作业成本法的产生最早可以追溯到20世纪30年代末40年代初期杰出的会计大师埃里克·科勒（Eric Kohler），他当时所面临的问题是，如何正确计算水力发电行业的成本。1952年他在编著的《会计师词典》中系统阐述了他的作业会计思想。

1971年乔治·斯托布斯（George Stubus）出版了《作业成本计算和投入产出会计》，作为研究成本会计的杰出理论家，他坚持：会计是一个信息系统，作业成本会计是一种决策有用性目标相联系的会计。研究作业成本会计应首先明确三个概念：“作业”“成本”“会计目标——决策有用性”。会计要揭示收益的本质，就必须解释报告的目标，这个目标表示托管责任或受托责任，主要是为投资者的决策提供信息，作业成本计算中的“成本”不是一种存量，而是一种流出量。会计若要较好地解决成本分配问题，成本计算的对象就应是作业，而不是完工产品，成本不应硬性分为直接材料、直接人工、间接费用，而是应该根据资源投入量，计算利用每种资源的完全成本。

20世纪80年代，美国哈佛大学罗宾·库珀（Robin Cooper）和卡普兰两位教授撰写了一系列案例、论文和著作才引起西方会计界的普遍重视。库珀相继发表了一系列关于作业成本法的论文，这些论文基本上对作业成本法的现实需要、运行程序、成本动因的选择、成本库的建立等方面作了较全方位的分析。库珀还和卡普兰合作在《哈佛商业评论》上发表了《计算成本的正确性：制定正确的决策》一文。这标志着作业成本法开始从理论走向应用。

20世纪末，以美、英等国家为代表的西方会计界开始对作业成本法的理论和实践产生了广泛的研究兴趣，许多会计学者发表和出版了大量研究探讨作业成本法的论文和专著，作业成本法已成为人们广泛接受的一个概念和术语，作业成本法的理论亦日趋完善，并已在西方国家的一些企业中得到了推广应用，更促进了作业成本法的发展。

# 第一节　作业成本法的概述

## 一、作业成本法的概念

作业成本法又叫作业成本计算法或作业量基准成本计算法，它是以作业（activity）为核心，确认和计量耗用企业资源的所有作业，将耗用的资源成本准确地计入作业，然后选择成本动因，将所有作业成本分配给成本计算对象（产品或服务）的一种成本计算方法。

## 二、作业成本法的指导思想

作业成本法的指导思想是："作业消耗资源，产品消耗作业。"

作业成本法涉及两个阶段的分配过程：一是成本的归集过程，把有关生产或服务的资源分配至作业中心，形成作业成本；二是成本的分配过程，以作业成本动因为基准，把作业中心中归集的作业成本分配至产品或其他成本对象中，最终得到产品成本。

在作业成本法中，生产成本应先根据成本动因汇集到作业，计算出作业成本后，再按照产品生产所消耗的每一个作业，将作业成本逐个计入产品生产成本。按照这一思路，作业成本法既可以计算出产品生产成本，以满足损益计算的需要，同时又可以计算出作业成本，以满足作业管理的需要。此外，作业成本法把直接成本和间接成本（包括期间费用）作为产品（服务）消耗作业的成本，给予同等对待，拓宽了成本的计算范围。因此，通过作业成本法计算出来的产品（服务）成本，更准确、真实，同时也更符合战略成本管理中的成本概念。

## 三、作业成本法的有关概念

### （一）资源

作业成本管理中的资源，实质上是指为了产出作业或产品而进行的费用支出，换言之，资源就是指各项费用总体。作为分配对象的资源就是消耗的费用，或可以理解为每一笔费用。制造业中典型的资源项目一般有：原材料、辅助材料、燃料、动力费用、工资及附加费、折旧费、办公费、修理费、运输费等。

通常情况下，与某项作业直接相关的资源应该直接计入该作业。如果一项资源支持多种作业，则应当使用资源动因基准将资源计入各项相应的作业中去。

### （二）作业

作业是指在一个组织内为了某一目的而进行的耗费资源的工作。作业是企业为提供一定数量的产品或劳务而消耗人力、物力、技术、智慧等资源的活动，它是作业成本管理的核心要素。每一项作业，是针对加工或服务对象充分执行特定的或标准化的操作。例如，进货环节的原材料搬运、储存、向供货商退货等；生产环节的机械加工、组装、储存等；销售环节的产品库存、送货车辆管理、订单处理等。

作业可以分为四类。

1. 单位作业。此类作业成本将随产品数量增加而成比例增加，例如直接材料、直接人工、机器运转消耗的电力、按产量法计提的折旧等。此类作业成本的高低与产品的产量成正比。

2. 批量作业。这类作业成本随批量增加而成比例增加，但这类成本与产量多少无直接关系。例如机器调整准备成本、订单处理成本、产品批量检验成本等。要降低这类成本，只能设法减少作业批数来实现。

3. 产品作业。此类作业是为维持特定产品线存在所发生的各种成本，例如产品开发与设计、设计改良、产品生产安排、制造过程改善、购买零部件管理、处理客户关系、营销等。这类作业与特定产品线相联系，而与产品产量、批量无关。

4. 能量作业。这类作业成本是指为维持某一企业的总体生产能力而发生的成本，如厂房折旧、厂务管理、厂房维修、人事管理等。这类作业成本通常与总体生产能力相关。

### （三）成本对象

成本对象是企业需要计量成本的对象。根据企业的需要，可以把每一个生产批次作为成本对象，也可以把一个品种作为成本对象。在顾客组合管理等新的管理工具中，需要计算出每个顾客的利润，以此确定目标顾客群体，这里的每个顾客就是成本对象。

### （四）作业链与价值链

作业链是企业为了满足顾客而建立的一系列有序的作业集合体。如图 8－1 所示，我们可以看出，每项作业都是其上游作业的顾客，反过来其下游作业又是它本身的顾客。

例如，某组织有甲、乙、丙、丁、戊五个部门和 A、B、C、D 四个成本标的，即成本核算对象，每个成本标的的实现需要经过不同部门的不同作业，各成本标的所经过各部门的作业构成作业链 a、b、c、d。如图 8－1 所示，A 产品的作业链 a 包括甲、乙、丙三个作业，B 产品的作业链 b 包括乙、丙、戊三个作业，C 产品的作业链 c 包括甲、丙、丁、戊四个作业，D 产品的作业链 d 包括丁、戊两个作业。在每一部门都有若干种作业，成本核算对象的流程都经历了若干部门和若干作业，这些作业一起构成该成本标的的作业链。

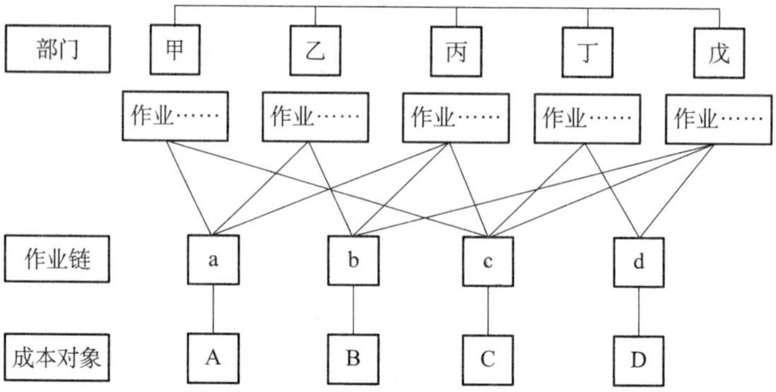


**图 8－1　作业链示意**

价值链是作业链的价值表现。即价值在作业链上各作业之间的转移形成一条价值链。作业的转移伴随着价值的转移，最终的产出既是作业链的集合，也是价值链的集合。因此，作业链的形成过程也就是价值链的形成过程，作业链是价值链的物质载体，而价值链是作业链的货币表现。

### （五）成本动因

成本动因是引发成本的推动力或驱动因素，即引起成本发生或变动的原因。成本动因是驱动或产生成本、费用的因素，是归集、分配成本的标准。例如，在作业成本中，采购订单构成采购作业的成本动因，生产工单构成生产作业的成本动因，订货单构成销售作业的成本动因等。

成本动因分为：资源动因和作业动因。

1. 资源动因。资源动因是指资源被各作业消耗的方式和原因，是引起作业成本变动的因素，是把资源成本分配到作业的基本依据。在分配过程中，由于资源是一项一项地分配到作业中去的，于是就产生了作业成本。将每个作业成本相加，就形成了作业成本库。例如，产品质量检验工作（作业）需要有检验人员、专用的设备，并耗用一定的能源（电力）等。检验作业作为成本对象，耗用的各项资源，构成了检验作业的成本。其中，检验人员的工资、专用设备的折旧费等成本，一般可以直接计入检验作业；而能源成本往往不能直接计入（除非为设备专门安装电表进行电力耗费记录），需要根据设备额定功率（或根据历史资料统计的每小时平均耗电数量）和设备开动时间来分配。这里，“设备的额定功率乘以开动时间”就是能源成本的动因。设备开动导致能源成本发生，设备的功率乘以开动时间的数值（即动因数量）越大，耗用的能源越多。按“设备的额定功率乘以开动时间”这一动因作为能源成本的分配基础，可以将检验专用设备耗用的能源成本分配到检验作业当中。

2. 作业动因。作业动因是指作业发生的原因，是将作业成本库中的成本分配到成本标的中去的依据，也是资源消耗与最终产出沟通的中介。它们计量了每类产品消耗作业的数量，反映了产品对作业消耗的逻辑关系。例如，当“购货作业”被定义为一个作业时，则“发送购货单数量”就可成为一个作业动因。

## 第二节　作业成本法的应用案例

### 一、作业成本法的成本计算程序

作业成本法的成本计算程序，总共可以分为确认和计量耗用企业资源的成本、确认和计量耗用资源的作业、计量作业成本、选择成本动因、汇集成本库、作业成本分配以及计算产品成本七个步骤。

1. 确认和计量耗用企业资源的成本。确认和计量耗用企业资源的成本是指将能够直观地确定为某特定产品或服务的资源成本划为直接成本，直接计入该特定产品或服务成本，而将其余部分列为作业成本。

2. 确认和计量耗用资源的作业。确认和计量耗用资源的作业是指为提供服务或产品而耗用企业资源的相关生产经营管理活动，如订单处理、产品设计、员工培训、材料处理、机器调试、质量检查、包装、销售、一般管理等。作业的确定可大可小，大作业又可以被细分为小作业，作业的划分越细致，其成本核算越准确。

3. 计量作业成本。根据资源耗用方式的不同，将间接资源成本分配给与其相关的作业，计算出各项作业的成本，即作业成本。

4. 选择成本动因。选择成本动因实质上就是指选择驱动成本发生的因素。一项作业的成本动因往往不止一个，应该选择与实耗资源相关程度较高且易于量化的成本动因作为分配作业成本和计算产品成本的依据，比如人工小时、机器小时、机器准备次数、产品批数、收料次数、物料搬运量、订单份数、检验次数、流程改变次数等。为了使作业成本核算准确，不仅要求其成本核算原理准确，同时，还要求作业确实是科学、合理的。

5. 汇集成本库。汇集成本库具体是指将相同成本动因的有关作业成本合并汇入“同质成本库”，如动力费用与维护费用的成本动因都是机器工时，可归入同一个成本库之中。

6. 作业成本分配。在按照成本动因汇集成本以后，就要对汇集的成本库进行成本分配。作业成本分配的具体计算公式如下：

分摊成本 = 某作业成本（库）分配率 × 被某产品耗用成本动因数量

7. 计算产品成本。将分配某产品的各作业成本（库）分摊成本和直接成本（直接人工及直接材料）合并汇总，并在此基础之上计算产品的总成本，再将总成本与产品数量相比，计算出产品的单位成本。

## 二、作业成本法的案例分析

**【例8-1】**某公司本月所投产的甲、乙两种产品当月全部完工，有关资料如表8-1所示。

**表8-1　　甲、乙两种产品的生产及成本资料**

| 项目 | 甲产品 | 乙产品 |
|---|---|---|
| 产量（件） | 100 | 4 200 |
| 单位产品机器小时（小时/件） | 6 | 4 |
| 单位产品直接材料成本（元/件） | 180 | 150 |
| 单位产品直接人工成本（元/件） | 110 | 120 |
| 制造费用总额（元） | 405 720 | |

其中，制造费用是由4种作业所发生的，具体资料如表8-2所示。

**表8-2　　制造费用作业资料**

| 作业 | 成本动因 | 作业成本（元） | 成本动因数 | | |
|---|---|---|---|---|---|
| | | | 甲产品 | 乙产品 | 合计 |
| 机器调整准备 | 调整准备次数 | 18 000 | 10次 | 8次 | 18次 |
| 生产订单 | 订单份数 | 63 600 | 20份 | 10份 | 30份 |
| 机器运行 | 机器小时数 | 240 120 | 600小时 | 16 800小时 | 17 400小时 |
| 质量检验 | 检验次数 | 84 000 | 32次 | 18次 | 50次 |
| 合计 | | 405 720 | | | |

根据上述资料，分别采用传统成本法和作业成本法计算甲、乙两种产品的单位成本。

（1）传统成本法下计算甲、乙两种产品的单位成本：

甲产品机器小时 = 6 × 100 = 600（小时）

乙产品机器小时 = 4 × 4 200 = 16 800（小时）

制造费用分配率 = 405 720/(600 + 16 800) = 23.32（元/小时）

则：甲产品制造费用 = 23.32 × 600 = 13 992.00（元）

乙产品制造费用 = 405 720 − 13 992 = 391 728.00（元）

甲产品单位成本 = 180 + 110 + 13 992/100 = 429.92（元）

乙产品单位成本 = 150 + 120 + 391 728/4 200 = 363.27（元）

根据上述分析与计算可编制产品成本计算表，如表8-3所示。

**表8-3　　传统成本法下甲、乙两种产品成本计算表**　　金额单位：元

| 成本项目 | 直接材料 | 直接人工 | 制造费用 | 总成本 | 产量（件） | 单位成本 |
|---|---|---|---|---|---|---|
| 甲产品 | 18 000 | 11 000 | 13 992 | 42 992 | 100 | 429.92 |
| 乙产品 | 630 000 | 504 000 | 391 728 | 1 525 728 | 4 200 | 363.27 |

(2) 用作业成本法计算甲、乙两种产品的单位成本。

首先计算各项作业动因分配率，如表 8-4 所示。

表 8-4 作业动因分配率计算表

| 作业 | 作业成本（元） | 作业动因数 | 作业动因分配率 |
|---|---|---|---|
| 机器调整准备 | 18 000 | 18 次 | 1 000 元/次 |
| 生产订单 | 63 600 | 30 份 | 2 120 元/份 |
| 机器运行 | 240 120 | 17 400 小时 | 13.8 元/小时 |
| 质量检验 | 84 000 | 50 次 | 1 680 元/次 |

然后计算甲、乙两种产品消耗作业量的成本，如表 8-5 所示。

表 8-5 甲、乙两种产品消耗作业量成本

| 作业 | 作业动因分配率 | 作业动因数 | | 制造费用分配额（元） | |
|---|---|---|---|---|---|
| | | 甲产品 | 乙产品 | 甲产品 | 乙产品 |
| 机器调整准备 | 1 000 元/次 | 10 次 | 8 次 | 10 000 | 8 000 |
| 生产订单 | 2 120 元/份 | 20 份 | 10 份 | 42 400 | 21 200 |
| 机器运行 | 13.8 元/小时 | 600 小时 | 16 800 小时 | 8 280 | 231 840 |
| 质量检验 | 1 680 元/次 | 32 次 | 18 次 | 53 760 | 30 240 |
| 合计 | | | | 114 440 | 291 280 |

最后计算甲、乙两种产品的单位成本，如表 8-6 所示。

表 8-6 作业成本法下甲、乙两种产品成本计算表 金额单位：元

| 成本项目 | 直接材料 | 直接人工 | 制造费用 | 总成本 | 产量（件） | 单位成本 |
|---|---|---|---|---|---|---|
| 甲产品 | 18 000 | 11 000 | 114 440 | 143 440 | 100 | 1 434.40 |
| 乙产品 | 630 000 | 504 000 | 291 280 | 1 425 280 | 4 200 | 339.35 |

甲产品单位成本 = 180 + 110 + 114 440/100 = 1 434.40（元）

乙产品单位成本 = 150 + 120 + 1 425 280/4 200 = 339.35（元）

本例说明，在传统成本法下，高产品、生产过程简单的产品成本计算结果显著高于作业成本法的计算结果。而低产量、生产复杂的产品的计算结果则恰恰相反，造成这种结果的根本原因在于，后一类产品每件所消耗的间接费用显著高于前一类，而制造成本法却无法对此作出反应。

**【例 8-2】** 某企业同时生产甲、乙、丙三种产品，其中，甲产品是老产品，生产比较稳定。每批大量生产 500 件以备顾客订货需要，年产甲产品 6 000 件；乙产品是应顾客需要改进的产品，每批生产 50 件，年产量 3 000 件；丙产品是一种新的产品，每批生产 5 件，年产量 800 件。有关三种产品生产成本资料如表 8-7所示。

表 8－7　　某企业产品生产成本资料　　单位：元

| 成本项目 | 直接材料 | 直接人工 | 制造费用 | 合计 |
|---|---|---|---|---|
| 甲产品 | 300 000 | 120 000 | 1 200 000 | 1 620 000 |
| 乙产品 | 180 000 | 60 000 | 600 000 | 840 000 |
| 丙产品 | 56 000 | 32 000 | 320 000 | 408 000 |
| 合计 | 536 000 | 212 000 | 2 120 000 | 2 868 000 |

根据作业成本计算法，依据不同的成本库归集制造费用，如表 8－8 所示。

表 8－8　　依据成本库归集的制造费用　　单位：元

| 制造费用项目 | 金额 |
|---|---|
| 间接人工 | |
| 整备工作<br>材料处理<br>检验人员<br>采购人员<br>产品分类人员<br>工厂管理人员 | 320 000<br>280 000<br>200 000<br>210 000<br>100 000<br>300 000 |
| 小计 | 1 410 000 |
| 其他制造费用 | |
| 供热与照明<br>房屋占用<br>材料处理设备折旧<br>机器能量<br>供应商（检验）<br>供应商（采购）<br>供应商（产品分类）<br>供应商（全面管理） | 80 000<br>190 000<br>80 000<br>140 000<br>70 000<br>60 000<br>40 000<br>50 000 |
| 小计 | 710 000 |
| 合计 | 2 120 000 |

进一步假设有关的成本动因资料如下：

（1）甲、乙、丙产品的单位机器小时比例为 1.00、1.50 和 2.50；

（2）每批次需要一次标准的整备工作；

（3）每批标准检验单位，甲产品每批 25 件、乙产品每批 20 件、丙产品每批 10 件；

（4）甲、乙、丙产品每批材料移动次数分别为 15、25 和 50；

（5）甲、乙、丙产品每件购货订单数分别为 100、200 和 700；

（6）甲、乙、丙产品每件产品分类次数分别为 50、45 和 105。

根据上述资料，按照单位作业、批次作业、产品作业和能量作业四个层次分配制造费用如下：

1. 单位作业层次。

（1）直接材料成本与直接人工成本的计算与制造成本法相同，如表 8 - 9 所示。

**表 8 - 9　　甲、乙、丙产品材料与人工单位成本**　　单位：元

| 成本项目 | 甲产品 | 乙产品 | 丙产品 |
|---|---|---|---|
| 直接材料 | 50 | 60 | 70 |
| 直接人工 | 20 | 20 | 40 |
| 合计 | 70 | 80 | 110 |

（2）机器能量成本按一定比率分配到产品生产线，计算过程如表 8 - 10 所示。

**表 8 - 10　　机器能量成本分配表**

| 产品名称 | 数量（件） | 使用比例 | 合计 | 分配率 | 分配额（元） |
|---|---|---|---|---|---|
| 甲产品 | 6 000 | 1. 00 | 6 000 | 11. 20 | 67 200 |
| 乙产品 | 3 000 | 1. 50 | 4 500 | 11. 20 | 50 400 |
| 丙产品 | 800 | 2. 50 | 2 000 | 11. 20 | 22 400 |
| 合计 | — | — | 12 500 | 11. 20 | 140 000 |

2. 批次作业层次。

（1）检验成本按检验次数分配，计算过程如表 8 - 11 所示。

**表 8 - 11　　检验成本分配表**

| 产品名称 | 批量 | 每批检验件数 | 合计 | 分配率 | 分配额（元） |
|---|---|---|---|---|---|
| 甲产品 | 12 | 25 | 300 | 87. 10 | 26 130 |
| 乙产品 | 60 | 20 | 1 200 | 87. 10 | 104 520 |
| 丙产品 | 160 | 10 | 1 600 | 87. 10 | 139 350 |
| 合计 | — | — | 3 100 | | 270 000 |

检验成本：检验人员工资 200 000 元 + 供应商（检验）70 000 元 = 270 000（元）。

（2）材料处理成本以材料移动次数为基础分配，计算过程如表 8 - 12 所示。

**表 8 - 12　　材料处理成本分配表**

| 产品名称 | 批量 | 每批移动次数 | 合计 | 分配率 | 分配额（元） |
|---|---|---|---|---|---|
| 甲产品 | 12 | 15 | 180 | 37. 20 | 6 696 |
| 乙产品 | 60 | 25 | 1 500 | 37. 20 | 55 800 |
| 丙产品 | 160 | 50 | 8 000 | 37. 20 | 297 504 |
| 合计 | — | — | 9 680 | | 360 000 |

处理成本：材料处理人员工资 280 000 元 + 折旧费 80 000 元 = 360 000

（元），本表分配率和分配额根据四舍五入取整数。

（3）整备成本以每批整备次数为基础分配，计算过程如表 8－13 所示。

表 8－13 整备成本分配表

| 产品名称 | 每批整备次数 | 分配率 | 分配额（元） |
|---|---|---|---|
| 甲产品 | 12 | 1 379.31 | 16 551.72 |
| 乙产品 | 60 | 1 379.31 | 82 758.60 |
| 丙产品 | 160 | 1 379.31 | 220 689.68 |
| 合计 | 232 | 1 379.31 | 320 000 |

3. 产品作业层次。

（1）购买成本以购货订单数量为基础分配，计算过程如表 8－14 所示。

表 8－14 购买成本分配表

| 产品名称 | 购货订单数量（件） | 分配率 | 分配额（元） |
|---|---|---|---|
| 甲产品 | 100 | 270 | 27 000 |
| 乙产品 | 200 | 270 | 54 000 |
| 丙产品 | 700 | 270 | 189 000 |
| 合计 | 1 000 | 270 | 270 000 |

购买成本：采购人员工资 210 000 元＋供应商（采购）60 000 元＝270 000（元）。

（2）产品分类成本以分类次数为基础分配，计算过程如表 8－15 所示。

表 8－15 产品分类成本分配表

| 产品名称 | 分类次数 | 分配率 | 分配额（元） |
|---|---|---|---|
| 甲产品 | 50 | 700 | 35 000 |
| 乙产品 | 45 | 700 | 31 500 |
| 丙产品 | 105 | 700 | 73 500 |
| 合计 | 200 | 700 | 140 000 |

产品分类成本：分类人员工资 100 000 元＋供应商（产品分类）40 000 元＝140 000（元）。

4. 能量作业层次。能量作业层次以主要成本（直接材料成本＋直接人工成本）为基础分配，计算过程如表 8－16 所示。

表 8－16 能量成本分配表

| 产品名称 | 单位主要成本 | 生产数量（件） | 主要成本 | 分配率 | 分配额（元） |
|---|---|---|---|---|---|
| 甲产品 | 70 | 6 000 | 420 000 | 0.83 | 348 600 |
| 乙产品 | 80 | 3 000 | 240 000 | 0.83 | 199 200 |
| 丙产品 | 110 | 800 | 88 000 | 0.83 | 72 200 |
| 合计 | — | — | 748 000 | 0.83 | 620 000 |

能量成本：工程管理人员工资300 000元+照明和热动力费用80 000+房屋占用费190 000元+供应商（全面管理）50 000元=620 000（元）。

综合上述计算结果，根据作业成本法，各种产品的总成本和单位成本汇总表如表8-17所示。

**表8-17　某企业产品生产成本**　单位：元

| 项目 | 甲产品（6 000件） | | 乙产品（3 000件） | | 丙产品（800件） | |
|---|---|---|---|---|---|---|
| | 单位成本 | 总成本 | 单位成本 | 总成本 | 单位成本 | 总成本 |
| 1. 单位作业层次 | | | | | | |
| 直接材料 | 50.00 | 300 000.00 | 60.00 | 180 000.00 | 70.00 | 56 000.00 |
| 直接人工 | 20.00 | 120 000.00 | 20.00 | 60 000.00 | 40.00 | 32 000.00 |
| 机器能量 | 11.20 | 67 200.00 | 16.80 | 50 400.00 | 28.00 | 22 400.00 |
| 小计 | 81.20 | 487 200.00 | 96.80 | 290 400.00 | 138.00 | 110 400.00 |
| 2. 批次作业层次 | | | | | | |
| 检验 | 4.36 | 26 130.00 | 34.84 | 104 520.00 | 174.19 | 139 350.00 |
| 材料处理 | 1.12 | 6 696.00 | 18.60 | 55 800.00 | 371.88 | 297 504.00 |
| 整备 | 2.76 | 16 551.72 | 27.59 | 82 758.60 | 275.86 | 220 689.68 |
| 小计 | 8.24 | 49 377.72 | 81.03 | 243 078.60 | 821.93 | 657 543.68 |
| 3. 产品作业层次 | | | | | | |
| 采购 | 4.50 | 27 000.00 | 18.00 | 54 000.00 | 236.25 | 189 000.00 |
| 产品分类 | 5.83 | 35 000.00 | 10.50 | 31 500.00 | 91.88 | 73 500.00 |
| 小计 | 10.33 | 62 000.00 | 28.50 | 85 500.00 | 328.13 | 262 500.00 |
| 4. 能量作业层次 | | | | | | |
| 全面管理 | 58.10 | 348 600.00 | 66.40 | 199 200.00 | 90.25 | 72 200.00 |
| 合计 | 157.87 | 947 177.72 | 272.73 | 818 178.60 | 1 378.31 | 1 102 643.68 |

## 三、作业成本法的特点

作业成本法是一种全新的成本计算方法。与制造成本法和变动成本法相比，作业成本法主要有以下一些特点。

1. 对产品间接成本的分配更为合理。与传统成本计算方法相比，作业成本法分配基础（即成本动因）发生了质变，它不再采用单一的数量分配基准，而是采用多元分配基准，并且集财务变量与非财务变量于一体，特别强调非财务变量。因此，作业成本所提供的成本信息要比传统成本计算法准确得多。

2. “作业”是作业成本法的基本成本对象。传统成本法主要以产品为成本计算对象，而作业成本法以“作业”为最基本的成本对象计算成本，其他成本对象的成本计算均通过作业成本进行分配。正是由于作业成本法可以提供各项作业耗费的成本信息，因而能为管理人员展开作业管理并改善作业链成为可能。

3. 作业成本法是更广泛的制造成本法。传统的制造成本法将许多成本项目列为期间费用，采用在发生的当期“一次性扣除”，不加以分配。而作业成本法下，对于营销、产品设计等领域发生的成本，只要这些成本与特定产品有关，则可通过有关作业分配至有关产品（或其他成本对象）中。这样所提供的成本信息更有利于企业进行定价等相关决策。

4. 所有成本均为变动的。在变动成本法下，有相当一部分成本因其在一定范围不随产量（或机器小时等其他业务量）的变化而被划分为固定成本。但从作业成本法的观点看，这部分成本虽然不随产量增加而增加，但却会随其他因素的变化而变化，这些因素包括产品批次、产品线的调整、企业生产能力的增减等。作业成本法将所有成本视为变动的，这有利于企业分析成本产生的动因，进而降低成本。

虽然作业成本法有前述许多优点，但是该方法并非完美无缺。例如，它需要更多的簿记工作，从而会产生更多的成本。

## 第三节　作业成本管理概述

作业成本管理制度是一套用来衡量产品成本、作业绩效、耗用资源及成本标的的方法。早在20世纪70年代的初期美国通用电气公司即采用作业分析法，对公司的营运作业进行了详细分析，这也就是作业成本制度的起源，但在当时并未被推广至学术界与实务界。直到20世纪80年代中期，美国数学教授开始从事有关作业成本制度的研究，其中，库珀教授和卡普兰教授发表的系列相关文章，明确指出传统管理会计系统的缺失，提示作业成本制度是补救这些缺失的一种最好方法。

### 一、作业成本管理的基本概念

作业成本法核算成本的目的不在于事后核算，其成本资料作为信息，主要是为了企业战略成本管理。

作业成本管理（activity-based costing management，ABCM）是以提高客户价值、增加企业利润为目的，基于作业成本法的新型集中化管理方法。它通过对作业及作业成本的确认、计量，最终计算产品成本，如图8-2所示。同时将成本计算深入到作业层次，对企业所有作业活动追踪并动态反映，进行成本链分析，包括动因分析、作业分析等，为企业决策提供准确信息；指导企业有效地执行必要的作业，消除和精简不能创造价值的作业，从而达到降低成本、提高效率的目的。

作业成本管理是战略成本管理的手段之一，作业成本管理从两个层次进行：一是作业管理；二是作业成本分析。

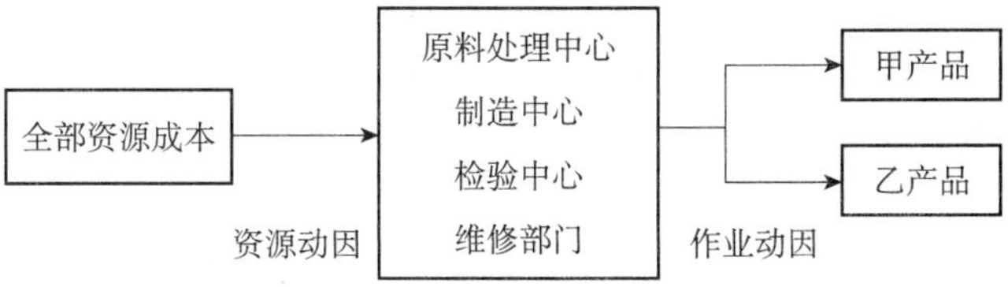


**图8-2　作业成本管理的成本分摊**

## （一）作业管理

作业管理是以作业为成本管理核心的管理方法，作业分析是作业管理的基本方法。作业分析包括下列四个步骤：分析哪些作业是增值的，哪些作业不增值。分析重要性作业。把企业的作业同其他企业类似作业进行对比。分析作业之间的联系。

1. 资源成本动因分析——评价作业的有效性。资源动因是指资源被消耗的方式和原因，是把资源成本分配到作业的基本依据。作业消耗了人力、材料、设备、动力、房屋、现金等各种资源，因此要依据作业消耗的资源动因将所消耗的资源分配至作业之中，例如，人工按人工小时，材料按材料消耗量，机器按机器小时，动力按动力耗用量等标准分配至各作业成本之中。

资源计入作业中，并非都被作业合理有效地消耗了，所以要进行资源动因分析。企业的作业数目繁多，将作业按成本大小排列，排列在前面的作业就是重点作业。对重点作业进行资源动因分析，分析哪些资源的消耗是必需的，哪些是可以减少的，以达到进一步降低作业成本，提高作业效率的目的。

2. 作业动因分析——判断作业的增值性。当按资源动因分配、归集了作业成本后，接下来就必须按照作业成本动因将作业成本归集到成本核算对象中。作业成本动因是作业被消耗的直接原因，如销售作业中心作业动因的计量可以选择为广告次数、销售人员数量、销售合同数等。对作业动因分析重在揭示动态的成本驱动因素，它的主要目的在于揭示哪些作业是必需的，哪些作业是多余而应该减少的，最终确定如何减少产品消耗作业的数量，从而降低产品成本。利用作业动因价值分析可以判断作业对产品价值的影响，确定是否是增值作业。

3. 作业的综合分析。对每项作业进行了资源动因分析和作业动因分析后，还应分析各项作业之间的联系，这就是作业的综合分析。对作业进行综合分析就是尽量地改进、优化作业链，协调企业生产，以实现企业战略目标。

企业的各种作业相互联系，形成作业链。每完成一定的作业，就要消耗一定的资源，同时又形成一定的价值，直到把最终产出提供给顾客，所以作业链又表现为价值链。作业链上每个作业好比是链环，作业间的关系好比是链节，对作业链的分析不仅要对链环进行分析，还应对链节进行分析，避免链环之间断开、重叠等情况发生。理想的作业链是作业间环环相扣，尽量避免作业间的等待、延误。

4. 作业的改进。进行了作业的分析，明确了作业的价值和效率，才能寻求改进机会。通过作业分析可以用以下四种方式降低成本，提高效率：一是减少不增值作业。二是减少作业所消耗的资源。三是合理安排作业流程，尽量优化作业链。四是利用作业成本计算的信息，编制资源使用计划，重新配置未使用资源，降低资源闲置。

### （二）作业成本分析

作业成本分析包括作业成本性态分析、作业基础本—量—利模型、作业基础保本分析。

## 二、作业成本管理的特点

作业成本管理就是应用作业成本计算所提供的明细、动态信息优化企业价值链。作业成本管理的主要目标是：第一，尽量通过作业为顾客提供更多的价值；第二，从为顾客提供的价值中获取更多的利润。这些目标的实现要求把管理的重点放在作业上。

从企业整体经营过程来看，作业成本管理具有以下四个特点。

1. 价值链分析是作业成本管理的基本方法。作业成本管理将成本看作“增值作业”和“不增值作业”的函数，并以“顾客价值”作为衡量增值与否的最高标准。一方面，将顾客的需求与企业的作业发生、资源的消耗、成本的形成等联系起来，从而有利于从作业的角度权衡成本和顾客价值；另一方面，协调组织企业内部的各种作业，使各种作业之间环环相扣，形成较为理想的“作业链”，以保证每项必要作业都以最高效率完成，保证企业的竞争优势，进而为扬长避短，改善成本构成和提高作业的质量及效率指明方向。

2. 挖掘成本动因以寻找引起浪费的根源，以供应链成本最小为目标。传统的成本管理模式只注重商品投产后与生产过程相关的成本管理，忽视了商品开发、设计、物流等的成本管理，极大地阻碍了企业竞争能力的提高。挖掘成本动因的目的就是为了找出产生非增值作业的根源，从而彻底地消除其相应的非增值作业以达到增加企业价值的目的。因此，作业成本管理以客户价值增值为导向，融合精益采购、精益设计、精益生产、精益物流和精益服务技术，把精益管理思想与成本管理思想相结合，形成了全新的成本管理理念——精益成本管理。它从采购、设计、生产和服务上全方位控制企业供应链成本，以达到企业供应链成本最优，从而使企业获得较强的竞争优势。

3. 及时、有效地提供成本控制所需的相关信息。作业成本管理将企业视为满足顾客需要而设计的一系列作业的集合体，企业商品凝聚了在各个作业上形成而最终转移给顾客的价值，作业链同时表现为价值链。从而将成本管理的着眼点与重点从传统的“商品”转移到了“作业”，以作业为成本分配对象，这样不仅能够合理地分配各种制造费用，提供较为客观的成本信息，而且能够通过作业分析，追根溯源，不断改进作业方式，合理地进行资源配置，实现持续降低成本的目标。

4. 以人为本的柔性管理。作业成本管理的目标是为顾客提供满意的产品，从而获得更多的利润。企业要使顾客满意，要以员工的满意作为基础和条件。只有让员工满意，才能剔除一切不增加价值的作业，优化企业的作业链——价值链。在作业成本管理下，企业管理的重点为从过去强调对员工行为的控制转向让员工知情并授权他们自己解决问题和持续改善作业链——价值链，由此导致企业管理从过去的“命令——控制”观念转向“知情——改善”观念。对此，传统的“以规章制度为本”的刚性管理是难以胜任的。

为了充分发挥企业每位员工的自主性和开拓、创新精神，优化企业整体价值链，作业管理必须辅之以柔性管理，改变传统企业管理的权力结构，从原来纵向的专制独裁式集权管理转向横向的分权化民主管理，以作业链及其背后的“员工链”作为管理权力的基点，确立全体员工的主体地位，赋予他们充分的自主权、知情权和发言权，即以人为本，以员工满意作为外部顾客满意度的基础和条件，满足外部顾客的需要。因此，从某个层面来看，作业成本管理就是以人为本的柔性管理，它以人为本设计企业组织框架和运转机制，促进了企业再造工程的兴起。

## 三、作业成本管理与传统成本管理的区别

作业成本管理与传统成本管理的区别主要有以下六点。

1. 成本管理的对象不同。传统成本管理的对象主要是产品；作业成本管理的对象不仅包括产品，而且包括作业。

2. 职责的划分不同。传统成本管理一般以部门（或生产线）作为责任中心，以该部门可控成本作为对象；作业成本管理以作业及相关作业形成的价值链来划分职责，以价值链作为责任控制单元，而价值链是超越部门界限的。

3. 控制标准的选择不同。传统成本管理以企业现实可能达到的水平作为控制标准，是企业现实可能达到的，而不是最高水平的标准；作业成本管理以实际作业能力为标准，以最优或理想成本作为控制标准。

4. 关注的重点不同。传统成本管理关注成本；作业成本管理重点关注作业。

5. 考核对象的确定，奖惩兑现的方式不同。传统成本管理以是否达到该标准及达到该标准的程度作为考核依据，对部门和相关责任人兑现奖惩；作业成本管理以不断消除浪费所取得的成果和接近最优标准的程度作为业绩，对作业链中各种作业的执行者，即“团队”（不是某一部门和某一责任人）实施奖惩。

6. 对待非增值成本的态度不同。传统成本管理忽视非增值成本；作业成本管理高度重视非增值成本，并注重不断消除非增值成本。

## 四、实施作业成本管理制度的条件

从成本管理的角度看，作业成本能提供更为精确、详细和真实的成本信息，这有助于进行成本分析、成本控制和经营决策。作业成本管理把生产经营过程看

作是由增值作业和非增值作业所组成的。要降低成本，必须尽最大可能消除“不能为最终产品增加价值的作业”。作业成本法通过对作业成本的确认和计量，提供有关的信息，从而促使这一类作业减少到最低限度，从根本上实现成本控制。

因此，很多公司对作业成本管理制度的成效拥有高度的期待，期望消除传统管理会计制度下成本分摊的缺失，降低无附加价值活动，进而降低成本。但是，如果不了解作业成本管理制度的性态就贸然实施，会造成员工对新制度的误解及排斥。因此，成功实施作业成本管理制度须具备如下条件。

1. 高阶管理当局的支持。作业成本管理制度的实施，不仅牵涉会计部门，还需要公司全体部门的参与，需要营销、研发、检验、人事及工程部门等单位的协助。由于实施新制度难免会受排斥，如果公司各单位人员认为高阶人员相当重视及支持此制度，公司内部人员应会全力配合。

2. 事前周密规划与在职教育。由于作业成本管理采用划分作业、归集成本到作业成本库、选择成本动因进而计算分配率等步骤来计算成本，大大改变了传统的成本核算方法，成本信息的反映和分析方法与以往很不相同。这种管理方法的变革势必给传统的成本管理模式带来很大的冲击，财务人员、企业领导甚至一些主管部门领导对作业成本管理的合理性、先进性和必要性还缺乏足够的认识。这就要求我国会计理论工作者坚持不懈地进行理论宣传，积极创造条件，推广作业成本管理，促进企业财务管理水平的提高。为减轻工作压力及增进彼此间的合作，做好事前周详规划与在职教育工作是相当重要的。

3. 与绩效衡量和奖励制度相结合。必须使员工了解采用作业成本管理制度，将使公司产品成本计算更准确，而且不会带来负面效果。另外，有必要与公司绩效衡量相结合，并将加薪、红利、升迁等奖励制度与作业成本管理制度的执行成效相结合，使其具有高度的相关性。

4. 强调制度执行结果的整体利益。传统管理会计制度着重于各个部门的绩效，因而常产生导致有损于公司整体绩效的决策，即所谓的反功能决策。作业成本管理制度所关注的是企业整体，公司应建立全面性绩效衡量制度及顾客满意度衡量制度，以企业的整体利益为考量。

5. 强调作业活动管理。通过先进的管理手段，才能有效地划分费用产生的环节和区域，才能准确地分析费用产生的原因和结果，进而寻找出真正引发成本的“动因”。只有企业管理实现了科学化，才能对成本控制管理提出更高的要求，才能对成本信息的准确性要求得更高。作业成本管理制度与传统管理会计制度最大的区别在于，前者并非财务活动管理，其理念是通过有效的作业管理，使总成本降低，达到整体绩效提升的综合效果。

## 课后作业

### 一、单项选择题

1. 在作业成本法的成本动因中，引起产品成本增加的驱动因素是（　　）。

A. 产品动因　　B. 作业成本动因

C. 资源成本动因　　D. 数量动因

2. 下列各项作业中属于批次作业的是（　　）。

A. 厂房维修　　B. 生产前机器调试

C. 产品生产工艺规程制定　　D. 机器运转

3. 在作业成本库设计中，不依赖于产品的数量、批次和种类的是（　　）。

A. 批次级作业成本库　　B. 维持级作业成本库

C. 产品级作业成本库　　D. 单位级作业成本库

4. 某车间有甲、乙、丙三种生产设备，其产品维修作业成本当月共发生总成本 30 万元，若本月服务于甲设备的维修次数是 7 次，服务于乙设备的维修次数是 12 次，服务于丙设备的维修次数是 11 次，则该车间本月设备维修作业的成本分配率是（　　）元/次。

A. 12 000　　B. 15 000　　C. 10 000　　D. 9 000

**二、多项选择题**

1. 下列关于作业成本法的表述正确的有（　　）。

A. 作业成本法认为，将成本分配到成本对象有三种不同的形式：追溯、动因分配、分摊

B. 在作业成本法下，间接成本的分配路径是“资源——部门——产品”

C. 采用作业成本法能够为企业提供更加真实、准确的成本信息

D. 作业成本法认为产品是全部作业所消耗资源的总和，产品是消耗全部作业的成果

2. 关于作业成本法下的成本分配，下列说法中正确的有（　　）。

A. 采用分摊方式也能得到真实、准确的成本信息

B. 使用直接追溯方式得到的产品成本是最准确的

C. 一项成本能否追溯到产品，可以通过实地观察来判断

D. 只要因果关系建立恰当，成本分配的结果同样可能达到较高的准确程度

**三、判断题**

1. 企业的生产过程既是作业消耗资源、产品消耗作业的过程，又是产品价值的形成过程。（　　）

2. 作业成本动因是驱动或产生成本、费用的各种因素，它通常可分为两种：资源动因和作业动因。（　　）

3. 作业成本动因是将作业中心的成本分配到产品或劳务的标准，它反映了作业中心对资源的耗用情况。（　　）

4. 作业基础成本法是传统成本计算方法的一种，其主要特点是先按资源动因分配费用，计算各作业中心成本，再按作业动因分配作业成本，计算产品成本。（　　）

# 第九章　责任会计

### 素养目标

通过学习责任成本核算和责任考核中成本管理体系的运作机制，培养学生强烈的事业心和责任感，树立以人为本、个人利益服从集体利益以及顾全大局的管理思想，提倡勤俭节约、控制费用支出。

### 知识目标

1. 了解责任会计的含义与内容、责任中心的含义及类型；
2. 熟悉内部转移价格的含义和制定方法；
3. 掌握成本中心、利润中心和投资中心的业绩考核指标及计算。

### 情景导航

味纯食品加工有限公司，原是一家小型民营果汁加工厂，后拓展为加工果汁、罐头、果酱和果脯的大型公司。公司高层管理者感受到再用以前的管理方式有些力不从心，因此在公司内部实施责任会计，设立种植园、果汁加工、罐头加工、果酱加工和果脯加工五个事业部，并明确了各事业部相应的责任。

每个事业部都有自己的管理团队，并允许在其职责范围内行使职权。对不同部门设立不同的业绩评价办法，对部门和经理人员的业绩进行评价，并据此作为其奖惩的依据。事业部间产品的转移制定合理的转移产品定价，使五个事业部的利益与公司的整体利益趋于一致。通过分权管理，公司实现销售额 2 500 万元，比上年增长 25.6%。

## 第一节　责任会计概述

### 一、责任会计的产生

19 世纪末 20 世纪初，为适应泰罗制的推广与应用，责任会计在西方发达国家产生和发展起来，但直到 20 世纪 40 年代以后，责任会计的理论和方法才不断成熟并在企业管理实践中得以真正应用。第二次世界大战后，随着各国经济的复苏和快速发展，企业经营规模不断扩大，经营范围和业务种类日益复杂，市场竞争日趋激烈。同时，企业内部的管理层级逐渐增多，股份制公司、跨行业公司、跨国公司兴起并迅速发展，子公司、分支机构遍布世界各地，公司管理者已没有足够的时间与精力去直接处理公司的所有事务，也就难以对企业瞬息万变的内外部环境作出及时且有效的反应。这也在客观上要求企业转变管理模式，将一部分经营管理权下放给基层管理者，实施分权管理。

分权管理是相对于集权管理的一种管理模式，它是指将一部分经营管理决策权适度授予下层单位及其管理者，各个部门相对独立、各司其职，分别作出各自的决策，从而让熟悉公司业务与经营的各职能部门及其管理者都能够参与公司的经营管理，从而激发其工作的积极性、主动性和创造性，增强员工对企业的忠诚度和贡献度。不仅如此，分权管理也有助于将高层管理者从烦琐的日常事务中解放出来，让其能够集中精力去处理关系公司长远发展和整体利益的重大事项，进而真正实现企业内部“人尽其才、才尽其用”，提升公司的管理决策效率。目前，分权管理已在大中型企业，尤其是跨国企业中广泛应用。美国通用公司（GE）等国际知名企业都是分权管理的成功实践者，我国美的集团设计并实施的分权管理体系也被业界誉为中国最厉害、最成功的分权管理体系。

在此过程中，为避免分权过度、失去对下属单位或员工的管理与控制，同时协调和统一企业内部各部门、各分公司、各子公司等的利益，使其与企业整体利益最大化目标一致，还应注意在适度放权的同时划小责任单位，在赋予其相应权力的同时，明确划分其责任，并加强对责任落实情况的考核和评价。责任会计就是顺应此要求发展和完善起来的一种行之有效的企业内部控制制度。

## 二、责任会计的含义与内容

### （一）责任会计的含义

责任会计（responsibility accounting）作为现代管理会计的一个重要分支，是指为适应企业内部经济责任制的要求，在企业内部设立多个责任中心，并对其分工负责的经济业务进行规划与控制，对其责任落实情况即业绩表现进行考核与评价的一种内部会计控制制度。责任会计的本质是利用会计信息对各责任单位及其负责人的责任落实情况即业绩表现进行计量、控制与考核评价，从而实现核算业绩的会计与管理上的责任有机结合。

责任会计的建立和实施需要一定的基础和条件。首先，依据权、责、利统一的原则将企业划分为不同形式的责任中心；其次，通过对各责任中心负责的经济业绩编制责任预算，对其实施过程进行跟踪反馈，对其实施结果进行业绩考核，实现对各责任中心的监督与控制，最终达到使其利益协调一致的目的。

### （二）责任会计的内容

具体来说，责任会计主要包括以下四个方面的内容。

1. 合理设置责任中心，明确其责权利范围。合理设置责任中心是实行责任会计的首要条件。也就是说，责任会计的实施要求将企业内部各部门、各单位划分成若干个责任中心，并依据各责任中心经营活动和经济业务的特点，明确规定这些中心及其负责人的权力和职责范围，允许其在自己的权责范围内，独立自主地行使经营管理决策权，而且要对其责任的完成情况进行考核和评价。

2. 编制责任预算，确定考核标准。责任预算是在全面预算所确定的企业生产经营总体目标和任务的基础上，按照各责任中心的权责范围进行层层分解，进而落实到各个责任中心，以明确各责任中心的目标和任务，也使企业未来在考核各责任中心工作职责的完成情况时有据可依。

3. 建立跟踪系统，加强过程控制。责任预算一旦开始实施，每个责任中心就需要建立用于记录、计算和积累有关预算执行情况的信息跟踪系统，通过定期编制“业绩报告”或“责任报告”等，将责任预算的实际执行情况与预算标准相比较，以发现二者之间的差异并分析其产生的原因，进而通过上报上级部门找出相应的调节经营活动的措施等，保证责任预算目标乃至企业发展总体目标的实现。

4. 考核评价业绩，建立奖罚制度。预算期末，需要根据预定的责任预算考核标准对各责任中心的实际工作成效进行考评，在发现二者之间存在差异的同时，分析原因，判明责任，并根据实际考核结果的好坏对各责任单位进行奖励或惩罚，以做到奖罚分明、奖惩有度，最大限度地调动各个责任中心的积极性，促进其协调一致地为实现企业发展的总体目标而努力。

## 三、责任会计的核算原则

不同企业的责任会计制度会因企业内外部环境、所处行业等的不同而有所不同，同一企业的责任会计制度也会因企业外部环境与内部条件等的变化存在差异。一般而言，企业在设计和实施责任会计制度时，都应遵循以下原则。

### （一）责任主体原则

责任会计应以企业内部各个责任单位为对象，责任会计资料的收集、记录、整理、计算对比和分析等工作，都必须按照责任中心进行，以保证责任预算、责任控制和责任考核的正确进行。

### （二）目标一致原则

无论是划分各责任单位的权责范围，还是编制、执行或考核责任预算，都应注意保持各责任中心的目标与企业的整体目标一致，避免因片面追求本单位的局部利益而损害企业的整体利益，应引导和推动各责任中心协调一致地为实现企业的总体目标和战略发展而努力工作。

（三）反馈原则

责任预算执行过程中，必须及时、准确、可靠地反馈各责任单位经营过程中的各种信息，以便及时发现问题，并采取有效措施加以控制和解决。这里的反馈有两方面的含义：一是向各责任中心反馈，以帮助其及时了解预算的执行情况，发现其中存在的问题，并及时采取有效措施加以纠正，以保证预算目标的实现；二是向各责任中心的上层单位反馈，以帮助上层单位及时了解其权限范围内的情况，并及时作出恰当的安排与调整，确保企业整体目标的实现。

（四）可控原则

对责任中心权责范围的划分及预算执行情况的考核，都应以其能够控制为前提。在责任预算和责任报告中，各责任中心只对其能够控制的项目负责。在考核责任中心业绩时，也应尽可能排除责任中心不能控制的项目，以真正做到责、权、利统一。

（五）激励原则

责任会计的目的在于激发各责任单位及其管理人员工作的积极性，激励其为实现本单位的预算目标而努力工作，进而为企业总体目标的实现提供保障。因此，责任预算的目标应合理、切实可行。既不能太高、遥不可及，无论怎样努力都不能实现，又不能太低，唾手可得，不做任何努力就能够得到丰厚的报酬与奖励，否则就失去了实施责任会计的意义。

## 四、责任会计的核算模式

责任会计的核算模式大致可分为双轨制和单轨制两种模式。

（一）双轨制

这一模式是指在不影响和改变原有财务会计核算的前提下，根据企业内部责任管理的要求，在原来的财务会计核算体系之外构建一套独立的责任会计核算体系，对各责任中心的责任成本、责任收入、责任利润等进行核算。

具体来说，在组织责任会计核算时，应设立专门的责任会计账户和账户编号，在此基础上，由各责任中心指定专人把各中心日常发生的成本、收入以及各中心相互间的结算和转账业务记入单独设置的责任会计相应的编号账户内。期末，根据企业内部管理需要，核算盈亏，反映各责任中心履行责任的好坏。

在双轨制模式下，财务会计核算体系与责任会计核算体系独立运行，互不影响。不仅能够满足企业内部管理需要，而且能够满足外部报表使用者的需求。其不足之处在于：一方面，双重核算体系的设置会加大日常账务处理的工作量，造成重复性劳动；另一方面，由于两套核算体系之间相互独立、两套数据之间缺乏直接联系，不利于管理当局将企业的整个财务状况、经营成果和各责任中心的责任履行情况相结合，进行综合分析。

#### （二）单轨制

这一核算模式是指将责任会计核算纳入财务会计核算体系内，用一套核算体系进行财务会计核算和责任会计核算。具体来说，企业在传统的财务会计核算体系下，增设新的内部核算账户，或在正常的财务会计账户下，按对各责任中心的考核内容增设二级或三级明细分类账户，与财务会计报告系统保持一致。期末时，计算盈亏，考察责任中心责任预算的完成情况。

与双轨制相比，单轨制不仅能够减轻企业会计核算的工作量，而且能够在提供传统的财务会计信息的同时及时反馈责任考核与控制信息，便于管理者及时掌握企业内部单位的责任履行情况，对责任单位的业绩进行考评与激励。

## 第二节　责任中心

### 一、责任中心的含义及特征

#### （一）责任中心的含义

责任中心（responsibility center）是企业内部拥有一定的管理权限、承担相应的经济责任并享受相应利益的企业内部单位或管理层级。

企业为了保证预算的贯彻落实，需要将预算目标层层分解，落实到企业内部各级单位，并设定特定的指标，对其预算落实情况和业绩表现进行考核评价。因此，责任中心是企业责任会计核算的主体。建立分工明确、相互协调的责任中心，是推行责任会计制度，确保企业预算目标实现的前提和基础。

在具体设置上，凡是管理上可以分离、责任可以辨认、工作成果可以单独考核的企业内部组织或个人，无论其规模大小，都可以划分为相对独立的责任中心，大至整个企业，小至分公司、部门、车间和班组，乃至某位员工。

#### （二）责任中心的特征

1. 责任中心是一个责、权、利相结合的实体。作为责任会计的主体，每个责任中心都承担着落实和完成一定的预算目标的责任，拥有与其管理职能相适应的权限，设有与其责任、权力配套的业绩考核标准和利益分配机制。

2. 责任中心之间既相对独立又相互合作。在实施责任会计时，每个责任中心都拥有一定的独立自主权，彼此之间相互独立、互不干涉。为取得好的业绩表现，各责任中心会在各自的经营管理与责权范围内，各尽所能。尽管如此，各责任中心毕竟是同一企业的下属单位，彼此之间存在着不可分割、千丝万缕的联系，尤其是企业的预算目标更需要所有责任中心齐心协力、相互支持与配合方能实现。因此，各责任中心之间又必须相互协调、紧密合作，共同服从和服务于企业整体目标的实现。

3. 责任中心所承担的责任都应是可控的。可控性原则是责任会计的基本原则。在对责任中心的责任落实情况进行考核时，一个很重要的原则就是，对责任中心而言，每个责任中心都只能对自己权责范围内可以控制或可以施加影响的成本、收入、利润或投入资金的使用效益与效果等承担责任；那些超出责任中心的可控范围、责任中心不能控制或不能施加影响的责任或考核指标，不能用来考核评价责任中心绩效。

4. 责任中心有定期的业绩考核与评价。责任中心预算目标与责任的落实离不开对其业绩的考核与评价。企业在实施责任会计过程中，需要选择合适的评价指标或指标体系，运用一定的方法，定期对责任中心的工作成果进行考核、评价与分析，在了解责任中心预算目标完成情况的同时，提高企业内部各项经营活动的经济效率与效益，并有助于实现责任中心局部利益与公司整体利益的协调，保证公司整体预算与战略目标的实现。

### （三）责任中心的类型

根据责任对象的权责范围和业绩考核内容的不同，责任中心可分为成本中心、利润中心和投资中心三大类。

## 二、成本中心

### （一）成本中心的含义

成本中心（cost center）处于企业的基础责任层次，只发生成本或费用，因而是只对企业的成本费用负责的责任中心。也正是因为成本中心只发生成本费用，不产生收入或利润，更无权进行投资，因此，也不需要对收入、利润或投资负责。在组织形式上，成本中心往往不具备独立的法人资格。

成本中心在企业中分布最广。工业企业中，凡是有成本费用发生，只对成本负责并能对成本实施控制的企业内部单位，都可以设置为成本中心，上至工厂，下至车间、工段、班组甚至是个人等。一般来说，成本中心不仅包括负责产品生产的生产部门，而且包括提供劳务或服务的部门，以及给予一些费用指标的管理部门等，如维修部、人力资源部、财务部，它们的运营虽然能够为企业提供机器维修、人力资源管理或财务管理服务等，但这些活动都不能直接创造销售收入，会引起薪酬、办公费等成本费用。

当然，不同的成本中心，其规模大小、工作内容、业务复杂性、成本费用项目等不尽相同。规模较大的成本中心，会涉及料、工、费等各项开支，如工厂的生产车间；规模较小的成本中心，可能只涉及某个或某几个成本项目，甚至是某个成本项目下的明细项目，如质检部门、维修部门等。同时，几个规模较小的成本中心可以构成一个规模较大的成本中心，几个规模较大的成本中心又共同构成一个更大的成本中心，从而在企业内部形成一个层层控制、逐级负责的成本中心体系。规模大小不一和层次不同的成本中心，其控制和考核的内容也不尽相同。

### （二）成本中心的特点

相对于其他类型的责任中心而言，成本中心具有以下特点。

1. 成本中心只对成本费用负责。成本中心大都没有销售权、经营权和投资权，因此，只发生成本费用，不产生收入，也无须对收入、利润和投资效益负责。相应地，成本中心的业绩考核指标只能是成本费用，而不是收入、利润或投资效益。

2. 成本中心只对可控成本负责。可控成本是指其发生与否、发生的金额大小等受某一责任单位控制或影响的成本。具体来说，可控成本必须同时满足以下条件：

（1）可以预知。有关的责任单位或个人可以预先知道将发生哪些成本以及金额的大小。

（2）可以计量。有关责任单位或个人能够对发生的成本费用进行计量。

（3）可以施加影响。有关责任单位或个人能够通过自身的行为调节成本的发生与否、金额的大小等。

只有同时满足上述条件的成本才属于某一成本中心的可控成本，不满足上述条件的则是不可控成本。某一成本中心的各项可控成本之和构成该成本中心的责任成本，即对其进行业绩考核的依据。

需要注意的是，可控成本与不可控成本都是相对某一成本中心、某一特定时期而言的。可控与不可控的划分会因成本中心的管理层级、管理权限、控制范围、运营时期的不同而不同。某一成本中心的可控成本可能会是另一成本中心的不可控成本，某一时期的不可控成本也可能成为另一时期同一成本中心的可控成本。也就是说，可控与不可控的划分是相对的，二者可以在一定的时空条件下相互转换。

例如，对某一企业而言，几乎所有的成本都是可控的，但对其下属单位、部门乃至个人而言，这些成本中既有可控成本又有不可控成本；新产品研发费，对产品的生产车间来说，这是不可控成本，但对研发部门而言，却是可控成本；生产设备的折旧费，从短期来看，它是使用该设备部门的不可控成本，但从长期来看，当现有设备不能继续使用，需要用新的设备代替它时，是否发生新设备的折旧费就变成了使用该设备的生产部门的可控成本。

一般来说，成本中心的变动成本大都是可控成本，固定成本大都是不可控成本。成本中心直接发生的成本大都是可控成本，其他部门分配的间接成本大都是不可控成本。在实际工作中，还需要具体问题具体分析，不能一概而论。

### （三）成本中心的业绩考核指标

成本中心的业绩考核对象是责任成本（responsibility cost），即某一成本中心的各项可控成本之和。对成本中心的业绩考核，主要就是通过对成本中心的实际责任成本与预算责任成本进行比较，确定其成本发生和控制的绩效，并采取相应的奖惩措施予以激励实现的。

具体来说，在对成本中心的工作成果进行考核时，应从全部成本中区分可控成本并加总得到责任成本，进而将其实际发生额同预算额进行比较，揭示二者之间的差异及其金额、性质、形成的原因，并根据此差异分析的结果，对各责任中心的工作成果进行奖惩，以促进预算责任目标的完成。

成本中心的业绩考核指标主要包括责任成本差异额和责任成本差异率。其计算公式分别为：

责任成本差异额 = 实际责任成本 − 预算责任成本 （9.2.1）

责任成本差异率 = 责任成本差异额 ÷ 预算责任成本 × 100% （9.2.2）

在对成本中心的预算完成情况进行考核时应该注意，如果实际产量与预算产量不一致，应该首先区分固定成本和变动成本，再按照弹性预算的方法调整预算责任成本，然后进行上述计算、分析和比较。

**【例 9−1】**成本中心考核指标的考核与评价。

已知：某企业有 A、B、C 三个成本中心，三个成本中心某日的责任成本预算分别为 60 000 元、70 000 元、80 000 元，其可控成本实际发生额分别为 58 500 元、72 500 元、79 500 元。

要求：计算各成本中心责任成本的差异额和差异率，并分析、评价其成本控制情况。

解：依题意，可计算得到 A、B、C 三个成本中心的责任成本差异额和差异率，具体如表 9−1 所示。

**表 9−1　责任成本预算完成情况**　单位：元

| 成本中心 | 预算成本 | 实际成本 | 差异额 | 差异率（%） |
|---|---|---|---|---|
| A | 60 000 | 58 500 | −1 500 | −2.5 |
| B | 70 000 | 72 500 | 2 500 | 3.57 |
| C | 80 000 | 79 500 | −500 | 0.625 |

从表 9−1 中的数据可以看出，在三个成本中心中，A 成本中心的预算完成情况最好，实际责任成本比预算节约 2.5%。而 B 成本中心的预算完成情况最差，实际责任成本超出预算 3.57%。

## 三、利润中心

### （一）利润中心的含义

利润中心（profit center）的责权利范围高于成本中心。它既发生收入又发生成本，因而是既对收入负责又对成本负责并最终对利润负责的责任中心。利润中心不仅要控制成本，而且要寻求收入增长，并使其超过成本的增长。相应地，在进行业绩考核时，主要分析利润中心的利润目标实现情况。利润中心往往处于企业内部管理的较高层次，如分厂、分公司、独立的营销机构等。

### （二）利润中心的类型

按照利润中心收入来源性质的不同，可以将利润中心进一步细分为自然利润中心和人为利润中心。

1. 自然利润中心。自然利润中心是可以直接向企业外部市场销售产品、提供劳务，获得实际收入并赚取利润的利润中心。这类利润中心虽然是企业的内部单位，但可以直接面向外部市场，拥有独立的材料采购权、生产经营权、价格制定权和产品销售权等。

最典型的自然利润中心是企业的事业部，每个事业部均有独立的采购、生产、销售等功能，能够独立地发生成本，取得收入。

2. 人为利润中心。人为利润中心是仅向企业内部其他单位提供产品或劳务，然后按照“内部转移价格”取得“内部销售收入”并进行内部结算的利润中心。此类利润中心一般不直接向企业外部单位销售产品，不能取得通常意义上的实际销售收入，也不能核算实际利润，而只能通过内部结算计算内部利润。相应地，人为利润中心同时具有两大特征：一是该利润中心可以向企业内部其他责任中心提供产品或劳务；二是企业内部能为此利润中心确定合理的内部转移价格，以核算内部利润，加强责任考核。

工业企业的大多数成本中心都可以转换为人为利润中心。以家具厂内部的木工车间为例。虽然它只能将自己生产的产品——加工成型的木材交由涂装车间进一步加工后才能对外销售，没有直接的对外销售权，但它也有一定的独立生产经营权，能够决定本中心木材加工的数量、产品的质量、人员分工与调配等。因此，可以将其向企业内部涂装车间提供的已定型的木材视同销售，这一部门也可视为人为利润中心。

### （三）利润中心的业绩考核指标

利润中心是最终对利润负责的一类责任中心，因此，在对利润中心的业绩进行考核评价时，应以责任利润的完成情况为考核依据。通过比较一定时期内的实际利润与预算利润，可以评价其责任履行情况。具体到考核指标上，由于不同类型、不同层次的利润中心的可控范围不同，用于评价利润中心的责任利润指标也就有多种表现形式。常见的有贡献边际总额、营业利润等。

1. 利润中心的贡献边际总额。

利润中心的贡献边际总额 = 该利润中心的销售收入净额 − 该利润中心的可控成本总额　(9.2.3)

需要说明的是，如果可控成本中只有变动成本，无可控固定成本，式(9.2.3) 中的“可控成本总额”就等于变动成本总额。

此指标应用于利润中心业绩考核的优点在于，将利润中心可以影响和控制的那部分成本费用计入责任中心的业绩，使得这部分成本费用的增减变动直接影响责任单位贡献边际的高低，有助于推动该责任单位及其管理者加强成本的控制与分析，进而提高企业利润。此指标的应用也有助于企业管理者进行部门间的横向比较和取舍。当一个部门亏损，不能为企业带来利润时，只要它能够创造正的贡献边际总额，在没有更好的方案可以选择时，就应该继续保留此部门。

此指标也有不足之处。对不可控成本的忽略可能会导致部分利润中心为了自身有好的业绩表现，而使得整个企业的成本费用大幅度增加。例如，一个企业租赁一批机器设备供内部单位使用。如果只对使用该设备的各责任单位考核贡献边际，设备租赁费作为共同费用或各使用单位的不可控费用可以不考核。各责任单位可能会为了使用方便、实现自身效用最大化而无节制地使用，不考虑节约成本费用。这样势必违背企业的整体目标，甚至损害企业整体目标的实现。因此，此指标主要适用于共同成本难以合理分摊或无须对共同成本进行分摊的企业对内部利润中心的业绩考核，尤其是对人为利润中心的考核与评价。

**【例 9 − 2】**利润中心的业绩评价（基于贡献边际总额）。

已知：某公司有两个利润中心 E、F，变动成本为各利润中心的可控成本，租金、折旧费为共同成本（不可控成本）。以贡献边际总额作为业绩评价指标。2021 年利润中心的责任预算如表 9 − 2 所示，年度结束时 E 利润中心责任预算完成情况如表 9 − 3 所示。

**表 9 − 2**　**利润中心的责任预算**　单位：元

| 项目 | E 利润中心 | F 利润中心 | 合计 |
|---|---|---|---|
| 销售净额 | 600 000 | 700 000 | 1 300 000 |
| 变动成本 | 180 000 | 300 000 | 480 000 |
| 贡献边际总额 | 420 000 | 400 000 | 820 000 |
| 固定成本 | | | |
| 其中：租金 | | | 700 000 |
| 折旧费 | | | 800 000 |
| 营业利润 | | | |

表 9-3　　E 利润中心责任预算完成情况　　单位：元

| 项目 | 责任预算 | 预算完成情况 | 差异 |
| --- | --- | --- | --- |
| 销售净额 | 600 000 | 623 300 | 23 300 |
| 变动成本 | 180 000 | 210 800 | 30 800 |
| 贡献边际总额 | 420 000 | 412 500 | -7 500 |

要求：评价 E 利润中心贡献边际总额的责任预算完成情况。

评价：表 9-3 显示，E 利润中心的贡献边际总额预算没有完成，主要原因是变动成本的增加。因此，该利润中心应把变动成本增加作为分析的重点，销售净额增加意味着市场竞争力加强，是好事。

2. 利润中心的营业利润。营业利润是利润中心的贡献边际总额扣除不可控成本后的余额。其计算公式为：

利润中心的营业利润 = 利润中心的贡献边际总额 - 该利润中心的不可控成本　　(9.2.4)

将此指标作为利润中心业绩的考核指标，有助于克服贡献边际总额指标对不可控成本忽略的不足，实现利润中心目标与企业整体目标的一致。在适用范围上，本方法更适用对自然利润中心业绩的考核评价。

将营业利润作为利润中心业绩的考核指标虽然有优势，但同样也有不完善之处。利润中心的不可控成本往往是由整个企业引发，能够为多个责任单位的生产和销售提供服务的共同成本，在将其直接确认、归属至某一个单位时有一定难度，需要根据企业以及各利润中心的实际情况，采用合适的方法进行分配。

实践中，通常由上级责任中心按照各利润中心的收益比例进行分配，或者按照各利润中心已签订合约的责任进行分配，有时还可能依据各利润中心的销售比例进行硬性分配。当然，考虑到这些成本费用对各利润中心而言的不可控性，也可以留在整个企业或者上级责任单位，不对下属利润中心进行分配。

**【例 9-3】**利润中心的业绩评价（基于营业利润）。

已知：仍按〖例 9-2〗中的资料。该公司按照 4∶6 的比例，对租金、折旧费在 E 和 F 两个利润中心之间进行分摊。以营业利润作为业绩评价指标。2021 年利润中心的责任预算如表 9-4 所示，年度结束时 E 利润中心责任预算完成情况如表 9-5 所示。

表 9-4　　利润中心的责任预算　　单位：元

| 项目 | E 利润中心 | F 利润中心 | 合计 |
| --- | --- | --- | --- |
| 销售净额 | 600 000 | 700 000 | 1 300 000 |
| 变动成本 | 180 000 | 300 000 | 480 000 |
| 贡献边际总额 | 420 000 | 400 000 | 820 000 |
| 固定成本 | 60 000 | 90 000 | 150 000 |
| 其中：租金 | 28 000 | 42 000 | 70 000 |
| 折旧费 | 32 000 | 48 000 | 80 000 |
| 营业利润 | 360 000 | 310 000 | 670 000 |

表 9－5　　E 利润中心责任预算完成情况　　单位：元

| 项目 | 责任预算 | 预算完成情况 | 差异 |
|---|---|---|---|
| 销售净额 | 600 000 | 623 300 | 23 300 |
| 变动成本 | 180 000 | 210 800 | 30 800 |
| 贡献边际总额 | 420 000 | 412 500 | －7 500 |
| 固定成本 | 60 000 | 50 600 | －9 400 |
| 其中：租金 | 28 000 | 22 400 | －5 600 |
| 折旧费 | 32 000 | 28 200 | －3 800 |
| 营业利润 | 360 000 | 361 900 | 1 900 |

要求：评价 E 利润中心营业利润的责任预算完成情况。

评价：表 9－5 显示，E 利润中心完成了营业利润预算，主要原因是分摊的固定成本的减少，与各利润中心的工作没有直接关系。

可见，在考核评价利润中心业绩时，应将各利润中心贡献边际总额或营业利润的实际完成额与预算额进行比较，以确定各利润中心完成责任预算的情况，分析二者之间存在的差异及其具体原因。必要时，可应用因素分析法，分析确定销售数量、销售价格、销售品种结构以及销售费用等因素变动，对考核指标的具体影响。

## 四、投资中心

### （一）投资中心的含义

投资中心是对投资负责的责任中心，是既对成本、收入、利润负责又对投入资金或占用资产的使用效果负责的责任中心。

由于投资的目的是获取利润，因此，投资中心属于利润中心，但它又不同于一般的利润中心，两者的区别主要有：一是权力不同。利润中心只是运用企业已形成的生产能力开展生产经营，没有投资决策权；投资中心不仅具有一般利润中心所拥有的生产决策权、产品销售权和价格制定权，而且有权决定企业资金的投放方向与金额，能够独立作出购建或处理固定资产、扩大或缩减现有生产能力的决策。二是业绩考核的内容不同。在考核利润中心业绩时，重点考察其创造贡献边际和产生营业利润的情况，不涉及投资多少或占用资金的情况；考核投资中心业绩时，需要综合考察其投入产出情况，即需要将所获得的利润与所占用的资产进行比较。

作为企业中管理层次最高的责任中心，投资中心具有很大的决策权，也承担最大的责任。一般而言，大型集团所属的子公司、分公司、事业部等往往都是投资中心。在组织形式上，不同于成本中心一般不是独立法人，利润中心可以是也可以不是独立法人，投资中心一般是独立法人。

### （二）投资中心的业绩考核指标

投资中心的考核评价不仅关注产出情况，而且关注投入与产出之间的关系。因此，在对投资中心进行业绩考核时，不仅要关注其实现利润的高低，而且要结合其投入资金情况，考核其投资报酬率和投资效果的优劣。实践中，常通过计算、比较和分析投资利润率、剩余收益等财务指标，考核与评价投资中心的经营业绩。

1. 投资利润率。投资利润率（return on investment，ROI）又称投资报酬率，是投资中心获得的利润与投资额之间的比值。其计算公式为：

$$投资利润率=\frac{利润}{投资额}\times 100\% \tag{9.2.5}$$

投资额是投资中心可以控制并使用的总资产，因此，投资利润率又称总资产利润率。其中，息税前利润是扣除利息、企业所得税前的利润，因为无论是税金还是利息，都与资金如何投放、资产如何使用无关，属于投资中心的不可控因素，应被排除在投资中心经营利润之外。同时，由于利润是期间性指标，为保持分子、分母计算口径一致，在考察投资中心投入的资金或占用的资产时，应按照平均投资额或平均占用额计算。

投资利润率指标可以反映投资中心每运用一元资产对创造利润的贡献大小，主要用于考核和评价由投资中心掌握、使用的全部资产的盈利能力。在具体考核评价时，可将某投资中心的投资利润率的实际值与预算值进行比较，或者与其他利润中心的投资利润率指标进行比较，以发现存在的差异，并对产生此差异的原因进行深入分析。

为进一步说明影响投资利润率指标的各个因素，可进一步将投资利润率指标分解为：

$$\begin{aligned}投资利润率&=\frac{销售收入}{投资额}\times\frac{息税前利润}{销售收入}\\&=总资产周转率\times销售利润率\end{aligned} \tag{9.2.6}$$

或：

$$\begin{aligned}投资利润率&=\frac{销售收入}{投资额}\times\frac{成本费用}{销售收入}\times\frac{息税前利润}{成本费用}\\&=总资产周转率\times销售成本率\times成本费用利润率\end{aligned} \tag{9.2.7}$$

不难看出，提高投资利润率的有效途径有：增加销售，降低成本费用，加快占用资产的周转等。

**【例 9－4】**投资利润率的计算。

已知：某集团下属 A、B、C 三家子公司，每家子公司都拥有独立的投资决策权。2021 年该公司资料如表 9－6 所示。

表 9－6 投资利润率计算表 单位：元

| 项目 | A | B | C |
|---|---|---|---|
| 销售收入 | 400 000 | 200 000 | 320 000 |
| 利润 | 48 000 | 16 000 | 25 800 |
| 投资额 | 302 000 | 166 000 | 360 000 |
| 总资产周转率 | 1.32 | 1.20 | 0.89 |
| 销售利润率（%） | 12 | 8 | 8.06 |
| 投资利润率（%） | 15.84 | 9.6 | 7.17 |

要求：计算 2021 年各投资中心的投资利润率。

根据表 9－6 对投资报酬率的计算分解可以发现，B、C 两个投资中心的销售利润率都为 8%，但是由于 B 投资中心的总资产周转率要高于 C 投资中心，因此，最终 B 投资中心的投资报酬率高于 C 投资中心。由于 A 投资中心的总资产周转率和销售利润率均高于其他两个投资中心，因此，A 投资中心的投资报酬率高于 B、C 两个投资中心。

投资利润率综合反映了投资中心的经营业绩，其作为评价指标，考虑了投资规模，是一个相对指标，可以用于不同投资中心的横向比较，还可用于不同规模的企业和同一企业不同时期的比较。但投资利润率在使用的过程中也存在一定的不足。首先，该指标可能会使得个别投资中心放弃对整个企业有利的投资项目，拒绝接受超出企业平均水平投资报酬率而低于该投资中心现有投资报酬率的投资项目，有损企业的整体利益。其次，该指标可能会使别投资中心为了获得高的投资利润率指标而减少投资，导致决策的短视行为而损害公司的长远利益。为克服投资利润率的缺陷，有必要采用其他指标，如剩余收益等，对投资中心的业绩进行评价。

2. 剩余收益。剩余收益（residual income，RI）是投资中心获得的利润扣减其按要求（或预期）获取的最低投资收益后的余额，是一个绝对值指标。其中，最低投资收益是为保证生产经营的正常、持续进行，投资中心必须达到的最低收益水平，具体等于投资额与规定或预期获取的最低投资收益率的乘积。最低投资收益率一般可按整个企业各投资中心的加权平均投资收益率计算得到。相应地，剩余收益的计算公式为：

剩余收益＝息税前利润－最低投资收益 (9.2.8)

＝息税前利润－投资总额×规定或预期获取的最低投资收益率 (9.2.9)

**【例 9－5】** 投资利润率的计算。

已知：依〖例 9－4〗中的资料，该集团下属 A、B、C 三家投资中心，预期最低投资收益率为 10%。

要求：计算 2021 年各投资中心的剩余收益。

根据表 9－7 对剩余收益的计算可以看出，只有 A 投资中心的剩余收益大于 0，说明 A 投资中心的业绩表现较好，投资收益率高于规定或预期的最低收益率水平，会给该投资中心增加剩余收益，也会给企业带来利润。

**表 9－7　　剩余收益计算表**　　单位：元

| 项目 | A | B | C |
|---|---|---|---|
| 销售收入 | 400 000 | 200 000 | 320 000 |
| 利润 | 48 000 | 16 000 | 25 800 |
| 投资额 | 302 000 | 166 000 | 360 000 |
| 最低投资收益 | 30 200 | 16 600 | 36 000 |
| 剩余收益 | 17 800 | －600 | －10 200 |

剩余收益和投资利润率可以起到互补作用，剩余收益弥补了投资利润率的不足，可以在投资决策方面使投资中心利益与企业整体利益保持一致，避免投资中心的本位主义和短视行为，并且剩余收益允许不同的投资中心使用不同的风险调整资本成本。剩余收益最大的不足之处在于，不能用于两个规模差别比较大的投资中心的横向比较。

## 五、责任报告

### （一）责任报告的含义

责任报告又称业绩报告、绩效报告，是根据责任会计的有关记录编制而成，用于揭示责任预算与预算实际执行结果之间差异的内部会计报告，也是对责任中心进行业绩考核与评价的依据和基础。

通过编制和分析责任报告，可以揭示预算与实际执行结果之间的差异、产生此差异的原因及其责任承担，从而有助于对各责任中心的业绩进行考核评价，有助于责任中心的上层管理者实现对其经营活动的及时了解、控制与调节，从而最大限度地提高责任中心的工作绩效。

其中，责任预算属于企业预算的范畴，具体以责任中心为主体，以责任中心可控的成本、收入、利润和投资额等为对象编制而成。

### （二）责任报告的形式

责任报告的具体形式因责任中心的业务内容、业务性质、报告对象和使用情况的不同而不同。常见的责任报告形式有书面报告、口头说明等。其中，书面报告既可以呈现为报表，也可以呈现为数据分析或文字说明。实际编制过程中，企业往往将这几种形式的责任报告结合起来使用，并按照自下而上的程序，由各个责任中心逐级编制、分析汇总而成。

### （三）责任报告的内容

责任中心所处的管理层级不同，责任报告的内容，尤其是报告的侧重点和详略程度等，也会有差异。一般而言，低层次责任中心的责任报告往往只涉及本身的可控成本，而且最具体、最详细，具体包括预算成本、实际成本、预算成本与实际成本之间的差异等。随着管理层次的提高，责任报告的内容有所扩展，不仅包括该层次责任中心的可控成本，而且包括下属责任中心的可控成本，并在表述上更为概括。

当然，无论是哪个管理层级责任中心的责任报告，在将责任预算的执行差异及其原因和影响因素通过责任报告予以呈现时，都要遵循“例外管理原则”对导致差异产生的关键因素而不是所有因素进行分析，以便将报告使用者的注意力成功地吸引到那些严重脱离预算的关键原因或项目上，提高责任报告的使用效率。

### （四）责任报告举例

**【例9-6】**各中心责任报告举例。

表9-8、表9-9和表9-10分别列示了2×23年度X成本中心、Y利润中心和Z投资中心的责任报告。

**表9-8　　2×23年度X成本中心责任报告**　　单位：万元

| 项目 | 预算 | 实际 | 差异 |
|---|---|---|---|
| 一、X成本中心自身的可控成本 | 1 910 | 2 010 | 100 |
| 其中：直接材料 | 1 000 | 1 100 | 100 |
| 直接人工 | 800 | 790 | -10 |
| 水电费 | 80 | 85 | 5 |
| 其他 | 30 | 35 | 5 |
| 二、下属单位转来的责任成本 | 900 | 890 | -10 |
| 其中：甲车间 | 450 | 500 | 50 |
| 乙车间 | 450 | 390 | -60 |
| 三、X成本中心责任成本 | 2 810 | 2 900 | 90 |

**表9-9　　2×23年度Y利润中心责任报告**　　单位：万元

| 项目 | 预算 | 实际 | 差异 |
|---|---|---|---|
| 一、销售收入 | 2 820 | 2 950 | 130 |
| 二、可控成本 | 2 250 | 2 290 | 40 |
| 其中：变动生产成本 | 1 800 | 1 870 | 70 |
| 变动销售及管理成本 | 450 | 420 | -30 |
| 三、贡献毛益 | 570 | 660 | 90 |

续表

| 项目 | 预算 | 实际 | 差异 |
|---|---|---|---|
| 四、不可控成本 | 500 | 450 | -50 |
| 其中：固定生产成本 | 300 | 270 | -30 |
| 固定销售及管理成本 | 200 | 180 | -20 |
| 五、营业利润 | 70 | 210 | 140 |

**表 9-10　　　2×23 年度 Z 投资中心责任报告**　　　单位：万元

| 项目 | 预算 | 实际 | 差异 |
|---|---|---|---|
| 一、销售收入 | 3 000 | 3 200 | 200 |
| 二、可控成本 | 2 350 | 2 320 | -30 |
| 其中：变动生产成本 | 1 700 | 1 780 | 80 |
| 变动销售及管理成本 | 650 | 540 | -110 |
| 三、贡献毛益 | 650 | 880 | 230 |
| 四、不可控成本 | 550 | 730 | 180 |
| 其中：固定生产成本 | 400 | 430 | 30 |
| 固定销售及管理成本 | 150 | 300 | 150 |
| 五、营业利润 | 100 | 150 | 50 |
| 六、净资产平均占用额 | 1 000 | 1 000 | 0 |
| 七、投资利润率 | 10% | 15% | 5% |

# 第三节　内部转移价格、内部结算与责任成本结转

## 一、内部转移价格

### （一）内部转移价格的含义及意义

在实施分权管理的企业中，各责任单位的责、权、利是相对分开和独立的。但在企业实际运营中，不少责任单位的产品却是企业内部其他责任单位需要的原材料或进一步加工的半成品。此时，一个非常现实的问题是，当某一责任单位向同一企业内的其他单位提供产品或劳务（即发生内部交易）时，如何才能保障交易双方的经济利益、才能准确划分双方的经济责任？如何才能将各责任单位的业绩考核建立在客观、公正、可比的基础之上？内部转移价格应运而生。

内部转移价格（interdivisional transfer price）又称内部价格，是指企业内部各责任中心之间因相互提供产品或劳务而发生内部交易结算或进行内部责任结转时所使用的计价标准。其中，内部交易结算是指在发生内部交易时，由接受产品

或劳务的责任中心向提供产品或劳务的责任中心支付报酬引起的一种结算行为；内部责任结转又称责任成本结转，是在生产经营中，对于不同原理造成的各种经济损失，由承担损失的责任中心对实际发生损失的责任中心进行损失赔偿的处理过程。也就是说，当企业内部某单位因接受其他责任单位提供的产品或劳务而向提供方支付报酬时，或当企业内部某经济损失的实际承担者向该损失的发生单位或发现者进行损失赔偿时所使用的计价标准，就是内部转移价格。

显然，在内部交易结算中，内部转移价格对提供产品或劳务的部门而言是收入，对接受产品或劳务的部门而言则是成本；在内部责任结转中，内部转移价格对损失赔偿接受者而言是收入，对损失实际承担者而言则是成本。在其他条件不变，尤其是企业内部各单位适用的所得税税率相同的情况下，内部转移价格的增减变动，会引起作为交易双方或损失涉及双方的相关责任中心的收入或成本朝相反方向变化。但从企业整体而言，一方增加的收入恰恰是另一方增加的成本，反之亦然。因此，从理论上讲，内部转移价格只能引起企业内部各责任中心利润分配份额的变化，但不会引起企业利润总额的变动。

内部转移价格的制定和使用具有重要的现实意义，通过制定和使用内部转移价格，企业内部发生交易的双方责任单位都处于一个类似于外部市场的氛围和压力之下。为获取更多的利润、有好的业绩表现，产品或劳务的提供方会采取各种措施，改善经营管理，提高产品质量，降低成本费用，扩大利润空间；产品或劳务的接受方也会在以合理的价格与成本取得产品或劳务后，千方百计地控制和降低自身的成本费用，提高产品或劳务的质量，提高自身的盈利能力，而这些都有助于企业整体长远目标的实现。同时，内部转移价格的制定与使用，也有助于明确划分各责任中心的经济责任，有助于在客观、可比、公正的基础上对责任中心的业绩进行考核、评价与奖惩，从而推进各责任中心利益关系的协调，便于统筹安排企业内部的各项业务活动，实现责任单位局部利益与企业整体利益的一致。

### （二）内部转移价格的制定原则

在确定内部转移价格时，需遵循以下原则。

1. 全局性原则。制定内部转移价格必须强调企业的整体利益高于各责任中心的利益。由于内部转移价格直接关系到各责任中心经济利益的大小，每个责任中心都会最大限度地为自己争取最大的价格优势，这种对自身利益的维护行为可能会引发不必要的矛盾和价格上的相互倾轧。当交易双方发生局部利益冲突时，企业和各责任中心都应站在全局的高度，本着对企业整体利益有利的原则，通过友好协商等方式，合理地制定内部转移价格。

2. 公平性原则。内部转移价格如果能够被交易双方接受和使用，一个很重要的前提就是这一价格的制定公平合理，对双方都有利，没有偏袒其中的任何一方。也就是说，内部转移价格应充分体现各责任中心的经营业绩，应有助于实现各责任中心的付出与所得收益的有效匹配，既不会使某些责任中心因价格优势而获得额外的利益，也不会使某些责任中心因价格劣势而遭受额外的损失。

3. 自主性原则。内部转移价格的使用双方都是企业内部在权、责、利等方面相对独立的责任单位，因此，内部转移价格应在确保企业整体利益的前提下，在各责任中心自愿的基础上制定。交易双方都应有讨价还价的权利，有选择产品、供应者和客户的自由，企业最高管理当局不宜过多地采取行政干预措施。

4. 重要性原则。内部转移价格的制定并不是事无巨细地对企业内部交易中涉及的所有产品或劳务一一制定详细的内部转移价格，而应体现“抓大放小”的原则，区别和划分产品或劳务的性质和重要程度，对原材料、半成品、产成品等重要物资或劳务的内部转移价格花大力气制定详细的内部转移价格，而对低值易耗品等数量庞杂、价值低廉的物资，从简制定内部转移价格，以节约成本，提高内部结算或内部责任结转工作的效率。

### （三）内部转移价格的制定方法

常见的内部转移价格的制定方法有四种：基于市场价格的转移定价、协商定价、成本转移定价以及双重定价。

1. 基于市场价格的转移定价。基于市场价格的转移定价，简称市场价格转移定价法，是指依据企业内部交易中转移的产品或劳务的外部市场价格，将其作为进行内部结算或内部责任结转时使用的计价标准。

在企业内部各责任单位进行内部交易时，如果被转移的产品或提供的劳务有明确的市场价格，市场价格的客观性、公正性将会使其成为制定内部转移价格的最好依据。基于市场价格进行内部转移定价能够将外部市场机制引入企业，促使并推动各责任单位在市场竞争的氛围和压力下，努力改善经营管理，降低成本费用，以最终获得好的经营指标和业绩表现。

应用此方法时，不是直接将外部市场价格用于内部交易结算或内部责任结转，而是在对此价格进行必要调整后才能作为内部交易价格，包括扣除内部交易时不需要发生的销售费、广告宣传费、运输费等。因为虽然这些费用是影响对外销售价格的重要因素，但当产品或劳务在企业内部责任单位之间流转时，它们不会发生，也不需要支付或承担。如果对这些费用不扣除，不能合理确定市场价格时，因内部交易而节约的广告、运输等方面的费用会完全成为内部交易产品或劳务提供者（销售方）的经营成果，使用者（内部交易购买方）并不能得到因进行内部交易而节约了费用支出的好处，这一结果既不利于维持企业内部责任单位之间利润分配和业绩考核的公平性，也不利于调动交易双方的积极性。

2. 协商定价。协商定价又称议价，是指在正常的市场价格基础上，企业内部交易的供求双方通过定期协商，确定一个双方都能接受的内部转移价格的定价方法。

通常而言，协商价格要比市场价格低一些。这是因为；一是内部转移价格中包含的广告宣传和管理费普遍低于外部市场价格；二是内部交易的产品或劳务一般数量较大，单位成本自然可以更低；三是内部交易的产品或劳务的提供方大多拥有剩余生产能力，对提供方而言，只要内部转移价格高于单位变动成本就是合算的，不需要像外部市场价格那样在单位变动成本之外附加其他成本支出。进一步说，协商定价时确定内部转移价格的最高上限是市价，下限是单位变动成本，具体水平由买卖双方在这个范围内协商确定。

协商定价的优点在于：在定价过程中，供求双方都有讨价还价的权利，能够在模拟的市场环境下充分发表意见，统一和协调双方的利益，有利于调动各方的积极性、主动性。协商定价也存在一定的不足：协商过程中，交易双方都要花费大量的人力、物力和时间；协商的交易双方也可能会因各持己见而相持不下，需要企业高层领导进行裁定。这样不仅难以发挥对各责任单位的激励作用，而且会弱化分权管理的作用。

3. 成本转移定价。成本转移定价就是以内部交易中产品或劳务的成本为基础制定内部转移价格。由于人们对成本的概念有多种理解，实践中应用较多的成本转移定价方法具体可分为实际成本定价法、实际成本加成定价法、标准成本定价法等多种类型。

（1）实际成本定价法。以产品或劳务的实际成本作为内部转移价格，此方法主要用于成本中心之间产品或劳务转移的内部结算或内部责任结转。

实际成本定价法的优点是简单、易用，对经营规模小、内部管理水平和会计核算能力不高的企业来说较为适合。但从严格意义上讲，此方法只是实际成本的计算与转嫁过程，并不能发挥内部价格所具有的划清经济责任、调节企业内部利润份额的作用。因为在按照实际成本进行内部结算或内部责任结转时，产品或劳务提供方的工作业绩或缺陷会毫无保留地全部转移给接受方，由接受方承担由此产生的所有经济责任，提供方则不承担任何的经济后果。受此影响，这一定价方法不利于激励和约束产品或劳务的提供方降低成本，也不利于整个企业成本费用的控制与节约。

（2）实际成本加成定价法。按产品或劳务的实际成本加计一定的合理利润作为内部转移价格定价方法的基础。此方法适于对利润中心或投资中心之间产品或劳务转移时的内部结算与内部责任结转。

此方法的优点是：让产品或劳务的提供方能够取得一定的利润，有助于激励其努力工作。然而，由于此价格中也包含了实际成本，提供方的经营业绩与缺陷的转嫁问题依然不能消除。因此，此方法仍然不利于划清经济责任，也不利于调动提供方降低成本、增加利润的积极性。再加上确定加成利润率时有一定的主观随意性，并不能实现对交易双方经营业绩的正确评价。

（3）标准成本定价法。以产品或劳务的标准成本作为内部转移价格的定价方法。它同样适用于成本中心之间产品或劳务转移的内部结算与内部责任结转。

此方法的优点是：能够将日常管理和会计核算工作结合起来，有利于克服实际成本定价法存在的产品或劳务提供方经营业绩与缺陷转嫁的问题，也有助于划清责任，调动供需双方降低成本的积极性。

（4）标准成本加成定价法。按产品或劳务的标准成本加计一定的合理利润作为计价的基础。适用于利润中心或投资中心之间产品或劳务转移的内部结算与内部责任结转。

此方法的优点是：融合了标准成本定价法与实际成本加成定价法的优点，既有利于划清买卖双方的经济责任，激励双方降低成本、增加利润，也有利于正确评价双方经营业绩。在确定加成利润率时，仍存在一定的主观随意性，需由管理当局妥善制定，避免主观随意性。

4. 双重定价。双重定价就是对内部交易的双方分别采用不同的价格进行内部结算与内部责任结转的定价方法。如对产品或劳务的供应方按协商价格计价，对使用方按照按产品或劳务的单位变动成本计价，即采用“双重内部转移价格”；又如在产品或劳务存在不同的市场价格时，提供方采用最高的市价作为内部转移价格，使用方则按最低的市价作为计价基础，即采用“双重市场价格”。双重价格之间的差异可以记录在专门的结算账户中。

双重定价的好处在于：它能够使内部交易双方有一定的灵活性，从而满足供求双方的不同需要，提高二者在生产经营上的主动性和积极性；有利于推动内部交易活动，提高企业资源的使用效率与效益，避免使用方因内部定价过高而拒绝从内部“购买”，或提供方因内部定价过低、拒绝向内部“销售”而导致部分生产能力闲置等情况。此方法的不足在于：由于交易双方都按照最有利于自己的价格进行核算，会产生利润重复计算的问题，而且这一问题会随企业内部交易的增多而日益突出。同时，双重定价方法还会导致有关责任无人承担或责任不明的问题。

## 二、内部结算

在责任会计制度下，为明确各责任中心的业绩，为考核、评价与奖惩提供依据，企业内部各责任中心之间的经济业务往来，除了要以内部转移价格作为计价标准进行计量外，还必须按照一定的方式进行内部结算。

### （一）内部结算方式

按照内部结算采用的手段不同，企业内部结算方式通常包括以下三种。

1. 内部支票结算。内部支票结算是指在发生内部交易后，由付款单位根据有关原始凭证或业务活动证明向收款单位签发内部支票，收款单位审核无误后将支票送存内部结算中心或内部银行，通知其从付款单位账户中转账划拨款项的内部结算方式。

在设立内部结算中心的企业中，由财务部门核定各责任中心的资金及其费用定额，然后由内部结算中心或内部银行分别为各单位开立存款账户，把核定的定额资金和费用存到各开户单位的存款户上，并向各责任单位签发统一的企业内部支票。

内部支票通常为一式三联，第一联为收款凭证；第二联为付款凭证；第三联为内部结算中心或内部银行的记账凭证。

内部支票结算主要适用于收、付款双方直接见面进行经济往来的业务结算，如车间到仓库领用原材料、上游部门将半成品交由下游部门进一步深加工、车间将完工产品交付入库等。这一结算方式可以使收、付款双方一手“钱”一手“货”，明确双方责任，避免由于产品数量、质量、价格等原因在结算过程中发生纠纷，影响责任中心正常的资金周转。

2. 转账通知单结算。转账通知单结算是指收款单位提供产品或劳务后，根据有关原始凭证或业务活动证明签发转账通知单，通知企业内部结算中心或内部银行将转账通知单转给付款单位，让其付款的一种内部结算方式。

与内部支票类似，转账通知单通常也为一式三联，第一联为收款单位的收款凭证；第二联为付款单位的付款凭证；第三联为企业内部结算中心或内部银行的记账凭证。

转账通知单结算手续方便，结算及时，但因转账通知单是单向传递的，付款方如对产品或劳务的数量、质量或价格有异议，可能拒付。因此，这一结算方式适用于经常性的、质量与价格相对稳定的往来业务，如辅助车间向生产车间供气、供电、供水等业务。

3. 内部货币结算。内部货币结算方式是指使用在企业内部发行的、仅限于在本企业内部流通的货币，如内部货币、资金本票、流通券、资金券等进行内部往来结算的一种内部结算方式。

作为最为典型的一手“钱”一手“货”的企业内部结算方式，内部货币结算比内部支票结算更为直观，更易被各责任单位及其员工接受，也有助于强化他们的经济责任意识和成本节约观念。但是，内部货币也具有携带不便、清点麻烦、保管困难等不足。因此，内部货币结算方式主要适用于对企业内部小额往来业务的结算。

### （二）内部结算中心

无论是内部支票结算、转账通知单结算，还是内部货币结算，都离不开企业内部结算中心的建立、规范和有序运行。内部结算中心是指由企业集团或控股公司内部设立的、用于处理集团或企业内部往来结算、资金调拨、资金筹集与运用等的企业内部资金管理机构。内部结算中心的设立，有助于完善企业的内部责任核算、明确各责任中心的经济责任，也有助于强化企业的资金管理，降低筹资成本，提高资金使用效率，改善企业内部经济效益。

内部结算中心的主要业务有：

（1）设立内部结算账户，即为企业内的每一个责任中心在内部结算中心开立账户。

（2）发行内部支票、内部货币等结算工具，即根据企业实际需要印制和发行各种结算凭证。

（3）制定结算制度，实施内部控制，即通过制定统一的内部结算方式、规定统一的结算程序和结算时间，加强对各责任中心结算内容与结算行为的监督、规范与控制。

（4）发放内部贷款，即根据财务部门核定的资金和费用定额及有关规定，在企业范围内统一调配资金余缺，对各责任中心所需的资金发放有偿贷款，或全额贷款有偿使用，或只是超出定额部分的贷款有偿使用。

（5）筹措资金，即以整个集团或企业的名义，通过各种渠道，运用各种融资手段取得所需资金。

（6）建立信息反馈系统，即定期或不定期地将企业资金流通与余缺的情况以报表的形式反馈给各责任中心以及企业管理部门，以实现资金信息的及时传递与有效沟通。

## 三、责任成本结转

### （一）责任成本结转的必要性

企业内部各责任中心在生产经营过程中，经常会出现发生责任成本的责任中心与实际承担责任成本的责任中心不是同一中心的情况。为划清责任、合理奖罚，就需要将这种责任成本按照一定的方式进行结转。如企业的生产车间与供应部门都是成本中心，如果生产车间多耗用的原材料是由于供应部门购入不合格的材料导致的，则生产车间多用的材料成本或发生的相应损失应结转至供应部门，由供应部门承担。又如，前后工序所在的生产车间都是成本中心，由于前道工序流转下来的半成品不合格造成的后道工序的残次品损失、废品损失等，都应由前道工序的成本中心承担。

责任成本结转不同于内部结算转账。它不是在等价交换原则下进行的双向交易，而是责任承担中心向发生损失的责任中心提供的一种单向的经济补偿，包括承受相应的经济处罚。因此，责任结转有助于明确经济责任，增强责任中心与员工的责任感，减少可能发生的损失，提高企业的经济效益。

### （二）责任成本结转的方式

进行责任成本结转时，需要依据各种准确的原始记录和合理的费用定额，合理计算应提供给损失发生责任中心的经济补偿，并编制责任成本结转表，作为责任成本结转的依据。

责任成本结转的方式包括直接的内部货币结算方式和内部结算中心转账两种。前者是将货币直接支付给损失方，后者是在损失发生责任中心与损失承担责任中心在内部结算中心设立的账户之间进行转账。

# 第四节　责任中心业绩考核案例分析

## 一、案例背景

华瑞有限公司内部下属有很多分公司，其中 A 分公司和 B 分公司截至 2020 年 12 月 31 日年度部分资料如表 9－11 所示。

表 9－11　　2020 年 12 月 31 日年度部分资料　　单位：万元

| 项目 | A 分公司 | B 分公司 |
|---|---|---|
| 截至 2020 年 12 月 31 日年度净利润 | 970 | 1 170 |
| 固定资产账面净值——2020 年 1 月 1 日 | 4 300 | 6 600 |
| 固定资产购置——2020 年 1 月 2 日 | 1 200 | — |
| 固定资产购置——2020 年 12 月 30 日 | — | 1 500 |
| 截至 2020 年 12 月 31 日年度累计折旧 | （1 000） | （1 300） |
| 固定资产账面净值——2020 年 12 月 31 日 | 4 500 | 6 800 |
| 流动资产总额 | 2 700 | 2 200 |
| 资产总额——2020 年 12 月 31 日 | 7 200 | 9 000 |

公司在年度中间没有出售任何固定资产，计提的折旧是以当年使用中的资产作为计算基础。公司的资本成本率为 12%。

A 分公司和 B 分公司截至 2021 年 12 月 31 日年度的预算资产和预算利润与上一年度末的数据相同。此外，2021 年初，公司将有一项新的投资项目，A 分公司和 B 分公司均可选择进行投资。该投资将增加 5 500 万元的总资产，并为公司在可预见的将来每年增加 800 万元的净利润。

## 二、案例分析要求

1. 以年度“使用中的资产”作为基础，分别计算 A 分公司和 B 分公司截至 2020 年 12 月 31 日如下数据：

（1）年度投资报酬率；

（2）年度剩余收益。

2. 简单评论 A 分公司和 B 分公司的 2020 年年度业绩表现。

3. 讨论 A 分公司和 B 分公司在 2021 年是否会选择进行上述新的投资项目，并请提供数据支持加以说明。

4. 讨论华瑞有限公司可使用的其他责任中心业绩评价指标。

## 三、案例分析

1. 以年度“使用中的资产”为基础，则需要对接近年末时所购置的资产或年初时已出售的资产进行调整，即排除年度中间并未真正使用的资产。本案例中，意味着B分公司于2020年12月30日购置的大型固定资产1 500万元应该从总资产中扣除。

2020年年度使用中的资产为：

A分公司：7 200万元

B分公司：9 000 - 1 500 = 7 500（万元）

因此：

A分公司（2020年）：

投资报酬率（ROI）= 970 ÷ 7 200 × 100% = 13.47%

剩余收益（RI）= 970 -（7 200 × 12%）= 106（万元）

B分公司（2020年）：

投资报酬率（ROI）= 1 170 ÷ 7 500 × 100% = 15.6%

剩余收益（RI）= 1 170 -（7 500 × 12%）= 270（万元）

2. 根据上述计算结果评论A分公司和B分公司2020年年度业绩表现如下：

从投资报酬率来看，两个分公司的ROI均为正数并高于公司资本成本12%。而且因为B分公司的投资报酬率ROI比A分公司高出2.13%（15.6% - 13.47%），所以，B分公司的业绩表现比A分公司好。

从剩余收益显示的情况也差不多，两个分公司的RI也均为正数，而且B分公司的RI指标也比A分公司高出很多，是A分公司的2.55倍(270 ÷ 106)。

以上数据表明，两个分公司都是盈利的，而且利润足以抵销每个分公司的资本成本。

然而，A分公司的利润并不高，其利润若降低106万元，或利润降低率为10.93%（106 ÷ 970 × 100%），则会使A分公司降到保本水平。相反地，B分公司的利润需降低23.08%（270 ÷ 1 170 × 100%）才会使其降到保本水平。总而言之，两个分公司的业绩表现都令人满意，其中B分公司业绩表现更佳。

3. 截至2021年12月31日的数据和2020年度相同，但2021年度需要包括新投资项目的数据：增加5 500万元的总资产，以及每年增加800万元的净利润；而且，2021年年度B分公司资产总额9 000万元均为“使用中的资产”。因此：

A分公司（2021年）：

投资报酬率（ROI）=（970 + 800）÷（7 200 + 5 500）× 100% = 13.94%

剩余收益（RI）= 1 770 -（12 700 × 12%）= 246（万元）

B分公司（2021年）：

投资报酬率（ROI）=（1 170 + 800）÷（9 000 + 5 500）× 100% = 13.59%

剩余收益（RI）= 1 970 -（14 500 × 12%）= 230（万元）

如果以投资报酬率 ROI 作为评估华瑞有限公司各分公司业绩表现的主要指标，A 分公司将愿意接受此投资项目，因为投资该项目后投资报酬率水平将从 13.47% 提高到 13.94%。同样地，剩余收益 RI 表明差不多的情况下，A 分公司将愿意接受该投资项目，因为投资该项目后剩余收益水平将提高 140 万元（246 - 106）。

需要注意的是，对 B 分公司来说，因为上年末增加的资产 1 500 万元在 2021 年度全年使用，故 B 分公司 2021 年度的预算投资报酬率 ROI 和预算剩余收益 RI 需要重新计算：

投资报酬率（ROI）= 1 170 ÷ 9 000 × 100% = 13%

剩余收益（RI）= 1 170 - (9 000 × 12%) = 90（万元）

可见，如果以投资报酬率 ROI 为评价标准，B 分公司也将愿意接受此投资项目，因为投资该项目后投资报酬率水平将从 13% 提高到 13.59% 的水平。同样，投资该项目后剩余收益水平也将提高 140 万元（230 - 90）。

此外，还要考虑投资该项目是否会增加华瑞有限公司的整体财富。假设该投资项目每年的利润都相同且一直这样持续下去，则可估计出该投资项目的投资报酬率为 14.55%（80 ÷ 550 × 100%）。由于估计的新项目的投资报酬率高于资本成本，说明该投资项目应该能够提高华瑞有限公司及其分公司的财富。

4. 对于评价分公司业绩的指标，除上述指标外，比较常见的还有以下五种。

（1）年度利润。有些公司会使用这个简单的指标，而根据利润引申出的相关评价方法也较常用。对于一家公司整体而言，利润是至关重要的，因而所有分公司也应该朝着利润最大化方向努力或达到某个利润目标。但利润这一指标的不足之处在于不能够反映从现有资产获得利润的报酬率。

（2）可控制利润。这是从管理层角度出发的评价指标，基于各分公司只对其可直接控制的收入和成本负责。通常的做法是事先拟订一个可控制的利润目标水平。这一指标的不足之处在于：总部管理层需要花很多精力来设计这个可控制利润目标，这样既花费了总部管理层的时间，也限制了各分公司的自主权，而这个自主权正是使分公司获得最佳业绩的主要激励因素。

（3）现金流量。为分公司制定现金流量目标也是比较常见的，也可将现金流量作为评价业绩的主要指标。但是，该指标并不会提供有关利润的信息。有时，公司能够达到满意的现金流量，却会牺牲长远的利润。

（4）质量和其他非财务指标。目前，很多公司也利用一些非财务指标来评价业绩完成情况，理由是如果按非财务方法进行评估能说明分公司基本业务做得好，那么，理论上它的中期和长期利润也会是好的。

（5）综合指标。是要求分公司提供按各种指标编制的报告，其中包括财务指标、非财务指标和一些基本指标。这是常用的方法，但通常是把心中有数的那一种指标作为最重要的反映。同时，这种做法有可能引起各种指标之间的相互冲突。

## 课后作业

### 一、单项选择题

1. 下列各项中，属于责任会计主体的是（　　）。

A. 责任中心　　B. 产品成本　　C. 生产部门　　D. 管理部门

2. 在下列项目中，应作为成本中心控制和考核内容的是（　　）。

A. 责任成本　　B. 产品成本　　C. 直接成本　　D. 目标成本

3. 下列项目中，不属于利润中心负责范围的是（　　）。

A. 成本　　B. 收入　　C. 利润　　D. 投资效果

4. 如果企业内部的供需双方分别按照不同的内部转移价格对同一笔内部交易进行结算，则可以断定它们采用的是（　　）。

A. 成本转移价格　　B. 市场价格

C. 协商价格　　D. 双重价格

5. 如果某利润中心的产品只能在企业内部各责任中心之间销售，且按照“内部转移价格”取得收入，则可以断定该中心是（　　）。

A. 完整利润中心　　B. 局部利润中心

C. 自然利润中心　　D. 人为利润中心

6. 管理会计将在责任预算的基础上，把实际数与计划数进行比较，用来反映与考核各责任中心工作业绩的书面文件称为（　　）。

A. 差异分析表　　B. 责任报告

C. 预算执行情况表　　D. 实际执行与预算比较表

7. 下列项目中，通常具有法人资格的责任中心是（　　）。

A. 投资中心　　B. 利润中心　　C. 成本中心　　D. 费用中心

### 二、多项选择题

1. 下列各项中，属于建立责任会计制度必须遵循的原则有（　　）。

A. 责任主体原则　　B. 可控性原则

C. 目标一致原则　　D. 激励原则

E. 反馈原则

2. 下列各项中，属于典型企业责任中心的有（　　）。

A. 成本中心　　B. 包装中心

C. 销售中心　　D. 利润中心

E. 投资中心

3. 在下列各项指标中，属于考核投资中心投资效果的指标有（　　）。

A. 责任成本　　B. 营业收入

C. 贡献边际　　D. 投资利润率

E. 剩余收益

4. 下列各项表达式中，其计算结果等于投资利润率指标的有（　　）。

A. 总资产周转率×销售利润率
B. 总资产周转率×销售成本率
C. 销售成本率×成本费用利润率
D. 总资产周转率×成本费用利润率
E. 总资产周转率×销售成本率×成本费用利润率

5. 以下各项中，属于制定内部转移价格应遵循的原则有（　　）。
A. 全局性原则　　B. 公平性原则
C. 自主性原则　　D. 重要性原则
E. 例外性原则

6. 下列各项中，可以作为内部转移价格的有（　　）。
A. 标准变动成本　　B. 双重价格
C. 标准成本加成　　D. 标准成本
E. 协商价格

7. 下列项目中，属于责任中心考核指标的有（　　）。
A. 投资利润率　　B. 可控成本
C. 产品成本　　D. 剩余收益
E. 利润

8. 在责任会计中，企业内部结算方式包括（　　）。
A. 内部货币结算方式　　B. 内部支票结算方式
C. 转账通知单方式　　D. 托收承付结算方式
E. 应付票据结算方式

9. 在责任会计中，责任成本结转的方式主要有（　　）。
A. 货币结算方式　　B. 现金支票结算方式
C. 汇兑结算方式　　D. 内部银行结算方式
E. 本票结算方式

**三、判断题**

1. 在责任会计的三个责任中心中，成本中心是最基本的责任中心，特定的成本中心仅对其可控成本负责。（　　）

2. 企业所有成本中心的可控成本之和等于企业的总成本之和。（　　）

3. 利润中心是企业责任中心的最高层次，也是决定企业经济效益高低的关键部门。（　　）

4. 因为在所有责任中心中，投资中心处于最高层次，决策权最大，所以该中心要求最大化的投资利润率理所当然。（　　）

5. 剩余收益指标的优点是可以使投资中心的业绩评价与企业目标协调一致。（　　）

6. 以实际成本作为内部转移价格可以避免责任转嫁现象。（　　）

7. 当供应方提供的产品或劳务没有现成的市场价格时，可采用协商价格作为内部转移价格。（　　）

**四、论述题**

1. 为什么要在现代企业管理中建立责任会计制度？

2. 什么是责任中心？责任中心有哪几种？

3. 什么是内部结算价格？内部结算价格有哪几种？内部结算价格在责任会计中有何作用？

4. 为什么内部结算价格可以采用双重内部结算价格？

# 第十章　EVA 管理

## 素养目标

培养学生全局和远见思维，提高资源配置、经营分析和决策能力。

## 知识目标

1. 了解 EVA 管理的相关概念，熟悉经济增加值的计算过程；
2. 掌握 EVA 管理的评价以及增加企业 EVA 值的有效途径；
3. 领会 EVA 管理和其他绩效管理的区别，培养建立多维思维方式。

## 情景导航

加入 WTO 以后，我国对外开放的步伐进一步加大，随着国有企业不断发展壮大需要进入国际市场，这就需要与国际接轨的业绩评价方法和管理体系。EVA 企业管理系统在全球范围内的广泛应用和在许多著名公司（如西门子、索尼、可口可乐等）提高业绩的事实，使 EVA 的科学性、有效性得到了充分的证明。因此，应用 EVA 对国有企业进行业绩评价和开展价值管理可增强我国国有企业与国际市场企业的可比性，使国有企业更快地融入国际市场。

EVA 在央企的考核试点工作开展以来，自愿参加试点的中央企业逐年增多，2009 年已达到 100 户，超过中央企业总数的 3/4。经过试点工作，EVA 考核在引导中央企业科学决策、控制投资风险、提升价值创造能力等方面发挥了积极作用。逐步改变了部分央企重投资、轻产出，重规模、轻效益，重速度、轻质量的现象，有效遏制了盲目投资、盲目要资源的冲动，逐步树立了减少资源占用和提高资源利用效率的现代经营理念。

国务院国资委从 2010 年开始全面推行 EVA 考核，旨在引导中央企业关注风险控制，提升发展质量，增强价值创造和可持续发展能力。因此，2010 年被誉为央企 EVA 元年。在年度考核指标中用经济增加值（EVA）替换原来的净资产收益率（ROE），采用完成值与目标值比较的方法进行考核，在目标值的设定上强调 EVA 的持续改善。将经济增加值的改善情况与经营者的中长期激励实行挂钩，鼓励经营者的长期价值创造。要求中央企业将 EVA 价值管理理念融入生产经营全过程，并在企业考核体系中予以贯彻落实。

思考：EVA 是什么？为什么国务院国资委选择全面推行 EVA 考核？其与传统财务会计指标相比有何优势？EVA 的指标是如何计算的？

# 第一节 EVA 管理的产生与发展

## 一、EVA 的产生背景

企业是社会经济活动的细胞，是社会财富的主要创造者。早期的企业规模较小，工艺较为简单，因此一般都是个人独资企业。这时的企业由个人单独投资，自己或家庭成员共同经营，企业的所有权和经营权集中。后来，随着工业革命的到来，企业的经营规模逐步扩大，家庭作坊式企业显然已不适应生产力发展的要求，在此情况下，出现了几个人共同出资、共同经营的合伙企业，此时，企业的所有权和经营权仍没有分开。随着生产力和社会经济的进一步发展，产生了公司制企业新的组织形式。公司制企业就是以公司制进行生产和经营，并按投资人的投资份额承担风险和参与分配的一种企业制度，其与上述两种企业组织形式相比，最大的区别就是所有权与经营权分开。一般来说，投资者即企业的所有者不具体管理经营企业，而是选择委托具有经营才能的职业经理人经营企业，实现人力资本与货币资本的最佳结合。

公司制是现代企业制度的一种有效的组织形式，其所有权与经营权分离的法人治理结构也为明确企业目标带来了问题，即企业的目标是什么？回答这个问题，就需要回答企业的产权问题。现代企业理论关于产权问题主要有两大学派：占主流地位的产权学派（property rights）和当前发展迅速的利益相关者（stakeholders）学派，相应的就形成了两种不同的企业目标。前者主张企业由股东所有，企业的剩余索取权和剩余控制权应该由股东享有，委托代理理论是其核心理论，企业的目标主要是股东财富最大化。后者主张股东、债权人、供应商、员工、消费者等利益相关者对企业拥有共同产权，其核心理论是利益相关者理论，企业的目标主要是利益相关者财富最大化。企业所有者即股东与企业经营者在各自目标不一致的前提下，对所有者而言，这里面就存在一个代理成本问题，如所有者对经营者的监督成本、经营者偷懒给企业造成的损失、经营者损公肥私给企业造成的损失等。因此，法人治理结构的进一步发展要求企业采取一种措施以减少代理成本，使得企业经营者能站在股东的利益上考虑问题。

从企业管理的视角出发，企业制度决定了激励方式。在企业的所有权和经营权分开的现代企业制度下，所有者为达到自己的目标应该对经营者进行激励，同时赋予其一定的权利。建立与现代企业制度相符合的激励机制，要求设计一种随时间而延续的激励机制。因为企业在不断地发展壮大，过去的一些激励措施，如年薪制、年总奖金、工资等方式都是一种静态存量激励，不能将企业的收益风险同经营者的收益风险紧密结合起来。而经济增加值即 EVA 是一个流量指标，是一种动态激励。如果企业每年的 EVA 值改善未能持续，这种奖金就是不确定的，还可能受到损失，这是一种带有风险价值的奖金。在这样的经济环境和管理背景下，EVA 管理模式作为新的业绩度量模式和激励机制是经济发展到一定阶段并符合当下企业管理要求的产物。

## 二、EVA 的发展历程

诺贝尔经济学奖获得者默顿·米勒（Merton H. Miller）和弗兰科·莫迪利阿尼（Franco Modigliani）于 1958～1961 年发表了一系列关于公司价值模型的论文为 EVA 奠定了理论基础，使得 EVA 从剩余收益的概念逐渐发展成为现代公司的一种理财理念。1965 年，沃顿商学院的大卫·所罗门（David Solomons）将剩余收益引入业绩衡量，推动了 EVA 的发展。

1976 年，约尔·斯腾恩和 G. 贝内特·斯图尔特两人一同针对公司价值评估展开了探索，并提出了一系列问题：影响公司市场价值的因素是什么？投资者最看重的是公司的收益、股利、增长、回报还是现金流？公司最高管理人员如何能保证公司的目标设定、绩效评估、资源分配，从而给公司客户和股东带来最好的结果？他们在对可口可乐公司的业务重组中提出了 EVA 管理的意见并得到了公司的采纳，取得了很好的效果，导致 EVA 在可口可乐公司全面推广。这是 EVA 在观念和实践领域的首次尝试与突破。

EVA 管理体系在可口可乐公司取得的良好效果，使得斯腾恩和斯图尔特预见到了 EVA 潜在的巨大价值，1982 年他们在美国纽约共同创立了思腾思特公司（Stern Stewart & Co.），于 1989 年推出了 EVA 概念并在美国、加拿大、澳大利亚、英国、中国等 22 个国家注册了商标。作为企业财务和管理咨询顾问机构，该公司已发展成为著名的国际咨询公司，目前在全球设有 13 个分公司、4 个代表处。

EVA 在国外已经有 30 多年的历史。在中国，EVA 价值管理理念的传播最早始于 21 世纪初，由思腾思特公司于 2001 年 3 月进入中国开展业务时引入。2003 年 9 月，公司与中国本土管理咨询公司——远卓管理顾问合作，成立思腾思特远卓管理顾问公司，为中国企业提供价值管理咨询服务。自 2000 年开始，公司与《财经》合作，推出了《中国上市公司财务创造与毁灭排行榜》，引起了社会各界的巨大反响，推动了 EVA 在中国的发展。

管理哲学大师（彼得·德鲁克）之声：

“除非你已赚取资本成分的部分，否则没有利润可言，……感谢上帝，经济增加值 EVA 系统化了这一概念。”

“EVA 的基础是我们长期以来一直熟知的，我们称之为利润的东西，也就是说企业为股东剩下的金钱。EVA 通常不是指全部利润。只要一家公司利润低于资金成本，公司就处于亏损状态。”

# 第二节 EVA 管理的概念

## 一、EVA 的含义

经济增加值，指从税后净营业利润中扣除包括股权和债务的全部投入资本成本后的所得。EVA 及其改善值是全面评价经营者有效使用资本和为企业创造价值的重要指标。

EVA 是建立在经济利润的基础之上，而经济利润是指公司从成本补偿角度获得的利润，它要求公司不但要将所有的运营费用计入成本，而且还要将所有的资本成本计入成本，显然，这与会计角度获得的利润不同。资本成本不但包括诸如向银行家和债券持有者支付的利息之类显而易见的成本，还包括公司股东所投入资本的机会成本。所以，在 EVA 管理价值理论下，投资收益率高低并不是企业经营状况好坏和价值创造能力的评估标准，关键在于是否超过资本成本。

## 二、经济利润、会计利润与 EVA 三者的概念比较

从上述 EVA 的含义中我们发现：EVA 的本质是经济利润而非会计利润。那么，只有理解了经济利润、会计利润与 EVA 三者之间的概念有何联系与区别，才能真正掌握 EVA 的核心理念。

### （一）经济利润与会计利润

1890 年，英国著名经济学家阿尔弗雷德·马歇尔（Alfred Marshall）为经济利润进行了如下定义："从利润中减去其资本按照当前利率计算的利息之后所剩余的部分可被称为企业所有者的经营或管理盈余。"在经济学家看来，利润实质上是保全（即保值）资本的前提下所能消费的价值，也就是实际物质财富的增加，即资本的保值。

经济利润具体表现为收入超过实际成本和隐含成本的剩余。隐含成本是指企业所有自己提供资本、自然资源和劳动的机会成本。从经济学家的角度出发，他们考虑的是如何将资源用在能使企业的所有者所付代价最小的用途上，即资源的有效配置问题，因此，他们必须考虑企业每项资源的机会成本，经济利润是企业投资资本收益超过加权平均资金成本部分的价值。

会计利润的含义与经济利润不同。会计利润是指企业所有者在支付除资本以外的所有要素报酬之后剩下的利润。会计利润是配比的结果，是企业在一定时期实现的收入，与为实现这些收入所发生的实际耗费相比较而求得的。对会计师而

言：利润等于总收入减去总成本，然而对经济学家而言，这一结果高估了利润。原因主要在于双方对“利润”的概念不同。会计利润中的会计成本是实际发生的显性成本，这一成本没有反映资产的经济价值，忽略了权益资本的隐含成本，并没有考虑到企业为使用这些资源而付出的总代价。

经济利润由于考虑了所有资源的机会成本，能够引导人们把资源用于最有价值、能够实现最大增值获利的地方。正因如此，经济利润成为资本增值经营决策的基础，随着市场理论、资本经营理论、公司价值相关理论的日臻完善，企业愈发重视自身增值经营活动的开展，会计在经营计划和经营决策中的作用不断加强，这就要求会计在确认会计利润的同时，还应根据现实需要估测经济利润。EVA 就是基于经营利润而非会计利润的概念，从中获得了极大的优势。

### （二）EVA 与经济利润

EVA 与经济利润的关系是非常紧密的，上述介绍 EVA 的含义中也提道：EVA 所考虑的增值，是基于经济利润的基础之上的，其考虑了所有资源的资本成本（机会成本），因此 EVA 既可以为具体的增值经营活动提供有效途径和决策基础，也可以对企业员工甚至高层管理者进行业绩评估。

EVA 是企业管理、业绩评价的一个新名词。但 EVA 概念并不是一个全新的创造，其思想来源于经济学家的剩余收益（residual income）概念，在某种程度上，可以说 EVA 是剩余收益的一个新版本。剩余收益法可以追溯到 1980 年，马歇尔提出了经济利润的概念，认为一家公司要真正地盈利，除了补偿该公司的经营成本外，还必须补偿其资本成本。

1982 年，美国思腾思特公司在吸收了经济利润理念的基础上，对剩余收益指标进行了改造和完善，融入了会计调整的创造性元素，由此创立了 EVA 的概念，并且逐步建立了基于 EVA 的价值管理模式。因此，EVA 与经济利润联系密切，EVA 就像是经济利润的演化或升级版指标。

### （三）EVA 与会计利润

EVA 并没有选择会计利润而是将经济利润作为自己的概念基础，这具有极大的优势。在上述经济利润与会计利润的关系中明显发现两者之间存在十分重要的区别，会计利润仅在权益资本的口径视角下反映企业当期的经营业绩，难以体现投资者投入资本的机会成本与业绩之间的关系，有些企业的会计利润指标大于零，但实际上还不足以弥补权益资本成本，而经济利润考虑到了所有资源的机会成本。因此，基于经济利润而产生的 EVA 与会计利润之间也存在明显的区别。与会计利润相比，EVA 包含了因节约资本带来的收益，减少资金的占用就意味着创造了更多的 EVA。举一个简单的例子，按照原有的会计标准，3 天或 30 天的“存货”时间对利润的影响是没有差别的。但事实上，缩减存货的时间可以提高资本的运营效率，从 EVA 角度看，可以降低资金成本。例如类似银行等金融机构，公司拥有大量的闲置资金，从传统的会计准则角度来看，这些大量的闲置资金形成的负的流动资金需求对会计利润没有任何贡献，但是从 EVA 的视角而言，它增加了企业的效益，因为负的流动资金减少了对现有资金的需求，从而降低了资金使用成本。

在我国，EVA 价值理念的传播较晚，一般常用会计利润指标衡量企业经营绩效能力，因此，会计利润语言的通用程度远高于 EVA。正因为如此，国内企业发展过程中往往会重视会计利润而忽视 EVA 的影响，导致作出错误的决定，比如银广夏事件的发生。EVA 概念的产生也使得利润率指标的重要性逐步降低。在以往的认知中，许多成功的企业都具备高利润率的特点。然而在很多情况下，高利润率并不一定代表企业有着很好的经营业绩。对于这个问题，会计利润无法给出合理的解释，但 EVA 在这方面提供了正确答案。比如，某公司生产的产品需要使用多个生产商的配件，对于该公司而言，是选择自身生产配件还是与其他配件供应商签订合同？显然，专业的供应商在配件的生产力和专业性上更具优势。从会计角度看，对外采购在一定程度上会影响损益表，降低会计利润。但是从 EVA 的视角而言，对外采购相较于自己生产配件降低了其资产负债表中所需要的资金，增加了其经济利润。因此，EVA 通过考虑了损益表中的费用和资产负债表中的资金成本，为管理人员在对外采购和自身生产之间提供了更好的决策建议。

## 第三节　EVA 价值管理的 4M 体系

我国大多数企业虽然对价值管理的概念多少有一些了解，但仍存在一定数量的企业不清楚价值管理在企业内部的作用机理以及如何应用，常常片面地认为只需要财务部门简单计算 EVA 的数值以作为企业的当期业绩。事实上，EVA 绝不仅仅是简单的数学计算，而是一套以 EVA 为分析指标的包含公司战略制定、组织架构和管理流程的完整的战略性管理体系，是一种可以使公司内部各级管理层的管理理念、管理手段、管理行为、管理决策致力于股东价值最大化的创新性价值管理模式。

1988 年，思腾思特公司将 EVA 作为公司业绩衡量方法受到了广泛关注，随后全面的价值管理体系得到了不断的完善和发展，这一体系主要包括四个方面：业绩评价（measurement）、管理体系（management）、激励制度（motivation）和理念体系（mindset），简称“4M 体系”，如图 10 - 1 所示。

EVA 价值管理体系虽然被分为四个方面，但是每个方面均有一个共同目的，即为股东创造最大的价值。在同一目标下，企业通过对业绩评价、管理体系、薪酬激励制度以及理念体系的具体建设，将 EVA 指标引入企业生产、经营、管理、决策的整个过程之中，有利于促进公司整体管理工作的有机统一，同时也提升了公司的可持续发展能力和核心竞争力。

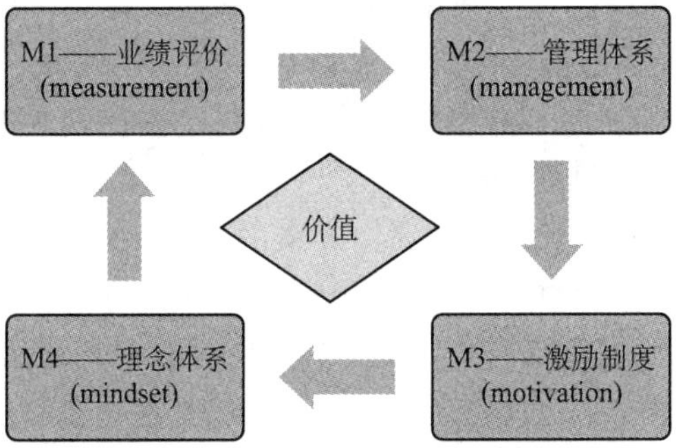


**图 10-1　EVA 价值管理的 4M 体系**

## 一、M1——业绩评价

业绩评价是以 EVA 为核心的企业价值管理体系中非常重要的一部分，EVA 又被证实是保障企业业绩评价工作充分有效的重要工具之一。通过计算 EVA 的相关指标可以准确衡量企业不同时期的业绩水平，以作出合理的评价。由于 EVA 的核心概念是基于经济利润而非会计利润，因此，在计算 EVA 的过程中，需要消除会计准则对企业经营运作的阻碍，企业的利润表和资产负债表的部分内容需要进行一定的调整。以 EVA 作为企业业绩评价的核心指标，有利于企业在战略目标和日常经营工作的制定中贯彻以长期价值创造为中心的原则，致使其与股东的要求相一致。另外，业绩评价结果与激励机制相衔接，可以进一步实现对经营过程和经营结果的正确引导，确保战略目标的实现和经营管理的健康运行。

### （一）以企业的长期价值创造为业绩评价的导向

业绩评价的导向作用不仅是对目标考核而言，而且要与企业的战略规划和业务发展方向紧密结合。在确定了发展战略和业务框架后，需要通过实行各种措施和手段，来保证这一目标顺利地实现。业绩评价就是一个非常重要的手段，重点引导什么，就考核什么；想让企业干什么，评价指标就定什么。以 EVA 为业绩评价体系的核心内容，可以较好地满足股东的以长期价值创造为中心的要求，实现企业的健康发展。EVA 管理体系中科学的会计调整能够鼓励企业的经营者进行可以给企业带来长远利益的投资决策。例如，在计算 EVA 时，将企业为提升其未来业绩、但在当期不产生收益的对在建工程的资本投入，在当期的资本占用中剔除而不计算其资本成本，这对经营者来说更加客观，考核结果更加公平，使他们敢于在短期内加大这方面的投入来换取企业持续的发展，从而为企业和股东持续创造财富。

### （二）评价中要考虑企业的规模、发展阶段、行业特点和行业对标

以 EVA 为核心的业绩评价体系，强调要根据各企业的战略定位、行业特点、

企业规模、发展阶段以及工作计划的具体情况来设计业绩评价方案。

1. 对相同或相近行业的企业，在设计评价方案的时候，评价指标也是相同或相近的，重点工作应放在根据企业各自的战略定位、企业规模、发展阶段和工作计划设定不同的评价指标基准值。

2. 对不同行业的企业，在设计评价方案的时候，除 EVA 之外的其他评价指标，还应尽量选取有代表性的行业指标，以充分体现行业特点。

3. 在确定评价指标基准值时，还必须要与行业公司进行对标。对一些可比性较强的比率评价指标，如 EVA 率（EVA 除以投入资本）、总资产报酬率和净资产收益率，尽量以公司自身数据和行业公司对标数据的高者为评价指标的基准值，从而提出较高要求，促进被评价公司争当行业一流公司，提高核心竞争力水平。

### （三）侧重对经营结果进行评价

战略目标和业务发展的落实集中体现在经营结果上，以 EVA 为核心的业绩评价体系侧重于对经营结果进行考核，可以对企业的经营业绩有正确、客观的判断，发现不足，从而有利于实现对企业发展的正确引导。但是，对于企业的经营管理过程也不能完全忽视，可选用少数传统的财务指标和部分非财务指标包括定性指标（如安全生产等）进行评价，以此作为对结果考核的补充和完善。

## 二、M2——管理体系

EVA 是评价企业所有决策的统一指标，可以作为价值管理体系的基础，用以涵盖所有指导营运、制定战略的政策方针、方法过程，以及作为业绩评价指标。在 EVA 价值管理体系下，管理决策的所有方面全都囊括在内，包括战略规划、资源分配，并购或撤资的估价，以及制定年度计划预算。采用 EVA 作为统一的经营业绩指标，会促进企业形成资本使用纪律，引导其谨慎使用资本，为股东的利益作出正确决策。管理层在对企业进行日常管理时，最关心以下几个主要问题：

（1）公司整体的价值创造情况如何？哪些业务板块或下属公司正在创造价值或毁灭价值？

（2）每个业务板块或公司的历史价值创造情况如何？

（3）是否需要制定新的战略来保持价值创造的持续性？

（4）是否需要修订业务或投资组合策略来重新进行资源调配？

（5）实行新的战略或调整业务或投资组合策略后能够为公司未来增加多少价值？

对以上管理层最关心的问题，可以从完善战略回顾和完善计划预算两个方面加以解决。

## (一) 完善战略回顾

战略回顾的内容包括价值诊断、战略规划管理、分析和调整资源配置和业务组合策略、进行投资决策管理以及设计价值提供策略五个方面。

1. 价值诊断。企业必须通过 EVA 指标对其整体业绩状况和下属各业务板块公司的价值创造情况进行详细分析，这样才能真正知道其价值创造的实际情况，从而建立有针对性的价值管理体系。

通过对公司的各类业务、各下属公司、不同产品、不同客户、价值链上不同环节、公司各部门等进行的价值衡量，明晰公司内部价值创造的真实状况。同时，除了了解公司内部价值创造情况，也需要知道公司在整个行业中的价值创造情况，进行行业分析，旨在通过与国内外同行业进行的对比和基准分析，了解公司价值创造的优势和劣势所在，为制定正确的价值战略提供信息。

2. 基于价值的战略规划管理。通常公司的战略规划往往与业务计划脱节，经营计划又往往与公司的预算脱节。但实施价值管理的公司的企业战略、战略规划和经营计划、预算是密不可分的整体，同时又需要通过平衡计分卡促使形成战略与实施相匹配的管理机制。为了最大化股东价值，战略规划过程本身必须以价值为导向。战略规划的目标是设计、选择和实施价值最大化战略。

(1) 以实现长期价值创造作为战略规划的设计、选择和实施的基础；

(2) 对拟订的各种战略规划方案，按照价值最大化原则进行分析和相应改进；

(3) 对改进的战略规划方案，以企业内部管理层预期目标和股东及市场期望目标为标准进行衡量和评估；

(4) 在企业内部各主要部门和管理层讨论和评估的基础上，选择最终能反映价值最大化原则的战略规划加以实施；

(5) 按照最终战略规划将战略目标合理分解为年度目标，并在企业内部制定资源调配计划和详细的业务计划预算。

3. 分析和调整资源配置和业务组合策略。基于年度战略规划目标和业务计划，以价值为基础进行资源配置。通过不同的业务组合决策分析，制定出合理分配资源的计划，将资源集中配置在能创造更多价值的业务单元中。

4. 投资决策管理。在投资、并购、扩张决策上，价值管理机制成为遵守资本纪律避免盲目扩张的行为规范。价值管理以是否创造价值作为任何决策的标准，投资和并购行为同样如此。以价值为基础的投资管理可以帮助公司提高投资决策的质量，使投资成为价值增长的重要驱动力。科学、严谨的价值评估和风险分析帮助发掘价值增值的机会并提供投资并购的决策基础。完善的投资管理流程能够确保投资并购过程的有效性。科学的投资行为的决策机制和以 EVA 为基础的业绩衡量体系可以保证投资并购行为真正实现价值增值。企业应明确长期的投资方向，并在企业的投资、并购、扩张决策上，应充分运用价值管理机制，从而使企业制定并遵守严格的资本纪律，避免盲目扩张。

国内众多的公司在投资决策分析中普遍重视对投资项目的可行性评估，但是存在的主要问题是投资评估普遍采用的是静态的定点现金流贴现分析，缺乏对项目的风险进行量化分析，同时对项目投资后的后评估及项目运行绩效跟踪缺乏重视及配套的机制。

5. 设计价值提升策略。企业需要对其现有资产和未来投资设计不同的 EVA 提升策略。

（1）提升现有资产使用效率，改善业绩。EVA 具有“记忆”的功能，它能不断提醒企业管理层对企业现有资产的管理，提高现有业务的利润率或资本的使用效率，改善业绩。企业可以通过采取减少存货、降低应收账款周转天数、提高产品质量、丰富产品种类、增加高盈利产品的产量、寻找价格更合理的原材料供应商或改变销售策略等手段来提升现有资产的使用效率，进一步提升现有资产的收益率，使其高于资本成本率。

（2）处置不良资产，减少不良资产对资本的占用。对不符合企业战略规划及长远来看回报率低于资本成本率的业务，则应采取缩减生产线、业务外包或行业退出的手段来处置，从而减少对资本的占用。

（3）投资于回报率高于资本成本率的项目，提高总体资产的价值创造能力。对现有创造价值的业务，企业可以继续加大投资以扩大业务规模；此外，企业也应对外寻找回报率高于资本成本率的新项目，从而提高总体资产的价值创造能力。

（4）优化财务和资本结构，降低资本成本率。通过对财务杠杆的有效使用，扩大融资的途径，从而降低付息债务的利息率，并最终实现资本成本率的降低，提高 EVA 回报率。

### （二）完善计划预算

1. 完善计划预算编制流程。国内企业编制的业务和财务计划预算通常与其基于价值的战略规划和年度化的战略目标相脱钩，并且业务和财务计划预算目标没有与价值衡量紧密联系，导致一方面在提高收入、利润等指标而另一方面却在毁损企业的价值。此外，有的企业虽然对其战略规划也实行战略回顾程序，但其内容仍然较空泛，尚未能做到将战略规划合理分解为年度战略目标并在此基础上制定详细的年度经营计划，从而使业务和财务预算缺乏对价值创造目标的支持。

2. 完善预算分析和经营监控体系。为了实现管理层对计划预算的执行和经营的实时监控，企业还应从财务、运营和行业与竞争三个方面着手，完善其业绩分析和经营监控体系。

（1）在财务方面。需要对企业的财务状况用 EVA 进行分析，看其直接影响 EVA 的几个方面，如资本回报率、税后净营业利润和资本周转率等的表现如何，找出企业需要加强的薄弱环节。

（2）在运营方面。需要从企业运营的角度将价值驱动要素进行分解分析，如将税后净营业利润分解为投资收益、其他业务收入、销售毛利率、经营费用率和管理费用率等指标，将资本周转率分解为净营运资产周转率和固定资产周转率，进行分析，掌握影响企业价值变动的主要原因。

（3）在企业所处的行业情况与竞争对手竞争能力方面。需要对所处行业的国际、国内竞争对手的相应指标进行对比分析，查找企业业绩变动原因，分析产品、渠道和客户价值贡献等情况，从而综合分析及预测企业未来的价值变动情况。分析企业的竞争能力，需要结合企业战略规划和计划预算，并对企业过去3~5年的EVA历史结果、当年EVA结果和未来3~5年的EVA预测结果进行趋势分析，从而确定企业的竞争能力。

3. 发现最敏感的关键价值驱动要素。企业的关键价值驱动要素在企业不同的下属公司不是完全一样的，企业需要根据不同下属公司所处的行业以及其业务和资本规模等，找到与之相应的最敏感的关键价值驱动要素来提升EVA，从而始终做到有效地提升企业价值，实现企业价值的长期健康增长，最终达到企业战略规划的要求。

## 三、M3——激励制度

与以EVA为核心的业绩考核体系相挂钩的激励制度，可以有效地将管理层和员工获得的激励报酬与他们为股东所创造的财富紧密相连；避免传统激励制度下所出现的只关注短期目标的行为，在业绩好时奖励有限、业绩差时惩罚不足的弊端，实现以激励长期价值创造为核心的激励制度，既体现了经营者价值，又保障了股东利益，实现一种股东、经营者双赢的激励机制。

一个有效的激励机制能支持企业战略的实施，实现企业发展的目标，创造有特色的绩效文化，正确引导企业管理层和员工的行为，并能合理地协调管理层和股东之间的利益，平衡成本的付出和减少人才流失的风险。

### （一）EVA激励制度概述

EVA薪酬方案由四个部分组成：基本工资、年度奖金、中长期奖金和股票期权，其比例以及与EVA的关系可以简单图示如下（见图10-2）。

其中固定部分的工资反映了人才市场的竞争性薪酬水平，应与在该员工所适用的劳动力市场上具有类似教育背景、技能、经验、从事类似职业的人群的平均薪资水平相当；年度奖金和中长期奖金共同组成EVA资金激励体系的目标资金部分，这两部分薪酬直接与EVA的表现相关。

### （二）EVA激励制度的特点

1. 使管理层的利益与出资者的利益一致。管理层收入直接与股东盈利挂钩，引导管理层能够像股东那样思考和做事，并且在为股东创造价值的同时增加自己的回报。

2. 激励制度的基础不是EVA的绝对值，而是EVA的改善值。当前EVA为

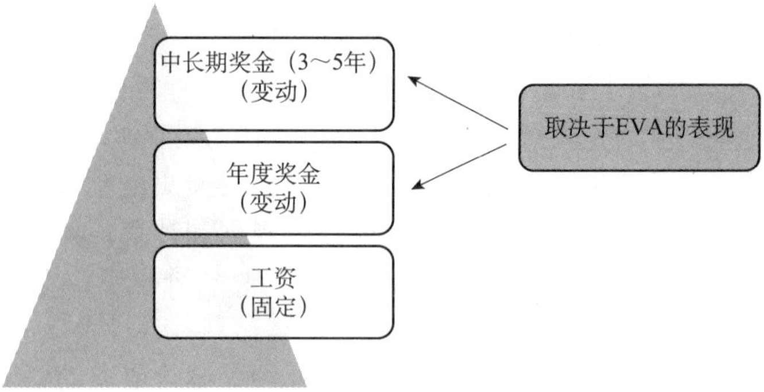


**图 10－2 EVA 薪酬方案**

负的企业如果能减少负值，与提高正值一样能有效提高业绩、创造价值，这使所有的管理层站在了同一起跑线上，有利于吸引有才能的管理层和员工进行问题企业的转型和重组。

3. 激励制度建立在对整体业绩综合评估的基础上。许多企业在奖金计划中考虑采用许多衡量标准，而这些标准可能本身就是矛盾的，而且重点不突出，导致管理层无所适从，不知道究竟应该提高哪一个指标。而 EVA 指标结束了多指标引起的混乱，为实施激励提供了坚实的基础。

4. 奖金激励没有上下限设置。经营者为股东创造了额外价值就可以得到相应的奖励，有利于鼓励管理层为提高个人财富而努力提升公司业绩。

5. 关注长期业绩改善与人才留用。EVA 激励制度的另一个特点是“奖金库”的设置。

奖金库中留置了部分超额 EVA 奖金：只有 EVA 在未来数年内维持原有增长水平，这些奖金才发放给经营者。奖金库的设置使管理层要考虑已实现的但仍保存在奖金库的超额奖金被取消的风险，从而鼓励管理层作出有利于企业长期发展的决策，避免短期行为，实现价值创造的持续增长。同时，奖金库的设置可以使付出的奖金在市场发生周期性变化的情况下保持一定的稳定性，也有利于留住人才。

## 四、M4——理念体系

实施以 EVA 为核心的价值管理体系，有利于促进公司治理机制的完善，是企业管理文化的一种变化。当 EVA 管理体制在企业全面贯彻实施后，EVA 所带来的财务管理制度和激励报偿制度将使企业的文化发生深远的变化。采用 EVA 业绩评价体系，使企业所有营运部门都能从同一基点出发，大家会有一个共同的目标，为提升公司的 EVA 而努力，决策部门和营运部门会积极建立联系，部门之间不信任和不配合的现象会减少，企业管理层和普通员工都会从股东的利益出发来制定和执行经营决策。通过实施 EVA 价值管理体制，以价值创造为使命，把 EVA 作为业绩考核指标，实施 EVA 激励体制，在股东、管理层和员工之间有效形成价值创造的机制，而这正是公司治理机制的核心。

公司治理指的是明确企业存在的根本目的，设定企业经营者和所有者（即股东）之间的关系，规范董事会的构成、功能、职责和工作程序，并加强股东及董事会对管理层的监督、考核和奖励机制。从本质上讲，公司治理之所以重要是因为它直接影响到投资者（包括国家和个人）是否愿意把自己的钱交到管理者手中，它是企业筹集资金过程中的一个至关重要的因素。建立良好的公司治理结构包括以下三个方面。

1. 建立多元化、独立、有实权的董事会。建立多元化、独立、有实权的董事会包括明确董事会在企业的职责和责任，建立健全董事会的相关规章制度和日常工作流程，如董事会成员的组成、主要的董事会成员资格、董事会召开的频率、董事会召开的议程和相关流程等。强有力的董事会会扮演四种重要角色：监督公司的业务和控制机制的完善性，监管公司的风险状况，确保管理团队专业化，最大限度地保证股东利益。每种不同的角色下，董事会都承担着不同的职责，包括评估公司的战略和业绩，处理现存的和潜在的利益冲突，选拔、监控、评估、酬劳并确保管理层的换届继任，保证公司财务报表的可靠性，监管财务状况的披露和公司与投资者的沟通情况等。强大的董事会是良好的公司治理的基础，建立健全董事会的相关规章制度和日常工作流程，有利于董事会充分发挥以上作用，真正起到保护股东权益的作用。

2. 组织成立管理能力强、工作积极性高的企业管理层。组织成立管理能力强、工作积极性高的企业管理层包括明确管理层的任务和职责，建立以 EVA 为核心的管理层业绩衡量标准和考核目标以及建立 EVA 业绩评估和激励方案体系。

以 EVA 为核心的管理层业绩评价考核体系及激励制度，能够有效地激励管理者的行为，使其专注于价值的创造。将管理层的任务和职责明确，并将其与公司的考核和激励制度相结合，能够最大限度地发挥管理层的积极性。EVA 应成为联系、沟通管理各方面要素的杠杆，它是企业各营运活动，包括内部管理报告，决策规划，与投资者、董事沟通的核心。只有这样，管理者才有可能通过应用 EVA 获得回报，激励计划才能以简单有效的方式改变员工行为。

3. 建立投资者关系管理机制。无论对于上市公司还是非上市公司，维护与加强投资者对公司的信心以及股权的增值都非常重要。在投资者关系管理上，公司管理层与投资者的期望往往存在一定的差距，主要是由于公司信息披露的不充分、公司与投资者沟通的不充分造成的。这种信息的不对称性，对达成投资者对管理层业绩的认同、稳定投资者信心及上市公司的股票价格均有不利影响。

投资者关系管理从详细分析投资者的心理和需求的角度出发，理解投资者的各种类别和战略要求以及他们对公司优劣势的认识，从而探求他们对公司未来发展的信息需求。通过建立投资者与公司之间高效的沟通渠道，针对不同类别的投资者，提供不同的公司信息，包括重设长期预期值和对竞争者的预期业绩改变的战略变化等，并保证信息的充分与透明。注重向投资者传递或者解释公司的短期业绩，并对不良经营信息的透明度进行有效管理。

具体来说，投资者管理机制对公司提出了一定的要求：公司需要制定比分析员的价值模型更详细、更具体、更真实的公司财务模型，以协助公司管理层更好地把握公司目前业绩及对未来业绩的预测，并且能够快速分析某些参数的影响可能对业绩预期变动的影响。另外，公司还应制定关于价值分析、变动管理方面的报告，作为沟通、信息披露的补充内容。公司还应树立建立资本纪律的良好形象，除了披露定量业绩指标外，还应提出具体建议并披露相关的定性内容，指引投资者调整对公司未来的预期。以 EVA 为基础的公司治理体系能够保证企业管理层和投资者的利益得到统一，确保企业员工正确理解公司的短期和长期目标、业绩衡量标准、战略和资源配置的重点以及战略和薪酬之间的联系等。

# 第四节　EVA 的计算与评价

## 一、EVA 的计算

### （一）EVA 的计算公式

EVA 被定义为公司的税后净营业利润（net operating profit after tax，NOPAT）与该公司加权平均资本成本（capital charge，CC）间的差额，计算公式为：

EVA = 税后净营业利润 - 资本成本

= 税后净营业利润 - 资本占用总额 × 加权平均资本成本率

由公式可知，EVA 的计算结果取决于三个基本变量：税后净营业利润、资本占用总额以及加权平均资本成本率。税后净营业利润反映的是公司的运营盈利情况，资本占用总额是一家公司持续投入的各种资本如债务资本、股权资本等，加权平均资本成本率衡量的是公司各种资本如权益成本、债务成本等的平均成本。其中，税后净营业利润和资本占用总额的计算来源于企业财务报表。

1. 税后营业利润是根据资产负债表进行调整得到的，其中包括利息和其他与资金有关的偿付，而利息支付转化为收益后，也是要“扣税”的。这与会计报表中的净利润是不同的。

2. 资本投入额为企业所有筹措资金的总额，但不包括短期免息负债，如应付账款、应付工资、应付税款等，即资本投入额等于股东投入的股本总额、所有的计息负债（包括长期负债和短期负债）以及其他长期负债总和。

3. 资本成本等于公司资本结构中资本各个组成部分的以市场价值为权重的加权平均成本。资本构成通常包括短期负债、长期负债以及股东权益等。即：

加权资本成本率 = 股东资本比例 × 股权资本成本率 + 债权资本比例 × 债权资本成本率 ×（1 - 所得税税率）

EVA 是指在扣除资本成本（包括债务成本和股本成本）之后剩余的利润，

它是所有资本成本被扣除后的剩余收入。EVA 的定义表明，只有当公司利润高于其加权平均的资本成本时，公司价值才大于投资成本。如果计算得出的 EVA > 0，则表明经营者在为企业创造新的价值；如果 EVA < 0，则表明经营者在毁损企业的价值；如果 EVA = 0，则表明经营者既没有为企业创造新价值，也没有减少企业价值。站在股东的角度，一家公司只有在其资本收益超过为获取该收益所投入资本的全部成本时才能为股东带来价值，这就是 EVA 体系的核心思想（见图 10 - 3）。

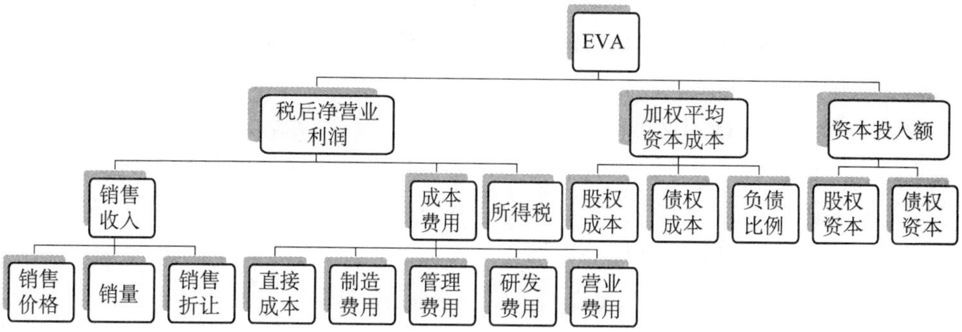


**图 10 - 3　EVA 的构成项目**

从上述 EVA 的计算公式不难发现，提升 EVA、增加价值的途径至少有以下方面。

1. 在现行投资成本的水平上增加回报。

2. 通过提高资金使用效率，加快资金周转速度，把沉淀的资金从现存营运活动中解放出来。

3. 增加利润，只要一项投资的预期收益率大于资本成本率，价值就会增加。

4. 从那些毁坏价值的项目中撤出资金以减少投资成本，当减少的投资成本大于减少的回报时，EVA 就会增加。

5. 投资于那些长期来看能够使净资产收益率高于资本成本率的项目。

6. 如果可能，尽量多地修理资产而不是更新资产，在保证现有资产可被修复，并且不影响企业正常的生产经营和技术水平的前提下节约资本。

7. 增加杠杆功能，重视内部融资的资本成本。

## （二）会计调整

1. 调整原因。EVA 的概念来源于经济利润而非会计利润。首先，在传统的会计准则下，衡量企业经营业绩的指标是会计利润，它是站在债权人的视角，更关心是否有充足的资金来弥补企业濒临破产时债权人遭受的损失。EVA 则是站在企业管理者的角度，期望股东价值最大化，不仅能引导投资者科学合理地进行投资，还能准确衡量企业内部管理者对企业所作出的价值贡献，因此，若以传统指标进行计算误差不可避免。其次，会计利润容易受到人为操纵，比如改变折旧摊销方法等，使得指标结果不可信。经营者往往会受到短期利润指标的压力而盲目追求利润造成股东利益的损失，这种短视的行为将不利于企业的长期发展和价值提升。最后，企业财务报表中所反映的数字内容并不全面，并且出于谨慎性以及重要性原则，部分会计数据存在不合理的现象，导致不能真实反映企业的价值状况。因此，为了尽量剔除会计失真的影响，在 EVA 计算过程中（主要涉及税后净营业利润和资本占用总额）需要对部分会计科目进行调整，使调整后的数据更接近现金流，促使企业经营者和股东形成一个利润共同体，真实反映企业的真实业绩和价值。

2. 调整科目。为了使评估结果更加准确，思腾思特咨询公司曾提出包括税费、坏账计提、通货膨胀等在内的多达 164 项指标调整。但是，出于可操作性的考虑，结合目标公司的具体情况，在实际应用 EVA 时，通常只需要调整修正 5 ~ 10 项会计科目就能达到良好的精确度。会计调整项目的选择应遵循价值导向性、重要性、可控性、可操作性与行业可比性等原则，根据企业实际情况确定。一般来说需要遵循以下三个要点：一是能够直接对会计利润产生影响；二是易于理解和接受；三是所需要的数据能够获取。常见需要调整的项目如表 10 - 1 所示。

**表 10 - 1　EVA 计算时主要的调整项目**

| | 项目 | 调整方法 | 调整原因 |
|---|---|---|---|
| EVA 计算时主要的调整项目 | 研发费用、大型广告费等一次性支出但收益期较长的费用 | 予以资本化处理，不计入当期费用 | 长效支出，不予资本化会低估企业资本 |
| | 本期计提的八项准备 | 计提的各项准备加回 | 防止“秘密储备” |
| | 递延税项 | 借项抵减经营利润，贷项加回经营利润 | 使支出的税金与该年度公司实际欠税相近 |
| | 营业外收支 | 支出加回净利润，收入冲减净利润 | 意外和偶然产生的非经营性收支 |
| | 商誉 | 不摊销，并恢复已有的摊销额 | 商誉是企业的永久性资产，能为企业带来收益 |
| | 反映付息债务成本的利息支出 | 不作为期间费用扣除，计算税后净营业利润时扣除所得税影响后予以加回 | 避免债务资本成本的重复计算 |
| | 通货膨胀 | 按物价水平调整 | 剔除通货膨胀因素 |

### （三）加权平均资本成本

加权平均资本成本是债务资本成本和股权资本成本的加权平均，反映了投资者所要求的必要报酬率。加权平均资本成本的计算公式如下：

$$\text{Kwacc} = \text{Kd}\,\frac{\text{DC}}{\text{TC}}(1-\text{T}) + \text{Ks}\,\frac{\text{EC}}{\text{TC}}$$

其中，TC 为资本占用；EC 为股权资本；DC 为债务资本；T 为所得税税率；Kwacc 为加权平均资本成本；Kd 为债务资本成本；Ks 为股权资本成本。债务资本成本是企业实际支付给债权人的税前利率，反映的是企业在资本市场中债务融资的成本率。如果企业存在不同利率的融资来源，债务资本成本应使用加权平均值。

股权资本成本是在不同风险下，所有者对投资者要求的最低回报率。通常根据资本资产定价模型确定，计算公式为：

$$Ks = Rf + \beta(Rm - Rf)$$

其中，Rf 为无风险收益率；Rm 为市场预期回报率；Rm－Rf 为市场风险溢价；β 为企业股票相对于整个市场的风险指数。上市企业的 β 值，可采用回归分析法或单独使用最小二乘法等方法测算确定，也可以直接采用证券机构等提供或发布的 β 值；非上市企业的 β 值，可采用类比法，参考同类上市企业的 β 值确定。

企业的加权平均资本成本确定后，应结合行业情况、不同所属单位（部门）的特点，通过计算（能单独计算的）或指定（不能单独计算的）的方式确定所属单位（部门）的资本成本。通常情况下，企业对所属单位（部门）所投入资本即股权资本的成本率是相同的，为简化资本成本的计算，所属单位（部门）的加权平均资本成本一般与企业保持一致。

## 二、EVA 的评价

相较于传统财务指标业绩评价体系而言，EVA 价值管理体系存在着一定的优势，不仅能够精确评估企业经营者为投资人创造财富的能力，也能够使得公司业绩评价工作与总体战略目标保持统一。因此，EVA 具有如下优点。

1. EVA 可以有效保证企业业绩考评结果的准确性。相比传统财务指标而言，EVA 增加了对权益资本成本的考虑，以此来评价企业的经营业绩，能够合理地分析企业股东投入资金的回报情况，更能有效地反映企业为股东创造价值的能力。我们可以发现，用 EVA 指标开展企业的绩效考核工作，有利于促进管理层及员工利益与股东利益的有机统一，从根本上解决所有者与管理层之间的委托代理问题。

2. EVA 可以在一定程度上避免企业的短视行为。EVA 指标在计算时对部分会计项目进行了合理调整，如剔除了企业长期费用（产品研发费、广告费等）对损益的影响，计算出的指标数值与企业的长远目标以及战略目标相适应。因此，EVA 应用于企业价值管理中能有效规避经营者作出损害企业利益的短视行为，同时也有利于企业的长远发展和价值提升。

3. EVA 有利于企业内部财务管理与薪酬激励框架体系的有机统一。EVA 价值管理体系中的激励制度可以完善企业的薪酬激励制度，优化企业的资本结构。以 EVA 为依据的管理工作的开展，可以使企业内部财务管理简单化，由于 EVA 是调整后的财务指标，这保证了评价数据的易获得性，使得企业经营管理工作变得更加统一。更重要的是，公司管理体系与薪酬激励制度的高度匹配使得公司的内控体系得到进一步完善，企业各部门员工协同合作，在保持高工作效率的同时也促进了业绩水平的不断提升。

EVA作为具有广泛影响力的业绩评价指标，虽然具备众多传统财务指标所不具备的优势，但是也存在一定的局限性。

1. EVA不利于不同规模企业间的横向比较。EVA只是一个绝对数量指标，并非比率类指标，不利于不同规模企业之间经营业绩的横向比较。一般来说，基于较大的经营规模，大型企业往往能够创造出更多的EVA。因此，单独采用EVA指标核算公司业绩可能无法在这类公司之间作出直观的业绩比对。

2. EVA的调整指标较多，计算过程复杂。EVA的调整项高达160多项，旨在通过指标调整消除传统利润指标在衡量企业业绩时存在的弊端。如此多的调整项为EVA指标的计算和应用增添了难度。EVA引入中国后，虽然国资委对EVA的调整工作作了简化处理，但依旧要求企业中具备较高技术水平的工作人员才能妥善处理EVA指标业绩考核工作。这样无形中增加了企业的工作成本，同时也对EVA的准确性产生了不利影响。

3. EVA是历史性的而非前瞻性的。EVA无法衡量一家公司在行业创造财富中的相对地位。也就是说，它无法提供公司在行业中新增财富的份额。公司可能有着相对健康的EVA，但和竞争对手相比却在丧失财富份额。另外，EVA对经营业绩的评价是一种事后的报告，只是客观地反映了事实，其本身并未告诉我们一项产品或者服务不能带来增值的原因以及如何对其进行处理。

4. EVA指标容易忽视非财务因素。企业业绩评价的非财务指标主要包括客户满意度、产品质量、品牌知名度、市场占有率、管理创新力、技术创新力以及员工满意度等，这些能力均是保证企业业绩得到全面评价的关键因素。但是EVA指标是通过企业年报中的数据计算得出的，属于企业业绩的财务反映，计算时容易缺乏对非财务数据的综合考虑。因此，只有综合考量企业财务与非财务指标，才能对企业的经营业绩作出充分全面的评估。

## 第五节　EVA的案例应用

### 一、案例背景

A电器股份有限公司（以下简称A股份公司）成立于1998年，2007年3月，C股份公司在上海证券交易所A股上市，其股价于2007年5月曾一度高达66.18元/股，是当时沪市A股的龙头企业。然而，2009年A股份公司的业绩猛然下跌，净利润从2008年的17.43亿元降为5.25亿元，销售净利率从17.27%降为5.2%，并且此后年度持续走低，净资产收益率甚至低于国债收益率。A股份公司的净资产收益率持续低于国债利率，意味着A股份公司的股东承担着比国债更高的风险，却没有得到更高的回报。尽管A股份公司除2014年外的其他所有年度均赚取了正的会计利润，但“净利润”只是企业的收入扣除生产成本、费用及债务资本成本（利息费用）等项目后的业绩指标，并没有考虑到企业使用股东投入资本的成本。资本的报酬率应该高于资本的成本率，这时股东投入资本所获得的收益才能弥补这些资本相应的机会成本，股东的价值才会真正实现增值。EVA 正是这样一个衡量股东价值增值的业绩评价指标。那么，一直盈利的 A 股份公司近年来是否创造出了新的企业价值呢？要回答这个问题，需要对 A 股份公司的 EVA 进行计算和分析。

## 二、A 股份公司 EVA 的计算

依据 EVA 的计算公式、计算步骤以及对相关项目的调整，A 股份公司 EVA 的计算过程如下。

1. 计算资本占用（C）。根据 A 股份公司历年年报，结合具体调整项目及计算方法如下：

（1）有息债权资本投入额，等于资产负债表中短期借款、一年内到期的长期借款、长期借款及应付债券的合计。

（2）应予以资本化的费用项目，包括年报中披露的研发费用和市场拓展费用。

（3）资产负债表外的投入实际生产经营的资产。2010 ~ 2016 年，A 股份公司均没有经营租赁租入的资产，2017 年发生租赁费 3 475 000 元。

（4）递延税款贷方余额，等于资产负债表中披露的递延税款贷项。

（5）提取的各项准备金，等于年报中资产减值准备明细表中的各项数据。

（6）当期未投入实际生产经营的资产，综合年报中的信息，包括短期投资、应收补贴款及在建工程三项。

计算过程如表 10 - 2 所示。

**表 10 - 2　　A 股份公司 2010 ~ 2017 年资本占用计算（C）　　单位：百万元**

| 项目 | | 2010 年 | 2011 年 | 2012 年 | 2013 年 | 2014 年 | 2015 年 | 2016 年 | 2017 年 |
|---|---|---|---|---|---|---|---|---|---|
| 股权资本 | | 13 070.42 | 12 993.53 | 12 859.87 | 13 057.77 | 11 329.04 | 9 657.85 | 9 432.73 | 9 124.60 |
| 有息债券资本 | 短期借款 | 261.49 | 185.00 | 853.28 | 2 163.79 | 2 688.24 | 1 987.69 | 1 858.79 | 2 354.46 |
| | 长期借款 | 6.00 | 3.00 | | 35.00 | 70.00 | 35.00 | | 85.00 |
| | 一年内到期的长期借款 | 20.00 | 5.00 | | | | 35.00 | 35.00 | |
| | 应付债券 | | | | | | | | |
| 资本化费用 | 研发费用 | | | | | | 87.63 | 88.65 | 91.81 |
| | 市场拓展费用 | | 73.56 | 80.77 | 92.35 | 52.37 | 127.30 | 574.75 | 24.92 |
| 经营租赁 | | | | | | | | | 3.48 |

续表

| 项目 | | 2010 年 | 2011 年 | 2012 年 | 2013 年 | 2014 年 | 2015 年 | 2016 年 | 2017 年 |
|---|---|---|---|---|---|---|---|---|---|
| 递延税款贷方余额 | | 10.41 | 9.18 | 7.27 | 5.48 | 4.49 | 3.51 | 2.52 | 3.70 |
| 各项准备金 | 坏账准备 | 1.90 | 5.93 | 11.56 | 58.73 | 58.70 | 20.34 | 31.84 | 108.17 |
| | 短期投资跌价准备 | | 11.02 | 11.02 | 17.96 | 55.60 | 104.33 | 78.05 | 11.38 |
| | 存货跌价准备 | 210.71 | 261.89 | 275.11 | 296.64 | 315.85 | 300.60 | 283.02 | 265.77 |
| | 长期投资减值准备 | 7.82 | 7.87 | 7.87 | 3.91 | | | | 6.44 |
| | 固定资产减值准备 | | 206.97 | 413.56 | 413.20 | 406.28 | 390.18 | 275.18 | 135.87 |
| 未投入实际生产 | 在建工程 | 474.18 | 399.92 | 325.54 | 320.69 | 297.40 | 167.01 | 61.57 | 16.90 |
| | 短期投资 | 567.60 | 1 104.57 | 1 105.16 | 1 048.09 | 666.40 | 291.69 | 174.76 | 119.39 |
| | 应收补贴款项 | | | 9.35 | 200.58 | 219.61 | 69.90 | 69.90 | 28.39 |
| CE | | 12 546.97 | 12 258.45 | 13 080.26 | 14 575.46 | 13 797.16 | 12 220.83 | 12 354.30 | 12 050.89 |

2. 计算税后净经营利润（NOPAT）。根据税后净经营利润的计算公式，结合A股份公司历年年报，具体调整项目及计算方法如下：

（1）将净利润调整为息税前利润，计算 EVA 概念下的营业所得税，以调整债务利息和所得税对 NOPAT 的影响。

（2）非正常经营损益，此处使用的数据直接取自年报中扣除非经常性损益项目和金额表，该表主要包括短期投资收益、各种形式的政府补贴等内容，与非正常经营损益调整项基本一致。

（3）调整为资本占用的原各项费用，根据资本占用中资本化费用项目的调整，该项包括历年研发费用支出和市场拓展费用及 2017 年发生的租赁费；按照我国专利法的规定，发明专利的保护期限为 20 年，实用新型与外观设计的保护期限为 10 年，因此，此处设定研发费用按 15 年摊销；由于家电行业产品更新较快，设定市场拓展费按 5 年摊销。

（4）每年提取的各项准备金，等于年报中资产减值准备明细表中各项数据，期末数减去期初数。

（5）递延税款贷方增加额，等于资产负债表中披露的递延税款贷项，期末数减去期初数。

计算过程如 10－3 所示。

**表 10－3　　A 股份公司 2010～2017 年税后净经营利润（NOPAT）计算**

单位：百万元

| 项目 | 2010 年 | 2011 年 | 2012 年 | 2013 年 | 2014 年 | 2015 年 | 2016 年 | 2017 年 |
|---|---|---|---|---|---|---|---|---|
| 净利润 | 285.92 | 83.27 | 158.68 | 218.70 | －3 684.67 | 275.54 | 299.97 | 224.34 |
| 所得税 | 68.07 | 21.68 | 30.79 | 59.48 | 13.34 | | | 39.59 |

续表

| 项目 | 2010 年 | 2011 年 | 2012 年 | 2013 年 | 2014 年 | 2015 年 | 2016 年 | 2017 年 |
|---|---|---|---|---|---|---|---|---|
| 利息费用 | 15.14 | 26.30 | 26.25 | 42.82 | 97.49 | 106.31 | 130.05 | 122.52 |
| EBIT | 369.13 | 131.25 | 215.73 | 321.00 | -3 573.84 | 381.85 | 430.03 | 386.45 |
| 所得税税率 | 15% | 15% | 15% | 15% | 15% | 15% | 15% | 15% |
| 息前税后利润 | 313.76 | 111.56 | 183.37 | 272.86 | -3 037.76 | 324.58 | 365.52 | 328.48 |
| 非正常经营损益 | 79.79 | 146.60 | 73.84 | 121.52 | 51.53 | 140.82 | 256.56 | 80.53 |
| 广告费用 | | 73.56 | 80.77 | 92.35 | 154.03 | 467.91 | 574.75 | 28.39 |
| 研发费用 | | | | | | 87.63 | 88.65 | 91.81 |
| 资本化费用摊销 | | 14.71 | 30.87 | 49.33 | 80.14 | 179.57 | 285.72 | 281.36 |
| 各项准备金余额增加额 | 82.07 | 464.40 | -13.49 | 156.12 | -64.12 | 22.15 | -316.86 | 35.92 |
| 递延税款贷方余额增加 | -1.22 | -1.22 | -2.60 | -1.00 | -1.00 | -0.99 | -0.99 | 3.33 |
| NOPAT | 314.82 | 486.98 | 143.35 | 349.48 | -3 080.50 | 580.90 | 168.81 | 126.05 |

3. 计算加权平均资本成本（WACC）。加权平均资本成本是指考虑企业用各种融资方式取得的单项资本成本（债务资本成本、权益资本成本），以各单项资本占总资本的比例为权重，计算出的反映企业综合资本成本的指标。平均加权成本计算公式如下：

$$K_{WACC} = \frac{D}{V} \times Kd(1-T) + \frac{P}{V} \times Kp\frac{E}{V} \times Ke$$

其中，Kd、Kp、Ke 分别为（有息）债务资本成本、优先股资本成本、普通股权益资本成本；D、P、E 分别为债务资本、优先股、普通股权益资本；V 为企业资本总额。

由资本资产定价模型（CAPM）计算得出普通股权益资本成本：

$$Ke = Kf + \beta \times (Km - Kf)$$

其中，Kf 为无风险利率；Km 为市场证券组合的期望收益率；β 为股票的系统风险。

计算过程如表 10-4 所示。

**表 10-4　A 股份公司 2010～2017 年加权平均资本成本（WACC）计算**

单位：百万元

| 项目 | 2010 年 | 2011 年 | 2012 年 | 2013 年 | 2014 年 | 2015 年 | 2016 年 | 2017 年 |
|---|---|---|---|---|---|---|---|---|
| 短期借款 | 285.00 | 85.00 | 1 621.55 | 2 706.02 | 2 670.50 | 1 304.93 | 2 412.66 | 2 296.25 |
| 长期负债 | 16.00 | 0 | 0 | 70.00 | 70.00 | 70.00 | 0 | 170.00 |
| 股东投入资本 | 13 215.56 | 12 771.50 | 12 948.24 | 13 167.28 | 9 490.79 | 9 824.91 | 9 040.54 | 9 208.65 |
| 全部资本 | 13 516.66 | 12 856.50 | 14 569.80 | 15 943.30 | 12 231.25 | 11 199.84 | 11 453.20 | 11 674.90 |
| 短期负债比重 | 2.11% | 0.66% | 11.13% | 16.97% | 21.83% | 11.65% | 21.07% | 19.67% |

续表

| 项目 | 2010 年 | 2011 年 | 2012 年 | 2013 年 | 2014 年 | 2015 年 | 2016 年 | 2017 年 |
|---|---|---|---|---|---|---|---|---|
| 长期负债比重 | 0.12% | 0.00% | 0.00% | 0.44% | 0.57% | 0.63% | 0.00% | 1.46% |
| 权益比重 | 97.77% | 99.34% | 88.87% | 82.59% | 77.59% | 87.72% | 78.93% | 78.88% |
| 短期债务资本成本 | 5.85% | 5.85% | 5.31% | 5.31% | 5.58% | 5.58% | 6.00% | 6.48% |
| 长期债务资本成本 | 6.03% | 6.03% | 5.49% | 5.49% | 5.49% | 5.49% | 6.17% | 6.84% |
| 无风险报酬率 | 2.25% | 2.25% | 1.98% | 1.98% | 2.25% | 2.25% | 2.52% | 3.47% |
| 风险溢价 | 4.40% | 4.40% | 4.40% | 4.40% | 4.40% | 4.40% | 4.40% | 4.40% |
| β 系数 | 0.83 | 1.07 | 0.96 | 1.18 | 0.99 | 0.94 | 0.92 | 1.18 |
| 权益资本成本 | 5.92% | 6.96% | 6.19% | 7.15% | 6.59% | 6.38% | 6.59% | 8.66% |
| WACC | 5.90% | 6.95% | 6.00% | 6.69% | 6.18% | 6.18% | 6.27% | 8.00% |

4. 计算 EVA。根据 EVA 的计算公式，A 股份公司 2010 ~ 2017 年的 EVA 计算过程如表 10 - 5 所示。

**表 10 - 5　　A 股份公司 2010 ~ 2017 年的 EVA 计算**　　单位：百万元

| 项目 | 2010 年 | 2011 年 | 2012 年 | 2013 年 | 2014 年 | 2015 年 | 2016 年 | 2017 年 |
|---|---|---|---|---|---|---|---|---|
| NOPAT | 314.82 | 486.98 | 143.35 | 349.48 | -3 080.50 | 580.90 | 168.81 | 126.05 |
| - CE | 12 546.97 | 12 258.45 | 13 080.26 | 14 575.46 | 13 797.16 | 12 220.83 | 12 354.30 | 12 050.89 |
| × WACC | 5.90% | 6.95% | 6.00% | 6.69% | 6.18% | 6.18% | 6.27% | 8.00% |
| = EVA | -425.15 | -364.66 | -641.34 | -626.20 | -3 933.09 | -174.06 | -606.38 | -837.50 |

从计算结果可以看出，用 EVA 衡量的企业为股东创造的财富与会计利润存在着明显的差异。如图 10 - 4 所示，在财务报表中，除 2014 年外，A 股份公司各年的净利润都是正值；但公司从 2010 年以来的 EVA 却远远小于零。由此说明从 2010 年开始，A 股份公司没有获得价值增值，股东财富遭受了损失。

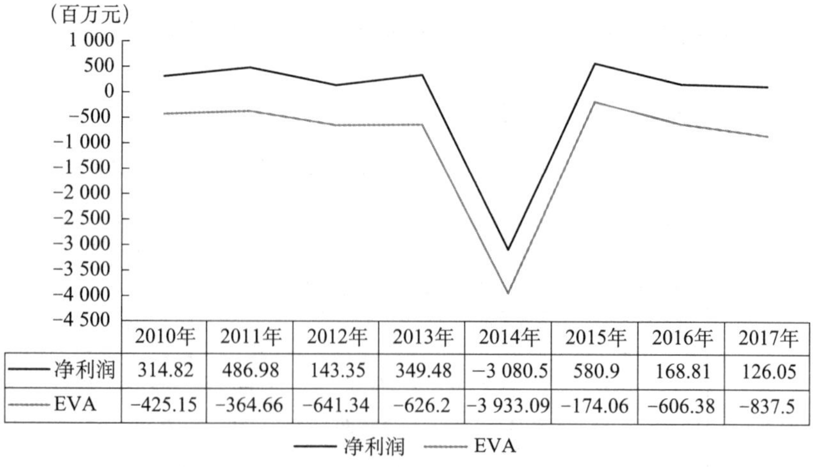


**图 10 - 4　A 股份公司 2010 ~ 2017 年 EVA 与净利润对比**

## 三、A 股份公司 EVA 分析对管理层的启示

从上述分析和计算过程中可以发现 C 股份公司在价值增值能力上存在的一些问题。

1. 缺乏“使用资金必须付出成本”的意识。在经营状况较好的 2005～2008 年没有对其资本投入的结构进行长远分析和规划，而是一味地在资本市场上增发融资。一方面，营业收入的成长性并没有随权益资本的投入而得到改善；另一方面，过多地使用权益资本提高了企业加权平均资本成本，使企业价值增值背上了沉重的包袱。

2. 市场前景分析不清，发展战略规划失误。2007 年 A 股份公司迎来发展的辉煌时期，而此后净利润急速下滑：2009 年下跌 69.87%，2010 年下跌 45.57%。面临发展的瓶颈，A 股份公司将大部分资本投入开发背投电视，并力图成为中国最大的背投影彩电生产基地。而实际上，背投产品在市场上反响平平，很快就被新产品平板电视所替代，背投电视成为 A 股份公司日后发展的包袱。2014～2016 年，A 股份公司试图通过开发新产品，寻找新的利润增长点，但结果却并不如人意。IT、手机和冰箱的毛利率都不及传统的彩电、空调业务，未能有力地提升企业持续稳定的盈利能力。

3. 一味追求“国际化”，忽视了经营风险。A 股份公司为扭转下滑的业绩，采取的另一个措施是开发国际市场。急于开拓的思想使 A 股份公司严重忽视了对应收账款的管理。销售产品大量采取信用结算的方式，往往是产品已经发出，却迟迟不能收回货款。而且，A 股份公司在北美市场的销售代理几乎由 APEX 公司垄断，其欠 A 股份公司的货款占到了应收账款总额的 70% 以上。最终，APEX 公司经营不善，A 股份公司于 2014 年对 APEX 的应收账款计提了 25.97 亿元坏账准备的巨款，冲减了 A 股份公司多年的盈利累积，给企业以后的发展带来严重的影响。

4. 管理层绩效考核体系导致其对产品研发不够重视。根据公司年报，2015 年以前几乎找不到关于研发费用的披露；2015～2017 年，研发费用投入占主营业务收入的比例也不到 0.1%。家电产品升级换代速度较快，只有加强研发，形成自身的核心技术优势，才能保证利润持续稳定增长。但显然，A 股份公司作为行业主导性的企业，尚缺乏引领行业发展方向的家电产品。

## 四、对我国企业 EVA 管理的启示

根据上述对 A 股份公司 EVA 的分析，我国企业进行 EVA 管理实践时应重点关注以下三个方面。

1. 培养“价值增值”的管理理念。EVA 指标的核心思想是只有当企业投入

资本的回报超过了它的成本时才能创造出新的价值。因此，企业的管理层需要明白，价值创造并不仅是获得利润，而是能够为资本提供者的资本带来价值增值。企业在赚取利润的同时还要看投入了多少资本，靠这些投入资本获得的实际回报率必须高于资本的必要报酬率。A 股份公司就因缺乏这样的意识，经营状况较好时，盲目增发筹集资本，不仅没有获得相应产出，而且还提高了企业使用资本的成本。只有当管理层树立了“价值增值”的理念，才能在资本市场上不断取得生存和发展的资源，真正做强做大企业。

2. 建立以“为股东创造价值”为导向的业绩评价体系及激励体系。我国企业的经营业绩评价标准，大都是以会计准则和会计制度计算的净利润指标为主，如资产收益率、权益报酬率等。这些指标不仅难以真实反映企业的经营绩效，而且指标的增长并不一定代表企业价值的增长。EVA 指标通过对会计报表的调整，消除了会计稳健性原则的影响，减少了管理层进行盈余管理的机会，防止了经理人的短期经营行为，并且聚焦于企业的“价值增值”上。在企业业绩评价指标中引入 EVA，更能有效地度量企业的经营是否增加了股东的财富。

A 股份公司管理层的报酬和业绩相关度不高，缺乏激励其进行创新的薪酬制度，导致管理层并不关注核心技术研发，阻碍了 A 股份公司成为引领行业标准的世界级企业。将 EVA 引入绩效考核体系，能够让管理层清楚地意识到，只有为股东创造更多的财富才能增进自己的利益。创造价值的途径又在很大程度上依赖于技术进步，从而能引起管理层对研发的重视。

3. 增强企业战略管理能力。A 股份公司“背投彩电开发”之败、“产品多元化发展”之误表明，管理层对企业未来发展方向缺乏详细的分析，制定的发展战略不够合理；“国际市场拓展”之错则反映出管理层的战略执行能力较弱，没有很好地控制经营风险。因此，管理层在战略制定前应对企业面临的内外部环境有充分的了解，在战略执行的过程中应不断保持对战略的评价与控制，以便及时发现差异，适时采取措施予以调整。从 EVA 管理的角度看，就是要从企业战略目标出发，通过合理设计，将企业的战略贯彻到财务指标的考核中，实现企业价值增值。

资料来源：魏厚寨．罗胜强．管理会计工具详解与应用案例［M］．上海：立信会计出版社，2021.

## 课后作业

### 一、单项选择题

1. 以下关于 EVA 奖金计划中的奖金库的表述中正确的是（　　）。

A. 股东给予经营者所创价值之外的额外奖励

B. 设定了上下限

C. 以价值创造为基础，直接与奖励挂钩

D. 保证 EVA 奖励的短期有效

2. 以下不属于 2010 年国务院国资委考核办法规定的 NOPAT 调整项目的是（　　）。

A. 坏账准备　B. 研发支出　C. 非经常性损益　D. 利息支出

3. 下列关于 2010 年国务院国资委对中央企业负责人业绩考核办法中确定资本成本率的表述不正确的是（　　）。

A. 根据资产负债率进行调整　B. 以 5.5% 为基础确定

C. 根据行业进行调整　D. 确定后长期不变

4. 下列关于 2010 年国务院国资委对中央企业负责人业绩考核办法中确定资本占用额的表述不正确的是（　　）。

A. 可以在总资产平均数的基础上调整

B. 可以扣除无息流动负债

C. 不允许对总资产做任何调整

D. 可以扣除在建工程

**二、多项选择题**

1. EVA 会计调整的目的有（　　）。

A. 另一种操纵利润的方式　B. 反映经济现实

C. 将会计结果转化成经济结果　D. 降低会计扭曲

2. 关于会计调整应遵循的原则，以下正确的有（　　）。

A. 简单可操作　B. 行业基本一致

C. 会计平衡　D. 重要性

**三、判断题**

1. 经济增加值是在财务会计报告的基础上按照经济利润的原理对会计数据调整后计算取得。（　　）

2. 调整研发费用的目的是鼓励经营者重视研发方面的投入。（　　）

3. EVA 预算的意义在于将 EVA 融入传统的管理方法中。（　　）

4. EVA 不仅可以衡量价值创造，也可以用于辅助企业的管理决策。（　　）

# 第十一章　风险管理

## 素养目标

提高学生在管理会计应用中的风险意识，并在风险管理的程序中坚守诚信理念以及严格遵守法律法规。

## 知识目标

1. 理解风险管理的基本含义与目标职能；
2. 熟悉风险管理的基本程序和过程；
3. 掌握风险矩阵工具的含义以及具体运用。

## 情景导航

COSO 是反欺诈财务报告全国委员会（National Commission on Fraudulent Reporting）根据其首任主席姓名发起组织委员会（Committee of Sponsoring Organization）的简称。COSO 在企业风险管理和内部控制的发展演进过程中所作出的贡献是举世瞩目的。20 世纪末期以来，尤其是 2001 年前后一系列令人瞩目的公司丑闻爆发后，关于企业内部控制与风险管理的研究和立法行动深受社会各界的重视和关注。COSO 于 2003 年 7 月发布了《企业风险管理——整合框架》(ERM) 征求意见稿，并在 2004 年 9 月正式发布最终版本，它将风险管理界定为是一个全员参与实施，应用于战略制定并贯穿于整个企业，将企业风险控制在可接受范围之内，保障企业目标实现的过程。该框架内容主要由四个企业目标、八个相互关联的要素以及三个层级构成。

COSO - ERM 框架是一个指导性的理论框架，为公司的董事会提供了有关企业所面临的重要风险，以及如何进行风险管理方面的重要信息。企业风险管理本身是一个由企业董事会、管理层和其他员工共同参与的，应用于企业战略制定和企业内部各个层次与部门的，用于识别可能对企业造成潜在影响的事项并在其风险偏好范围内进行多层面、流程化的企业风险管理过程，它为企业目标实现提供了合理保证。业务部门是要带领企业高质高效地达成企业的经营目标，将其价值最大化。

内部控制体系确实对实现财务报告的可靠性和有效性提供了合理的保障（从实践经验看，内部控制体系的建立对经营和合规两个目标的支持力度并没有像财务目标那样得到很好的体现），但是企业需要从整合风险管理的角度为企业创造价值并合理保障公司战略目标的实现。COSO 组织对 ERM 框架的初衷和定位是正确的，但在起草 ERM 框架时采用了在 COSO 内部控制框架的基础上进行升级和扩充的做法，这直接导致了两个理论框架虽然愿景和目标各不相同，但内容的重合度非常高，因此，2014 年，COSO 组织开始着手对 ERM 框架的升级换代，用其自身的阐述，原因在于过去十年间外部环境的复杂变化，利益相关方更加关心风险管理对企业价值的创造，尤其是在战略的制定和执行中风险管理价值的体现，以及增强风险管理和企业绩效之间的协同关系。新版的 ERM 框架于 2017 年 9 月正式发布。

思考：什么是风险管理？企业风险管理的框架和基本程序有哪些？

# 第一节　风险管理的起源与定义

## 一、风险管理的起源与发展

我们可以将风险管理的起源和发展分为四个阶段，如图 11－1 所示：第一阶段是风险管理学科出现前；第二阶段是风险管理学科出现后至 20 世纪 70 年代之前；第三阶段是 20 世纪 70 年代之后至 20 世纪 90 年代之前；第四阶段是 20 世纪 90 年代至今。从这四个阶段中我们可以发现“风险管理”一词从产生到发展至今已有超过 60 年的研究历史。

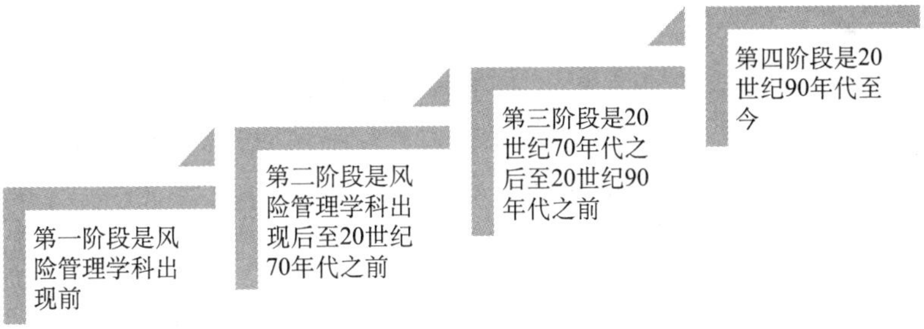


图 11－1　风险管理的发展与起源

第一阶段：风险管理的产生背景。从人类社会产生之日起就面临各种各样的风险，远古时期人类抗风险的能力非常有限，只能寄希望于神。人们对风险的研究始于文艺复兴时代。那时虽然没有“风险管理”的词汇，但与其功能极为相关的安全管理与保险已经有重大进展。这是风险管理发展的第一个阶段。

此时，人类面对灾变与风险的思维以客观实体派为主。在安全管理与保险领域只关注危害性风险。从现代风险管理的广义范围来看，安全管理与保险只是其中一部分。

第二阶段：风险管理的初步发展。“风险管理”这个词汇大约于 1956 年出现在美国。20 世纪 30 年代美国经济不景气与社会政治的变动以及科技的进步，为风险管理的产生提供了背景与条件。

1948 年，美国钢铁工人工会与工厂方谈判养老退休金和团体人寿保险问题，由于工厂方不接受工会提出的条件，导致了长达半年之久的工人大罢工，给美国经济带来了难以估量的损失。

1953 年 8 月 12 日，美国通用汽车公司的一个自动变速装置厂发生大火，直接损失 300 万美元并造成该公司汽车生产及其卫星厂生产停顿数月，导致间接损失 1 亿美元。这两件大事震动了美国业界和学术界，使高层决策者认识到风险管理的重要性。在这样的历史背景下，经过企业中保险主管们的努力，风险管理的观念逐渐被企业老板所接受。

全球第一个风险管理课程，于 1960 ~ 1961 年间由段开龄博士与美国保险管理学会联合筹备开设。这个阶段的风险管理仍然只关注危害性风险，但安全管理与保险有融合的趋势。此时，人类对风险的思维仍以客观实体派为主。

第三阶段：传统风险管理的思维转变。第三阶段基于以下两个背景而产生。一是 1971 年布雷顿森林体系瓦解，造成各类经济主体都面临空前的财务风险，因而财务风险日益蓬勃发展；二是一系列的科技灾难相继发生，对风险管理的思维造成极大的影响。

在这个阶段，传统的风险管理思维发生了重大的转变，客观实体派与主观建构派的思维并重，财务风险管理与危害性风险管理出现融合的趋势。

第四阶段：风险管理的现代演进。风险管理发展到第四阶段，主要有两个特征：一是因为衍生金融工具使用不当引发金融风暴，促使财务风险管理有了进一步发展；二是新的财务风险评估工具——风险值的运用，使财务性风险管理又迈向新的里程。

我国在恢复国内保险业务后开始重视风险管理研究，段开龄教授从 20 世纪 80 年代开始频繁来往于中美两国，努力推动风险管理在我国的研究与应用。1988 年 6 月上海财经大学首次在国内系统讲授风险管理及保险学课程。企业界始于 20 世纪 80 年代后期，主要是引进和介绍风险管理和安全系统工程等理论。

但是我国的风险管理还存在明显的不足：首先，对风险管理缺乏足够的认识，没有建立风险管理机构，因此，缺乏专门的风险管理人员。其次，企业或者管理人员很少采用科学的风险识别和评价方法，保险项目较少，企业投保的积极性不高，因此，我国的风险管理尚处于起步阶段，即保险管理阶段。

## 二、风险管理的定义

企业风险管理，是指企业对风险进行有效评估、预警、应对，为企业风险管理目标的实现提供合理保证的过程和方法。企业风险是指不确定事项对企业实现战略与经营目标产生的影响。企业风险管理并不能替代内部控制，企业应当建立健全内部控制制度，并作为风险管理的工作基础。

理解企业风险管理时，注意以下七点：

（1）风险管理是持续开展、贯穿于整个企业的一种流程；

（2）由企业内各级人员执行；

（3）在战略制定中实行；

（4）在整个企业范围内，也就是在企业的每个层面和每个单元中予以实行，包括从整个公司角度即组合的角度来审视风险；

（5）旨在识别可能会对企业产生影响的潜在事件，把风险控制在企业的承受能力之内；

（6）能够为企业管理层和董事会提供合理保证；

（7）只是“实现目标的一种手段，其本身并不是目标”。

企业可根据风险的来源、影响、性质、责任主体等不同标准，建立起符合风险管理需要的满足系统性、完整性、层次性、可操作性、可扩展性等要求的风险分类框架。风险管理领域应用的管理会计工具方法一般包括风险矩阵、风险清单等。企业可结合自身的风险管理目标和实际情况，单独或综合应用不同的风险管理工具方法。

在对风险管理定义的学习中，我们需要掌握以下四个要点：

第一，风险管理的主体是各个经济单位，即个人、家庭、企业、事业或行政单位、团体等。

第二，风险管理的基本内容和程序为风险识别、风险估测、风险评价，优化组合各种风险管理技术，有效控制风险和妥善处理风险所致损失的后果。

第三，风险管理要体现成本效益原则，以最少成本获得最大效益。

第四，风险管理的目标是实现最大的安全保障。

## 三、风险管理的基本原则

企业进行风险管理，一般应遵循以下原则：

（1）合规性原则。企业风险管理应符合相关政策的要求和监管制度的规定。

（2）融合性原则。企业风险管理应与企业的战略设定、经营管理和业务流程相结合。

（3）全面性原则。企业风险管理应覆盖企业所有的风险类型、业务流程、操作环节和管理层级与环节。

（4）重要性原则。企业应对风险进行评价，确定需要进行重点管理的风险，并有针对性地实施重点风险监测，及时识别、应对。

（5）平衡性原则。企业应权衡风险与业绩和风险管理成本与风险管理收益之间的关系。

# 第二节　风险管理的目标与应用环境

## 一、风险管理的目标

风险管理的基本目标是以最小成本获得最大安全保障效益，处置风险、控制风险，防止和减少损失以保障公司运营、社会及各项活动顺利。依据马斯洛需求层次理论，风险管理的目标分为五个层次，如图 11－2 所示。

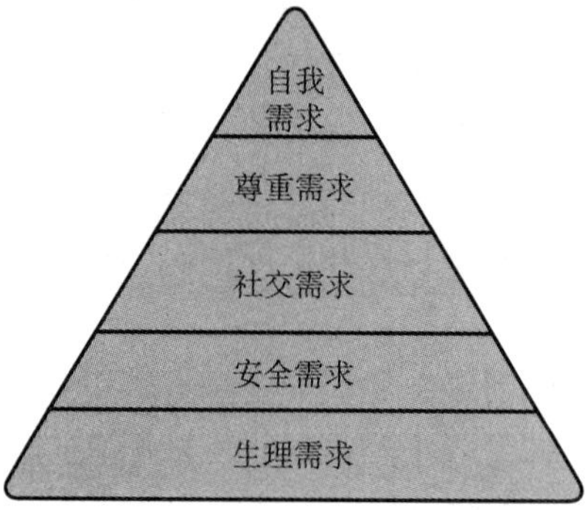


**图 11－2　马斯洛需求层次理论**

第一层次，生理需求层次，风险管理的目标是降低意外损失风险，防止企业倒闭破产；

第二层次，安全需求层次，风险管理的目标是维持企业生产、避免企业经营中断；

第三层次，社交需求层次，风险管理的目标是安定局面，稳定企业收入；

第四层次，尊重需求层次，风险管理的目标是持续发展，提高企业利润；

第五层次，自我需求层次，风险管理的目标是建立良好的企业信誉和形象。

以上是对风险管理总目标的划分。对于风险管理的分目标也就是特定目标，如图 11－3 所示，可以分为损前目标和损后目标两类。损前目标主要包括经济合理目标、安全系数目标、合法性目标以及社会责任目标；损后目标主要包括维持生存目标、持续经营目标、稳定收益目标、持续增长目标和社会责任目标。

### （一）损前目标

1. 经济合理目标。为实现以最小的成本获得最大的安全保障这一总目标，在风险事故实际发生之前必须使整个风险管理计划、方案和措施最经济最合理，这就是损前目标的经济合理目标。经济合理就是尽量减少不必要的费用支出和损失，尽可能使风险管理计划成本降低。但是，费用的减少会影响安全保障的程度。它表现为尽可能避免不必要的费用支出和事故损失以增加风险主体盈利，尽

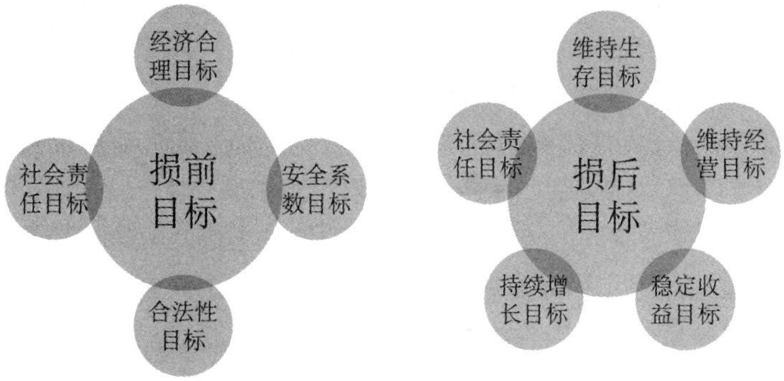


图 11－3 风险管理的特定目标

可能选择费用低、代价小又能保证风险处理效果的方案和措施。一般我们采用在类似规模条件下同行业风险主体间横向比较的方法。

2. 安全系数目标。安全系数目标是将风险控制在可承受的范围内，风险管理者必须使人们意识到风险的存在，而不是隐瞒风险。这样有利于人们提高安全意识，防范风险并主动配合风险管理计划的实施。

风险的存在及其造成的严重后果，不仅可能引起财产物资的损毁和人身伤亡，同时还会给人们带来种种忧虑和恐惧，从而制约风险主体的经济行为，妨碍劳动者生产的积极性和创造性。形成一种轻松自如的环境也是风险主体开展风险管理活动应达到的一个重要目标。

3. 合法性目标。企业并不是独立于社会之外的个体，它受到各种各样法律规章的制约。现代社会，人们的法律意识不断加强，越来越懂得如何用法律捍卫自己的权利，与企业频繁接触的客户、供应商、消费者、竞争者也同样如此。因此，企业必须对自己的每一项经营行为、每一份合同都加以合法性的审视，以免不慎涉及官司。这样不至于使企业蒙受财力、人力、时间和名誉的损失。风险管理者必须密切关注与企业相关的各种法律法规，保证企业经营活动的合法性。

4. 社会责任目标。风险主体在进行正常生产经营过程中必然受到政府、主管部门政策和法规以及风险主体公共责任的制约。风险主体开展风险管理活动，避免或减少风险损失，可以使社会免受其害，更好地承担社会责任和履行义务。社会化大生产使单个风险主体与外界各种经济组织、个人之间有着广泛的联系。一个风险主体遭受损失，受损的通常不只风险主体本身，还有它的股东、债权人、消费者等各利益相关者，损失严重时甚至会使国家和社会遭受严重损害。如果该风险主体有良好的风险管理计划，通过控制、转移等方式使损失降低到风险主体可承受的范围，那无疑是对社会的一种贡献。

### （二）损后目标

以上是损前目标，那么确定损后目标重在考虑最大限度地补偿和挽救损失带来的后果及其影响。

1. 维持生存目标。风险事故对于某一个风险主体来说，所带来的最严重的后果就是使风险主体丧失继续生存的权利，即风险主体因巨灾损失而破产倒闭。因此，对于风险主体所面临的巨灾损失，在安排风险管理计划时应先考虑损失后果是否会对风险主体的基本生存条件形成威胁。

2. 持续经营目标。持续经营就是维护风险主体经营活动持续进行，即指不因为损失事件的发生而使风险主体生产经营活动中断。生产经营活动中断并不一定会使风险主体破产，经过一定的时间，有的风险主体是可以克服困难、继续恢复生产的。但是，风险主体原有的市场份额会减少甚至失去。因此，风险主体的风险管理者应尽可能地在损失后保证生产经营的持续性。

在损失发生以前进行周密的风险管理计划以及损失发生后对计划的执行和实施都可以使风险事故造成的损失得到及时和有效的补偿，从而为风险主体生产经营的恢复和正常进行创造必要的条件。

3. 稳定收益目标。开展风险管理活动不仅要达到维持风险主体生存和持续经营的目标，而且要尽快实现在事故之前原有的稳定收益。即损失事件对风险主体获利能力的影响。对大多数投资者来说，一个收益稳定的风险主体比高收益高风险的风险主体更具有吸引力。稳定的收益意味着风险主体的正常发展，稳定的收益有利于投资者对收支作出计划安排。

4. 持续增长目标。执行和实施风险管理计划和方案，及时、有效地处理各种损失结果，并不断地根据可能出现的新的情况拟订新的风险管理计划和方案，周而复始地执行计划，实施方案，从而使风险主体实现持续稳定的发展，这是风险管理应达到的高层次目标。

5. 社会责任目标。切实履行社会职责是现代风险主体应负的历史使命，也是风险主体开展风险管理活动应追寻的目标，有效地处理风险事故所带来的损失后果，减少因损失造成的各种不利影响，可以减轻对国家经济的影响，保护与风险主体相关的人员和经济组织的利益，使风险主体更好地、充分地承担社会责任，履行应尽的义务，从而树立良好的社会形象。

确立风险管理目标受风险主体在一定时期内和一定条件下众多相关因素的影响，不同的风险主体有不同的风险管理指导思想，有着不同的发展战略，而且风险主体属性、经济状况、环境也有着较大的差异，因而风险管理目标的选择也有一定的差异。例如，保守谨慎型的会选择维持风险主体生存和稳定收益的风险管理计划目标；积极、冒险型的会选择实现持续发展的风险管理计划目标。

### （三）目标选择应遵循的原则

在风险管理目标的选择时，应遵循如下三个原则：第一，风险管理目标的选择需要符合总目标。第二，目标选择时量力而行，风险主体在进行一定风险投入以及选择某一风险机会时，必须考虑自身的财务状况，承担风险的能力及该风险机会可能的最坏结果。第三，成本效益对应。风险管理者必须具有科学的态度和战略眼光。不要因小失大，为省较少的费用而丧失较大的安全保障是很不划算的。例如，某公司为价值100万元的厂房投保财产保险，每年交纳保险费1 600

元，保险费只占保险金额的0.16%。可公司决定不再买保险以节约保费支出。那么，这实质上是冒了可能损失100万元的巨大风险。这是因小利（报酬率0.16%）而冒大风险（100万元损失）之举。

### 二、风险管理的应用环境

企业进行风险管理必须具备相应的环境，一般来说，其应用环境有以下四个方面：

（1）企业应强化风险管理意识，形成与本企业经营状况相适应的风险管理理念，培育和塑造良好的风险管理文化，建立风险管理培训、传达、监督和激励约束机制，将风险管理意识转化为员工的共同认识和自觉行动。

（2）企业应根据相关法律法规的要求和风险管理的需要，建立组织架构、健全职责边界清晰的风险管理结构，明确董事会、监事会、经营管理层、业务部门、风险管理部门和内审部门在风险管理中的职责分工，建立风险管理决策、执行、监督与评价等职能既相互分离与制约又相互协调的运行机制。

（3）企业应建立健全能够涵盖风险管理主要环节的风险管理制度体系。一般应包括风险管理决策制度、风险识别与评估制度、风险监测预警制度、应急处理制度、风险管理考核制度、风险管理评价制度等。

（4）企业应将信息技术应用于风险管理的主要环节，并建立与财务信息系统和业务信息系统共享的机制与方式。

## 第三节 风险管理的基本程序和基本框架

### 一、风险管理的基本程序

风险管理是指企业通过识别风险、衡量风险、分析风险，从而有效地控制风险，用最经济的方法来综合处理风险，以实现最佳安全生产保障的科学管理方法。其中就涉及风险管理的基本程序，即明确企业的环境信息后，对风险进行识别，然后进行估计和评价，从而提出风险应对决策。

图11-4是风险管理的基本程序，具体包括明确环境信息、风险识别、风险分析、风险评价、风险应对、风险管理监督和检查、风险管理沟通和记录七个方面。

#### （一）明确环境信息

风险管理的第一个基本程序就是需要明确环境信息。环境信息分为外部环境信息和内部环境信息两种。

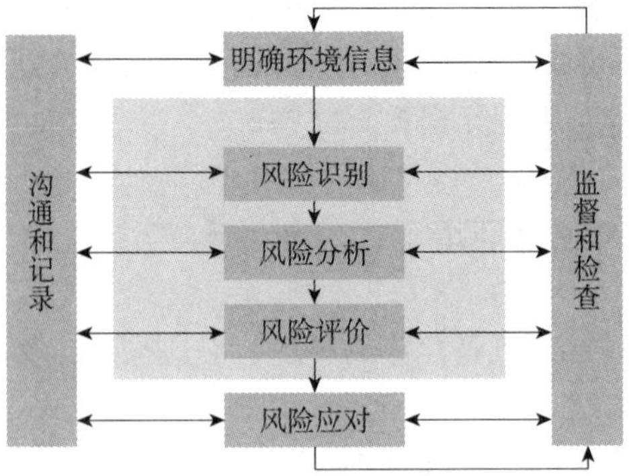


**图 11-4 风险管理基本程序**

外部环境信息是组织在实现目标过程中所面临的外界环境的历史。主要包括国际、国内、地区及当地的政治、经济环境；外部关键因素及其历史和变化趋势以及外部利益相关者诉求、价值观。

内部环境信息是组织在实现目标过程中所面临的内在环境的历史、现在和未来的各种相关信息。主要包括组织的方针、目标以及经营战略；资源和知识方面的能力以及信息系统、信息流和决策过程。

### （二）风险识别

风险辨识、危险识别是风险管理的基础和起点。风险识别是通过识别风险源、影响范围、事件及其原因和潜在的后果等，生成一个全面的风险列表。其中，主要包括辨别风险、确定性质、分析损失和明确部门。

企业应根据风险形成机制，从企业的内部和外部识别可能影响风险管理目标实现的风险因素和风险事项。风险识别需要研究和回答的问题包括：现在的和潜在的风险有哪些？哪些风险应予研究？引起风险事件的主要原因是什么？这些风险所引起的后果如何？识别风险的各种管理措施是否到位？

在识别风险时，企业应当考虑在整个企业范围内的各种可能产生风险和机会的内部和外部因素。

对于风险管理主体来说，凭借其经验和一般知识便可识别和分析其面临的常见风险。但对于新的、潜在的风险，其识别和分析难度较大，需要按照一定的方法，在必要时还要借助外部力量来进行识别与分析。主要方法包括情景分析法、历史事件分析法、流程分析法、风险问卷法和财务报表法等。

1. 情景分析法。情景分析法常常以头脑风暴的形式来发现一系列主要的与政治、经济、技术、文化等相关的影响企业业绩的风险因素。这种方式可以识别世界将来发展的一个趋势。一旦某种趋势被识别出后，跟着就要分析这种趋势对企业将会产生怎样的影响，然后发现一系列存在的或潜在的风险因素。

从战略层面看，情景分析法对于识别由于新技术的出现、产业结构变化以及经济状况变化等这些宏观环境所导致的风险特别有效。情景分析法也能被用在偏策略的层次来发现一些现存的风险因素，以及这些风险因素产生的影响。

2. 历史事件分析法。历史事件分析法通过分析历史风险事件来总结经验，进而识别将来可能发生的潜在风险。一般情况下，先收集一些产生不良后果的历史事件案例，然后分析总结导致这些事件发生的风险因素。而且这个分析过程也包括对那些在实际中没导致损失但却暗示着潜在危机的事件的分析。例如，零部件出现短缺、客户需求突然发生变化、生产和产品质量发现问题等。

历史事件分析法的缺点是，重大风险事件很少发生，实务中并不存在足够的风险事例用来分析。历史事件分析法的另一个问题是，它只能识别那些已经发生过的事件风险因素，容易忽视一些新的还没有出现过的重要风险因素，特别是那些与技术更新、行业实践和产业动态相关而从没出现过的风险因素。

3. 流程分析法。企业风险因素也可以通过分析业务流程而识别出。这种方法是先绘制出展现不同业务功能的业务流程图，而且这个流程图必须足够详尽，包括从起点到终点的整个可供分析的业务流程。这个流程图中的每一步都代表一个独立的业务流程，要弄清楚关于这个流程的细节，包括它的目的、如何进行、由谁来进行以及所有可能导致的失误。业务流程图完成后，就可以被用来分析并发现控制缺陷、潜在失效环节以及其他的薄弱环节。要特别留意那些不同的部门或组织的交接处可能产生的潜在风险。这个分析可以识别出那些并没有展示在现有流程中的被遗漏的控制程序，另外它还可以识别出那些被错置的任务和职责，而它们可能导致流程错误或失控。

流程分析法对于识别那些与不良执行相关的风险因素特别有效。与历史事件分析法不同，流程分析法可以在损失实际发生之前就识别出那些潜在的风险。它也可以帮助弄清这些潜在风险对整个企业运营将会产生的影响大小。不同的风险识别方法适合于识别一定层次的风险。流程分析法和历史事件分析法可以用来识别操作层的风险。市场风险几乎都是通过历史事件分析法识别的。另外，虽然历史事件分析可能难以用来识别像名誉风险这样的无形风险，但它却可以估计出风险事件的频度和量度。最后，情景分析法可以被灵活地使用，识别战略层面的各种主要风险。

4. 风险问卷法。风险问卷又称为风险因素分析调查表。风险问卷法是以系统论的观点和方法来设计问卷，并由企业内部各类员工去填写，由他们回答本单位所面临的风险和风险因素。一般说来，各企业基层员工亲自参与到企业运作的各环节，他们熟悉业务运作的细节情况，对企业的影响因素和薄弱环节最为了解，可以为风险管理者提供许多有价值的、有关局部的细节信息，帮助风险管理者系统地识别风险，准确地分析各类风险。

5. 财务报表法。财务报表法是根据企业的财务资料来识别和分析企业每项财产和经营活动可能遭遇到的风险。财务报表法是企业使用最普遍，也是最为有效的风险识别与分析方法，因为企业的各种业务流程、经营的好坏最终都体现在企业资金流上，风险发生的损失以及企业实行风险管理的各种费用都会作为负面结果在财务报表上表现出来。因此，企业的资产负债表、利润表、现金流量表和各种详细附录就可以成为识别和分析各种风险的工具。

风险识别是一个动态的过程，公司应该定期评估它们的风险管理机制。影响公司的外部因素、公司所在的行业或者总体经济情况都可能导致公司面临风险的变化；新技术、分销渠道、竞争、法律法规都会产生新的风险；企业引进新的产品或技术，实施新的流程和政策，都会导致原来的风险管理机制失效。

### （三）风险分析

企业应在风险识别的基础上，对风险成因和特征、风险之间的相互关系，以及风险发生的可能性、对目标影响的严重程度和可能持续的时间进行分析。

风险分析需要考虑如下问题：一是风险原因和风险源；二是事件正面和负面的后果；三是不同风险及其风险源的相关关系；四是现有管理措施及其效果和效率。

### （四）风险评价

风险评价是将风险分析的结果与组织的风险准则比较，或者在各种风险的分析结果之间进行比较，确定风险等级，以及作出风险应对的决策。如果风险是新识别的风险，则应当制定相应的风险准则，以便评价该风险。

风险评价的结果应满足风险应对的需要，否则，应作进一步分析。

### （五）风险应对

风险应对是指在确定了决策主体经营活动中存在的风险并分析出风险概率及风险影响程度的基础上，根据风险性质和决策主体对风险的承受能力而制定的回避、承受、降低或者分担风险等相应防范计划。制定风险应对策略主要考虑四个方面的因素：可规避性、可转移性、可缓解性、可接受性。企业应针对已发生的风险或已超过监测预警临界值的风险，采取风险承担、风险规避、风险转移、风险分担、风险转换、风险对冲、风险补偿、风险降低等策略，把风险控制在风险偏好及容忍度之内。

风险应对是选择并执行一种或多种改变风险的措施，包括改变风险事件发生的可能性或后果的措施。风险应对决策应当考虑各种环境信息，包括内部和外部利益相关者的风险承受度，以及法律、法规和其他方面的要求等。

当提出了风险应对措施后，要判定剩余风险是否可承受，如果可承受，那么实施并跟踪效果，如果不能承受，那么需要继续修改应对措施。

### （六）风险管理监督和检查

风险管理监督和检查主要包括风险监测和风险控制。风险监测是指已识别风险、残余风险、识别进程中的新风险。风险控制是指实施风险管理规划、风险应对计划、重新修正。

具体主要包括：监测事件、监督风险应对措施实施后的剩余风险、实施风险管理绩效评估、发现内部外部环境信息变化并报告关于风险应对计划的遵循情况。

### （七）风险管理沟通和记录

企业应在企业内部各管理级次、责任单位、业务环节之间，以及企业与外部投资者、债权人、客户、供应商、中介机构和监管部门等有关方面之间，将风险管理各环节的相关信息进行传递和反馈。企业应建立风险管理报告制度，明确报告的内容、对象、频率和路径。

风险评估工作的成功依赖于与利益相关方进行的有效沟通与协商。让利益相关者参与到风险管理过程中是有必要的，这样有助于：

（1）沟通计划的制定；

（2）正确识别环境信息；

（3）确保利益相关者的利益得到充分认识和考虑；

（4）汇集不同领域的专业知识以识别和分析风险；

（5）确保风险评估过程中不同的观点也能得到适当考虑；

（6）确保风险得到充分识别；

（7）确保风险应对计划得到支持。

## 二、风险管理的基本框架

对标国务院国资委《中央企业全面风险管理指引》并参考行业最佳实践，我们可以将风险管理的基本框架归类为：一个基础，三道防线。如图 11－5 所示，一个基础指的是公司治理结构，三道防线分别是业务单位防线、风险管理委员会防线以及审计委员会防线。

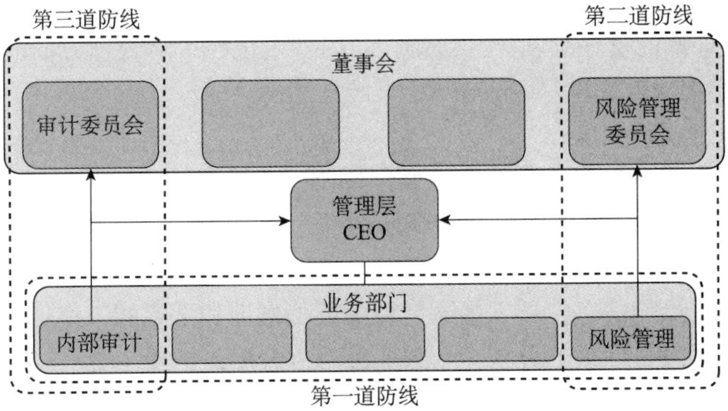


**图 11－5　风险管理的基本框架**

### （一）一个基础：公司治理结构

公司治理是涉及公司的表现：它关系到一家公司如何得到有效的管理，从而发挥最佳表现。公司治理是涉及责任的问题：它关系到董事会及管理层如何向股东负责，而使股东能从公司的表现中得益。

那么，公司治理与风险管理有什么关系呢？显然，公司治理是风险管理的一个必要的组成部分，因为它提供了对风险由上而下的监控与管理。近年来多个国家都订立了公司治理的最佳守则，这些最佳守则均清楚指出建立风险管理是董事会及管理层的责任。

如果要构建一个有利于风险管理的公司治理结构，首先，需要建立一个健全的、以董事会为首的公司治理结构；其次，要订立企业的目标和战略，包括企业的风险政策和极限；最后，要贯彻一套重视风险管理的企业文化和价值观。

### （二）业务单位防线

业务单位包含了企业大部分的资产和业务，它们在日常工作中面对各类风险，是企业的前线。企业必须把风险管理的手段和内控程序融入业务单位的工作与流程中，才能建立好防范风险的第一道防线。

那么，如何建立第一道防线呢？我们给出了一些建议：

（1）要了解企业战略目标及可能影响企业达标的风险；

（2）识别风险类别；

（3）对相关风险作出评估；

（4）决定转移、避免或降低风险的策略；

（5）设计及实施风险策略的相关内部控制。

### （三）风险管理单位防线

第二道防线是风险管理单位防线。第二道防线是在业务单位之上建立一个更高层次的风险管理单位，它的组成部分可能包括风险管理部门、信贷审批委员会、投资审批委员会。

风险管理部的责任是领导和协调公司内各单位在风险管理方面的工作，它的职责包括：

（1）编制规章制度；

（2）对各业务单位的风险进行组合管理；

（3）度量风险和评估风险的界限；

（4）建立风险信息系统和预警系统 、厘定关键风险指标；

（5）负责风险信息披露、沟通、协调员工培训和学习的工作；

（6）按风险与回报的分析，为各业务单位分配经济资本金。

### （四）内审单位防线

第三道防线是内审单位防线。第三道防线涉及一个独立于业务单位的部门，监控企业内控和其他企业关心的问题。其中，内部审计的具体定义是指一项独立、客观的审查和咨询活动，其目的在于增加企业的价值和改进经营。内审通过系统的方法，评价和改进企业的风险管理、控制和治理流程的效益，帮助企业实现其目标。

内审部在公司风险管理工作中除了履行作为一般职能部门的职责外，还行使独立的审计监督评价职能，定期或不定期对风险管理的有效性进行监督和评审，记录监督和评审结果，并根据实际需要对内部或外部进行报告。

## 第四节 企业风险管理应用案例

### 中航油新加坡公司风险管理案例

#### （一）案例导入

中航油新加坡公司在高风险的石油衍生品期权交易中蒙受高达5.5亿美元的巨额亏损，成为继巴林银行破产以来最大的投机丑闻。利用内部控制概念的最新发展——企业风险管理框架中的控制环境、事项识别、风险评估、风险应对、控制活动、信息与沟通、监控七要素分析法，可以发现中航油事件的根源是内部控制的严重缺陷。

中国航油（新加坡）股份有限公司（以下简称中航油新加坡公司）成立于1993年，是中央直属大型国企中国航空油料控股公司（以下简称集团公司）的海外子公司，2001年在新加坡交易所主板上市，成为中国首家利用海外自有资产在国外上市的中资企业。在总裁陈久霖的带领下，中航油新加坡公司从一家濒临破产的贸易型企业发展成工贸结合的实体企业，业务从单一进口航油采购扩展到国际石油贸易，净资产从1997年起步时的21.9万美元增长为2003年的1亿多美元，总资产近30亿元，可谓“买来个石油帝国”，一时成为资本市场的明星。中航油新加坡公司被新加坡国立大学选为MBA的教学案例，陈久霖被《世界经济论坛》评选为“亚洲经济新领袖”，并入选“北大杰出校友”名录。但2004年以来风云突变，中航油新加坡公司在高风险的石油衍生品期权交易中蒙受巨额亏损而破产，成为继巴林银行破产以来最大的投机丑闻。

2004年第一季度油价攀升，公司潜亏580万美元，陈久霖期望油价能回跌，决定延期交割合同，交易量也随之增加。第二季度随着油价持续升高，公司账面亏损额增加到3 000万美元左右，陈久霖决定再延后到2005年和2006年交割，交易量再次增加。10月份油价再创新高，而公司的交易盘口已达5 200万桶。为了补加交易商追加的保证金，公司耗尽2 600万美元的营运资本、1.2亿美元的银团贷款和6 800万元的应收账款资金，账面亏损高达1.8亿美元，另需支付8 000万美元的额外保证金，资金周转出现严重问题。10月10日，向集团公司首次呈报交易和账面亏损。10月20日，获得集团公司提前配售15%的股票所得的1.08亿美元资金贷款。10月26日和28日，因无法补加合同保证金而遭逼仓，公司蒙受1.32亿美元的实际亏损。11月8～25日，公司的衍生商品合同继续遭逼仓，实际亏损达3.81亿美元。12月1日，亏损达5.5亿美元，为此公司向新加坡证券交易所申请停牌，并向当地法院申请破产保护。

## （二）内部控制问题分析

2005年3月，新加坡普华永道会计师事务所提交了第一期调查报告，认为中航油新加坡公司的巨额亏损由诸多因素造成，主要包括：2003年第四季度对未来油价走势的错误判断；公司未能根据行业标准评估期权组合价值；缺乏基本的对期权投机的风险管理措施；对期权交易的风险管理规则和控制，管理层也没有做好执行的准备等。但归根到底，中航油新加坡公司问题的根源是其内部控制缺陷。

1. 控制环境。中航油新加坡公司聘请国际著名的安永会计师事务所制定了国际石油公司通行的风险管理制度，建立了股东会、董事会、管理层、风险管理委员会、内部审计委员会等制衡制度和风险防范制度，还受到新加坡证监会的严格监管。但在“强人治理”的文化氛围中，内控制度的威力荡然无存，这是中航油事件发生的根本原因。

（1）内部人控制。在中航油新加坡公司的股权结构中，集团公司一股独大，股东会中没有对集团公司决策有约束力的大股东，众多分散的小股东只是为了获取投资收益，对重大决策基本没有话语权。董事会组成中，绝大多数董事是中航油新加坡公司和集团公司的高管，而独立董事被边缘化，构不成重大决策的制约因素。这样，股东会、董事会和管理层三者合一，决策和执行合一，最终发展成由经营者一人独裁统治，市场规则和内部制度失效，决策与运作过程神秘化、保密化，独断专行决策的流程化和日常化。

（2）法治观念。2004年10月10日中航油新加坡公司向集团公司报告期货交易将会产生重大损失，中航油新加坡公司、集团公司和董事会没有向独立董事、外部审计师、新加坡证券交易所和社会机构投资者及小股东披露这一重大信息，反而在11月12日公布的第三季度财务报告中仍然谎称盈利。集团公司在10月20日将持有的中航油新加坡公司75%股份中的15%向50多个机构投资者配售，将所获得的1.07亿美元资金以资助收购为名，挪用作为中航油新加坡公司的期货保证金。对投资者不真实披露信息、隐瞒真相、涉嫌欺诈，这些行为严重违反了新加坡公司法和有关上市公司的法律规定。

（3）管理者素质。管理者素质不仅仅是指知识与技能，还包括操守、道德观、价值观、世界观等各方面，直接影响到企业的行为，进而影响到企业内部控制的效率和效果。

（4）另类企业文化。中航油新加坡公司暴露出国企外部监管不力、内部治理结构不健全，尤其是以董事会虚置、国企管理人过分集权为特征的国企组织控制不足等严重问题。这使得现代企业得以存续的国际公认与公用的游戏规则流于形式，即使形式上建立了法人治理结构，实质上仍由不受制约的意志决策运作大事，由“一把手”说了算。中航油新加坡公司视公司治理结构为摆设的另类企业文化，为试图通过境外上市方式改善国有企业治理结构的改良设想提供了一个反面案例。

2. 风险识别。一个组织必须识别影响其目标实现的内、外部事项，区分表示风险的事项和表示机遇的事项，引导管理层的战略或者目标始终不被偏离。在中航油事件中，如果公司的管理层能及时认清形势，在赚取巨额利润时，清醒地意识到可能产生的风险，或许就不会遭到如此惨痛的打击。中航油新加坡公司违规之处有三点：一是做了国家明令禁止做的事；二是场外交易；三是超过了现货交易总量。中航油新加坡公司从事的石油期权投机是我国政府明令禁止的。国务院 1998 年 8 月发布的《国务院关于进一步整顿和规范期货市场的通知》中明确规定，取得境外期货业务许可证的企业，在境外期货市场只允许进行套期保值，不得进行投机交易。1999 年 6 月，以国务院令发布的《期货交易管理暂行条例》第四条规定，期货交易必须在期货交易所内进行。禁止不通过期货交易所的场外期货交易。第四十八条规定，国有企业从事期货交易，限于从事套期保值业务，期货交易总量应当与其同期现货交易总量相适应。2001 年 10 月，证监会发布的《国有企业境外期货套期保值业务管理制度指导意见》第二条规定，获得境外期货业务许可证的企业在境外期货市场只能从事套期保值交易，不得进行投机交易。

3. 风险评估。风险评估在于分析和确认内部控制目标实现过程中“不利的不确定因素”，帮助企业确定何处存在风险，怎样进行风险管理，以及需要采取何种措施。中航油新加坡公司从事的场外石油衍生品交易，具有高杠杆效应、风险大、复杂性强等特点，但由于内部没有合理定价衍生产品，大大低估了所面临的风险，再加上中航油新加坡公司选择的是一对一的私下场外交易，整个交易过程密不透风，因此，中航油新加坡公司承担的风险要比场内交易大得多。

4. 风险应对。中航油新加坡公司进行石油衍生产品投机交易酿成大祸，直接成因并不复杂：中航油新加坡公司认定国际轻质原油价格每桶被高估约 10 美元，在石油期货市场大量持有做空合约。在国际石油期货价格大幅攀升的情况下，被迫不断追加保证金，直至包括信贷融资在内的现金流彻底枯竭为止。由于国际石油期货交易以 5% 的保证金放大 20 倍持有合约，中航油新加坡公司 5.5 亿美元巨亏意味着其“豪赌”了约 110 亿美元合约，而且在交易过程中充当“死空头”，没有“空翻多”进行“对冲”。在油价不断攀升导致潜亏额疯长的情况下，中航油新加坡公司的管理层连续几次选择延期交割合同，期望油价回跌，交易量也随之增加。一次次“挪盘”把到期日一次次往后推，这样导致的结果便是使风险和矛盾滚雪球似的加倍扩大，最终达到无法控制的地步。一般看涨期权的卖方基本上都会做一笔反向交易，以对冲风险、减小损失的可能性，虽然中航油新加坡公司内部有一个专业的风险控制队伍，但并没有做反向对冲交易。

5. 控制活动。中航油新加坡公司曾聘请国际“四大”之一的安永会计师事务所为其编制《风险管理手册》，设有专门的七人风险管理委员会及软件监控系统。实施交易员、风险控制委员会、审计部、总裁、董事会层层上报、交叉控制的制度，规定每位交易员损失20万美元时要向风险控制委员会报告和征求意见；当损失达到35万美元时要向总裁报告和征求意见，在得到总裁同意后才能继续交易；任何导致损失50万美元以上的交易将自动平仓。中航油新加坡公司总共有10位交易员，如果严格按照《风险管理手册》执行，损失的最大限额应是500万美元，但中航油新加坡公司却在衍生品交易市场不断失利，最终亏损额高达5.5亿美元，以至申请破产保护。

在风险控制机制中，中航油新加坡公司总裁陈久霖实际上处于中枢地位，对风险的控制和传导起着决定性的作用。陈久霖在获悉2004年第一季度出现580万美元的账面亏损后，决定不按照内部风险控制的规则进行斩仓止损，也不对市场进行任何信息的披露，而是继续扩大仓位，孤注一掷，赌油价回落。直到2004年10月，亏损累计达到18 000万美元，流动资产耗尽，陈久霖才向集团公司汇报亏损并请求救助。集团公司竟没有阻止其违规行为，也不对风险进行评估，相反选择以私募方式卖出部分股份来“挽救”中航油新加坡公司。在越权从事石油金融衍生产品投机的过程中，陈久霖作为一位管理人员，竟然同时具有授权、执行、检查与监督功能，没有遇到任何阻拦与障碍，事后还能一手遮天，隐瞒真实信息，足见中航油新加坡公司在职能分工方面存在严重问题。

6. 信息与沟通。中航油新加坡公司成立了风险委员会，制定了风险管理手册，明确规定损失超过500万美元必须报告董事会。但陈久霖从来不报，集团公司也没有制衡的办法，中航油新加坡公司的信息披露严重违反了诚实、信用原则。中航油新加坡公司从事石油期权投机交易历时一年多，从最初的200万桶发展到出事时的5 200万桶，一直未向集团公司报告，集团公司也没有发现。直到保证金支付问题难以解决、经营难以为继时，中航油新加坡公司才向集团公司紧急报告，但仍没有说明实情。中航油新加坡公司从2003年下半年起在海外市场进行石油衍生品的交易，并且交易总量大大超过现货交易总量，明显违背了国家的规定，而母公司知悉以上违规活动是在一年以后。可见，中航油新加坡公司和集团公司之间的信息沟通不顺畅，会计信息失真。

7. 监控。中航油新加坡公司拥有一个由部门领导、风险管理委员会和内部审计部组成的三层“内部控制监督结构”。但其交易员没有遵守风险管理手册规定的交易限额，没有向公司其他人员提醒各种挪盘活动的后果和多种可能性，挪盘未经董事会批准或者向董事会汇报，财务报表中亦未报告亏损；风险控制员没有正确计算公司期权交易的收益，没有准确汇报公司的期权仓位情况和敞口风险；财务部门的首要职责是对交易进行结算，而在2004年5～11月长达7个月的时间内，中航油新加坡公司共支付了近3.81亿美元由不断新增的损失引发的保证金，甚至动用了董事会和审计委员会明确规定有其他用途的贷款。风险管理委员会在所有重大问题上未履行其职责。在公司开始期权这项新产品交易时，风险管理委员会没有进行任何必要的分析和评估工作；交易开始后，未能对期权交易设置准确的限额，也未能准确报告期权交易；在期权交易挪盘时，未能监督执行相关的交易限额，未能控制公司的超额交易，未指出挪盘增加了公司的风险，也未建议斩仓止损；向审计委员会提供的衍生品交易报告中，实际隐瞒了公司在期权交易中面临的各种问题；未向董事会报告公司的期权交易和损失情况。内部审计部没有定期向审计委员会报告，即使报告也是内容重复，敷衍了事，还造成公司内部控制运行良好的假象。中航油事件的核心问题并不在于市场云谲波诡，而是陈久霖为何能够如此胆大妄为地违规操作。陈久霖能够将越权投机进行到底，除了他编造虚假信息隐瞒真相之外，集团公司的失察、失控也难辞其咎。从披露的事实来看，控股股东没有对境外上市子公司的行为进行实质性的控制，既没有督促中航油新加坡公司建立富有实际效力的治理结构，也没有做好日常的内部监管。

### （三）有益启示

1. 管理层更应关注企业存在的整体风险，而非一些细节控制。企业风险管理框架要求董事会与管理层将精力主要放在可能产生的重大风险环节上，而不是所有细小环节上。中航油新加坡公司曾在 2003 年被新加坡证券监督部门列为最具透明性的企业，说明该企业确实在细节方面的内部控制做得非常周到。但如果企业只把精力集中在细致地执行管理制度上，不但会浪费企业的资源、增加控制的成本，同时还会使管理者忽视企业存在的重大风险。

2. 管理者也应该成为内控的对象。企业风险管理框架要求董事会承担内控的责任，进行多元控制，保证内控实施力度。内部控制从单元主体转向多元主体，可以防止滥用职权、牟取私利、独断专行等后果。中航油事件中，总裁陈久霖亲自操盘期货期权投机交易，而他本人又是公司内部控制的责任主体。如此混乱的局面最终导致企业控制失灵。

3. 国际市场竞争需要建立一套完整的风险管理系统。中国企业长期主要在国内市场发展，欠缺国际市场的经验，因此也缺乏风险管理的经验。中航油事件之后，国内各界开始意识到全面风险管理的重要性，国务院国资委也明文要求所属各大型国有企业加强企业风险管理，以帮助企业健康发展并参与国际市场竞争，妥善解决舞弊、腐败和管理不当等问题。当然，保证企业风险管理框架的实施，比简单设计内部控制管理流程更为重要。

资料来源：刘华．中航油新加坡公司内部控制案例分析［J］．上海：上海市经济管理干部学院学报，2008（5）：16－20.

## 课后作业

### 一、单项选择题

1. 下列各项中不属于风险特征的是（　　）。

A. 客观性　　B. 不确定性

C. 可测性　　D. 灾害性

2. 下列各项中属于风险管理损前目标的是（　　）。

A. 经济合理目标　　B. 社会责任目标

C. 持续经营目标　　D. 稳定收益目标

3. 下列各项中不属于风险管理部职责的是（　　）。

A. 度量风险和评估风险的界限

B. 按风险与回报的分析，为各业务单位分配经济资本金

C. 对各业务单位的风险进行组合管理

D. 决定转移、避免或减低风险的策略

4. 市场风险是指企业所面对的外部市场的（　　）和变动性所带来的与经营相关的风险。

A. 复杂性　　B. 不确定性

C. 单一性　　D. 竞争性

二、多项选择题

1. 财务风险包括（　　）。

A. 投资风险　　B. 资金回收风险

C. 收益分配风险　　D. 筹资风险

2. 风险管理目标选择时应遵循的准则有（　　）。

A. 符合总目标　　B. 量力而行

C. 成本效益对应　　D. 一致性原则

三、判断题

1. 风险主体开展风险管理活动，避免或减少风险损失，可以使社会免受其害，更好地承担社会责任和履行义务。（　　）

2. 风险管理的基本目标是尽最大成本获得最大安全保障效益。（　　）

3. 风险是指主要由自然界物理、化学、生物等原因造成的灾害，如洪水、地震、暴风雨、疫病等。（　　）

4. 社会文化风险是指文化这一不确定性因素给企业经营活动带来的影响。（　　）

# 参考文献


1. 中华人民共和国财政部．管理会计应用指引［M］．上海：立信会计出版社，2019.

2. 郭永清．管理会计实践［M］．北京：机械工业出版社，2020.

3. 管理会计案例示范集［M］．北京：经济科学出版社，2019.

4. 中国式经济增加值考核与价值管理［M］．北京：经济科学出版社，2010.

5. 管理会计工具详解与应用案例［M］．上海：立信会计出版社，2021.

6. 温素彬．管理会计：理论·模型·案例［M］．北京：机械工业出版社，2019.

7. 吴大军．管理会计［M］．大连：东北财经大学出版社，2018.

8. 孙茂竹，支晓强，戴璐．管理会计［M］．北京：中国人民大学出版社，2020.

9. 罗伯特·卡普兰．战略地图［M］．广州：广东经济出版社，2005.

10. 李守武．管理会计工具与案例——战略与预算管理［M］．北京：中国财政经济出版社，2018.

11. 李守武．管理会计工具与案例——运营管理［M］．北京：中国财政经济出版社，2018.

12. 李守武．管理会计工具与案例——成本管理［M］．北京：中国财政经济出版社，2018.

13. 李守武．管理会计工具与案例——投融资与风险管理［M］．北京：中国财政经济出版社，2018.

14. 曹海权．基于多品种、小批量紧固件制造企业标准成本法应用研究［J］．成本管理，2022（7）．

15. 严贵清．标准成本法在小型机械厂的应用探究——以福建M有限公司为例［J］．现代经济信息，2019（8）．

16. 刘桔林．成本管理会计［M］．长沙：湖南师范大学出版社，2022.

17. 于海琳．成本核算与管理（第二版）［M］．北京：清华大学出版社，2020.

18. 吴大军．管理会计［M］．大连：东北财经大学出版社，2018.

19. 杨晔．管理会计案例与解析［M］．北京：经济科学出版社，2019.

20. 徐哲，李贺，路萍．管理会计基础［M］．上海：上海财经大学出版社，2017.

21. 杨晓娟．工业和信息通信业管理会计案例集（2020）［M］．北京：人民邮电出版社，2021.

22. 周宁，韩小汀，邹艳．管理会计教学案例与分析（中国管理案例库）［M］．北京：中国人民大学出版社，2021.

23. 李一彤．基于平衡计分卡的W汽车公司绩效评价体系研究［D］．北京：北方工业大学，2022.

24. 贾富华．基于战略地图的S投资集团战略管理体系研究［D］．南京：南京邮电大学，2022.

25. 刘佳合子．大型煤炭企业战略成本管理研究［D］．西安：西安科技大学，2018.